AYOTZINAPA Y NUESTRAS SOMBRAS

FEDERICO MASTROGIOVANNI

AYOTZINAPA Y NUESTRAS SOMBRAS

Mitologías de una desaparición forzada

dibujos de Daniele Catalli

Grijalbo

El papel utilizado para la impresión de este libro ha sido fabricado a partir de madera procedente de bosques y plantaciones gestionadas con los más altos estándares ambientales, garantizando una explotación de los recursos sostenible con el medio ambiente y beneficiosa para las personas.

Ayotzinapa y nuestras sombras
Mitologías de una desaparición forzada

Primera edición: agosto, 2024

D. R. © 2024, Federico Mastrogiovanni

D. R. © 2024, derechos de edición mundiales en lengua castellana:
Penguin Random House Grupo Editorial, S.A. de C.V.
Blvd. Miguel de Cervantes Saavedra núm. 301, 1er piso,
colonia Granada, delegación Miguel Hidalgo, C.P. 11520,
Ciudad de México

penguinlibros.com

D. R. © Daniele Catalli, por las ilustraciones

Penguin Random House Grupo Editorial apoya la protección del *copyright*.
El *copyright* estimula la creatividad, defiende la diversidad en el ámbito de las ideas y el conocimiento, promueve la libre expresión y favorece una cultura viva. Gracias por comprar una edición autorizada de este libro y por respetar las leyes del Derecho de Autor y *copyright*. Al hacerlo está respaldando a los autores y permitiendo que PRHGE continúe publicando libros para todos los lectores.

Queda prohibido bajo las sanciones establecidas por las leyes escanear, reproducir total o parcialmente esta obra por cualquier medio o procedimiento así como la distribución de ejemplares mediante alquiler o préstamo público sin previa autorización.
Si necesita fotocopiar o escanear algún fragmento de esta obra diríjase a CemPro (Centro Mexicano de Protección y Fomento de los Derechos de Autor, https://www.cempro.com.mx).

ISBN: 978-607-384-752-0

Impreso en México – *Printed in Mexico*

En memoria de Aaron Bushnell

Nada de lo que sucede se olvida jamás,
aunque tú no puedas recordarlo.
HAYAO MIYAZAKI
Sen to Chihiro no kamikakushi

Ejército mexicano,
qué triste papel jugaste,
con tus narcogenerales
al pueblo pobre mataste.
ROSENDO RADILLA MARTÍNEZ
"Corrido de Rosendo Radilla"

Los muertos se encuentran,
son los vivos los que pueden desaparecer.
LEONARDO SCIASCIA
La desaparición de Majorana

Una vez has eliminado lo imposible, aquello que queda,
por improbable que sea, tiene que ser la verdad
ARTHUR CONAN DOYLE
"La aventura de la diadema de Berilos"

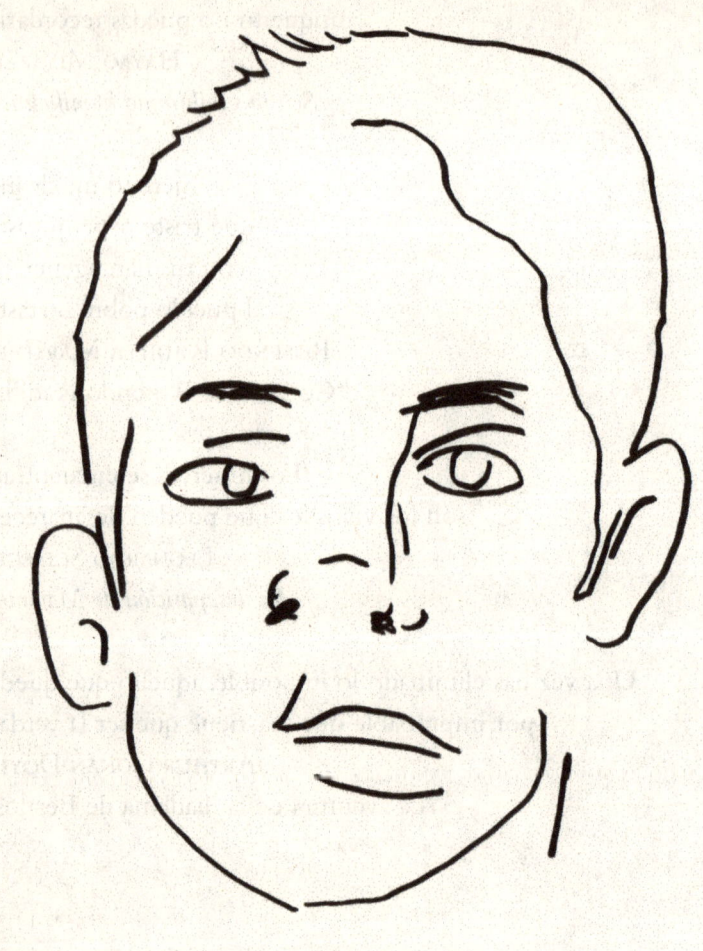

ABEL GARCÍA HERNÁNDEZ

Índice

Presentación 15
¿Cómo representar la ausencia? (por Daniele Catalli) 19

I. Las tortugas. 23
II. Los hechos 33
III. *The Prestige*. 39
IV. Pedagogía del terror 45
V. Performatividad de la falta. 51
VI. *Los otros* 59
VII. Otra vez los hechos. 63
VIII. Rompecabezas. 71
IX. ¡Represión! Esa es la palabra .77
X. Los espacios hay que pelearlos 97
XI. Yo creo que perdimos. 111
XII. Sí se sabe. Y es tan sencillo. .135
XIII. Disputa por la memoria. 143
XIV. La máquina del tiempo. 159
XV. Ese día el viento soplaba muy fuerte. 165
XVI. Siempre los hechos 189

XVII. Víctimas buenas, víctimas malas 195
XVIII. Enemigas de Estado 211
XIX. Derecho al olvido 241
XX. *Perdidos en la noche* 255
XXI. La resolución del misterio .269
XXII. La barba del conde 301
XXIII. Le dicen *Tres Cuartos* 317

Agradecimientos 323

CHRISTIAN
ALFONSO
RODRIGUEZ
TELUMBRE

Israel Jacinto Lugardo

Presentación

La noche entre el 26 y el 27 de septiembre de 2014 cambió a México para siempre.

¿Ah sí? ¿Será? ¿De verdad lo ha cambiado?

¿Cuánto tiempo es "siempre"?

¿Hasta cuándo se recordará esa fecha?

¿Cómo se han construido las mitologías sobre Ayotzinapa?

Recuerdo dónde estaba yo esa noche del 26 de septiembre de 2014. Más bien recuerdo el domingo, el 28. Estaba en casa. Mi hijo tenía tres años y medio. Fue de mañana. Un domingo en la mañana. Estaba en casa con mi hijo y su mamá, abogada de derechos humanos. Ella me dijo que algo estaba mal. Algo estaba pasando en Guerrero. Que había recibido información de Tlachinollan, que habían desaparecido a unos estudiantes de Ayotzinapa. A muchos estudiantes. Decenas.

Me lo decía llorando, desesperada e impotente.

Se lo pregunto hoy. Ella tiene otro recuerdo, dice que no estaba en casa sino en Ámsterdam, dice que ella se enteró por los medios el lunes 29. Busco en los viejos correos, en los mensajes. Los dos nos equivocamos en algo. La memoria es un engaño. Pero ambos recordamos la desesperación, el dolor agudo, el coraje.

Después de eso pasaron muchas cosas y nada ha sido igual.

Tengo una fotografía en la mente. En la foto aparece hablando Omar Gómez desde un pupitre y el presidente de México, Andrés Manuel López Obrador, está detrás de él, a su derecha, serio, contrito; Alejandro Encinas también lo acompaña con la misma expresión. Es una foto del jueves 26 de septiembre de 2019, durante una conferencia de prensa en Palacio Nacional.

Exactamente tres años después Omar Gómez Trejo será separado de su cargo como fiscal en la Unidad Especial de Investigación y Litigación para el Caso Ayotzinapa, más bien, renunciará a causa de divergencias con el fiscal general de la República, Alejandro Gertz Manero.

Pero todavía es 2019. Y lo que me llama la atención no es tanto el trabajo de la fiscalía, sino la imagen. Los tres, encima de la camisa blanca, llevan puesta una camiseta gris, con un dibujo blanco de una mano abierta estilizada, y las líneas de la mano conforman el número 43. Debajo de la mano una frase escrita en mayúsculas de color naranja dice: AYOTZINAPA. Y debajo, más pequeño: 5 AÑOS/YO CON LA VERDAD.

Otra imagen. El cantante René Pérez Joglar, conocido como Residente, en el grupo Calle 13, en un escenario con una camiseta que dice: AYOTZINAPA FALTAN 43. Esa playera se convirtió en un artículo de *merchandising* pirata en sus conciertos.

Ambas imágenes me hacen pensar en el rostro de Ernesto Che Guevara inmortalizado por el fotógrafo Alberto Korda, imagen que se ha vuelto icónica y luego pop en millones de camisetas, banderas, productos, para ser fagocitada por el mito.

Han pasado diez años desde aquella noche, y con el tiempo los hechos se han transformado en narración, y la narración en mitos.

En estos diez años, como muchos, he participado en marchas, sobre todo al inicio; me he indignado, he leído y he escrito. Luego, con el paso del tiempo, he leído cada vez menos, me he manifestado cada vez menos, he ido perdiendo la furia inicial. He dado seguimiento a lo que pasaba, pero con cada vez menos profundidad, de forma superficial, casi por deber. Se ha vuelto una consigna más que un imperativo. Se ha ido desapareciendo la indignación.

A principios de 2023 empecé a organizar mis preguntas sobre este acontecimiento, mis dudas sobre nosotros, los ciudadanos, la opinión pública, los miembros activos de la sociedad mexicana, de la que formo parte, a pesar de ser un extranjero. Sentía que estaba faltando algo en la discusión pública, estaba faltando el registro de los razonamientos y la perspectiva de muchos hombres y mujeres que, desde diferentes lugares, trincheras, ámbitos, se han cuestionado sobre este acontecimiento. Con varios de ellos ya había platicado, por ser amigos, colegas; a otros no los conocía en persona, pero me interesaba su mirada, sobre todo me interesaban sus preguntas. Así nació este libro. De las incertidumbres, de las preguntas, no tanto sobre los hechos, sino sobre todo lo que ha significado esa noche brutal, insoportable, para todos nosotros.

Entonces ¿qué es este libro?

Es un libro de preguntas, de razonamientos cruzados, de diálogos a veces discordantes, casi siempre incómodos. Porque el pensamiento crítico incomoda, y porque el pensamiento crítico no es unívoco, ni lineal, ni monocorde.

Es un libro de voces que intentan proponer ideas, para no sucumbir a la lógica del mito, que aplasta, simplifica, banaliza, y fagocita todo.

Lo que sabemos es que los acontecimientos trágicos que han causado la desaparición forzada de 43 estudiantes de la Escuela Normal Rural Isidro Burgos de Ayotzinapa han obligado a una sociedad entera a voltear a ver, a abrir los ojos acerca de la violencia represiva del Estado mexicano y a nombrarla como desaparición forzada de personas.

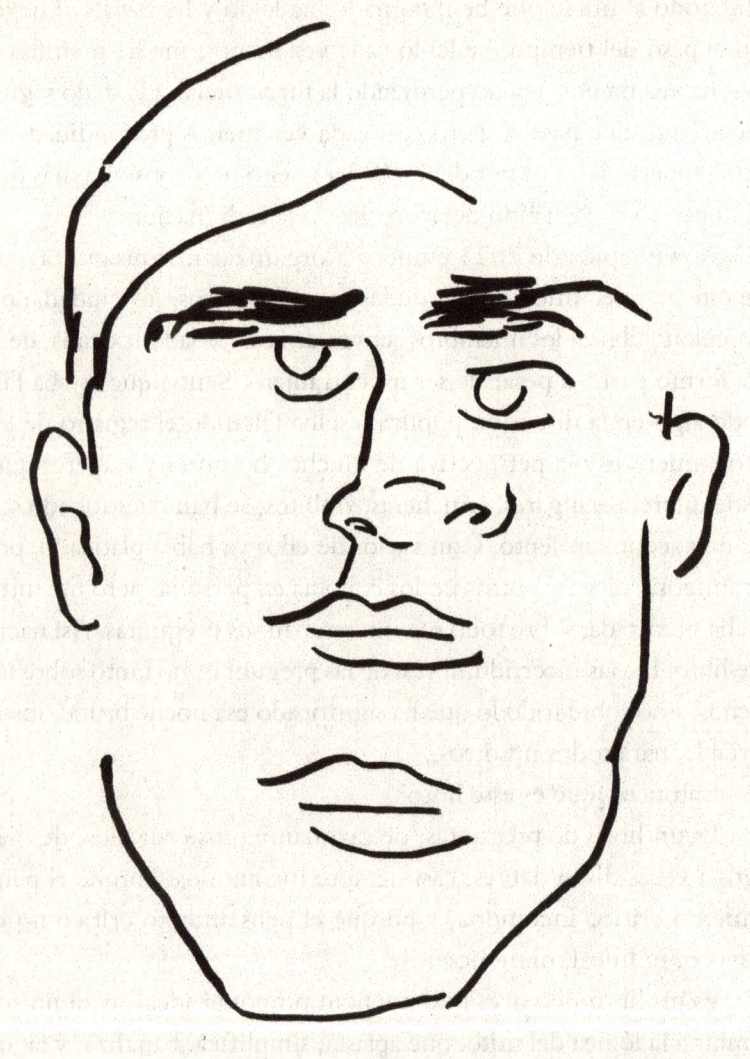

CHRISTIAN TOMÁS
COLÓN GARNICA

¿Cómo representar la ausencia?

DANIELE CATALLI

El objetivo no era poner imágenes al lado de un reportaje, considerando que eso habría agregado muy poco al trabajo de investigación existente. Al contrario, quería que los dibujos de los 43 estudiantes se integraran de forma orgánica con los relatos y los testimonios, volviéndose un componente esencial del proyecto.

Para ir más allá de la documentación fotográfica ya disponible, escogí una técnica que se enseña en las escuelas de arte, el dibujo ciego. Esta aproximación requiere concentrarse en el objeto retratado sin mirar nunca la hoja en la cual se está dibujando, un ejercicio cuyo objetivo es desarrollar la habilidad de observar más allá de la superficie, cuidar los detalles, pero a la vez considerar el cuadro completo, más que privilegiar algunos aspectos por encima de otros.

El dibujo ciego implica cierta distancia emotiva, casi como el abordaje en un reportaje. Al dibujar sin mirar nunca la hoja, se olvida el acto de retratar un rostro específico y se concentra la atención en las líneas, los entramados que conforman el rostro, con el resultado de una representación distorsionada y no realista, pero que conserva los elementos fundamentales del sujeto.

Los retratos de los 43 estudiantes se vuelven entonces retratos posibles de sus existencias actuales, aunque carezcan de precisión. Se transforman en recorridos, caminos y mapas de lugares desconocidos, reflejando el intento de recrear una forma y un aspecto, mas chocando inevitablemente con la realidad de la ausencia de aquellos que se intenta retratar. De esta manera, el dibujo se vuelve un medio de exploración emotiva y visual, intentando darle forma a lo que no puede ser agarrado por completo.

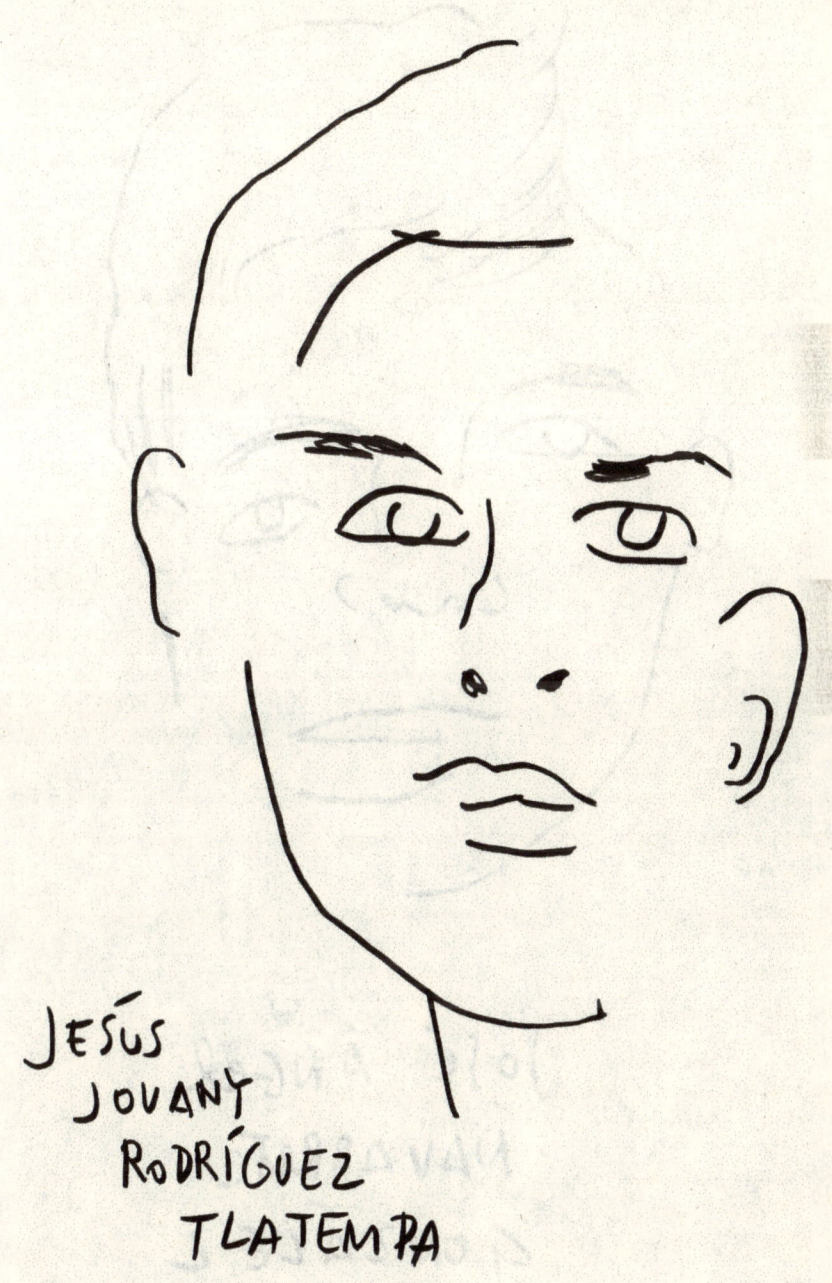

José Ángel
Navarrete
González

I

Las tortugas

Vine aquí porque me dijeron que hay un misterio que resolver. Porque dicen que aquí es donde empieza una historia aparentemente sencilla que en diez años se volvió un rompecabezas sin solución.

Es verdad que hay tortugas en Ayotzinapa.

Siempre pensé que se trataba de un topónimo que algún día fue certero, pero que ahora, quién sabe por qué, ya no.

En náhuatl, *ayôtzín* significa tortuga, y *apan* es río. Ayotzinapa es río de las tortugas. Alguna vez. Ya no.

Y sí las hay. Me las enseña Malilla con la sonrisa en la voz.

Me habla de usted. Tiene pocos años y la cabeza de alguien al que el pelo abundante, negro tizón, le está creciendo sin forma, después de haber sido rapado.

—Le quiero enseñar una cosa.

Me lo dice como lo diría un niño que tiene un secreto, un descubrimiento, una información que tú no tienes. Se adelanta y entra en un pequeño recinto que encierra un jardincito. No entiendo qué es lo que quiere que vea. En medio del jardincito está un pequeño estanque de concreto pintado de azul, redondo, con una piedra en bruto en el medio, también pintada pero de verde y de gris, simulando una roca natural. En medio de la piedra un objeto oscuro, ovalado, verde oscuro casi negro intercepta un rayo de sol.

—Ahí está. ¿La ve?

Sí. La veo. Pero parece de mentiras. No se mueve. Le pregunto si es de piedra.

—No, no. Es una tortuga. Ahí están las otras. Mire.

Como si de magia se tratara, ahora veo las demás tortugas. Están en el estanque. Imagino que estaban ahí también hace diez segundos, pero había mirado sin ver. Ahora que Malilla las menciona, aparecen.

Así pasa a veces.

Una, dos, tres, cuatro y cinco, una amontonada sobre la otra, seis, siete, ocho, nueve, diez. Las voy contando. Son 35. Más la que parece de piedra, trepada ahí arriba.

Pregunto si no se salen del estanque, cuyo borde debe medir unos 40 centímetros. Dice que no. Dice que no pueden salir del estanque, porque si no otros animales las podrían atacar, se las pueden comer. Por esto las tienen aquí encerradas. Para protegerlas. Dentro de esta fuente redonda, con una bonita piedrota en el medio, dentro de un jardincito, rodeado por una reja de alambre.

Me detengo a observar la tortuga trepada en la roca. Tal vez se subió y se quedó atrapada ahí, sin saber bajar. También lo piensa Malilla.

—Quizás solo está tomando el sol.

Seguramente logrará bajar. Si se subió hasta ahí, sabrá bajar. Nada más está tomando el único rayo de sol.

Malilla sale del recinto, del jardín de las tortuguitas, y me precede a la cancha de basquetbol en la que está un grupo de muchachos de primer año, los pelones, a un lado de las 43 sillas vacías con las fotos de los compañeros desaparecidos, que están aquí desde 2014.

La presencia de la figura tortuga me gusta. Las tortugas son criaturas extrañas, extraordinarias, acuáticas y terrestres. Lentas, persistentes. Son silenciosas, además. No hacen ruidos.

Miro a este joven gentil, su aspecto contrasta con su apodo, *Malilla*, que en el lenguaje coloquial indica el síndrome de abstinencia provocado por la falta de consumo de droga en alguien que tiene dependencia. Le pusieron así porque tiene un hermano mayor aquí en la escuela, que cursa el segundo año, que ya había sido apodado Malilla, y pues por ósmosis, creo, se lo extendieron también a él.

—Cuéntame un día tuyo cualquiera, Malilla. ¿Cómo es? ¿A qué hora te levantas?

Malilla voltea a verme y sonríe. Sonríe mucho. No como el otro estudiante que me mandaron para darme el tour de la Normal, ese al que le dicen *el Gato*. Hablaba por monosílabos y bostezaba. Se ve que se acababa de levantar. Bueno, es domingo. Un domingo de octubre. Son las 11 y algo de la mañana. Se entiende.

La escuela está bastante vacía. No es que esté vacía, pero muchos de los estudiantes no están aquí. Se fueron a una actividad en la Normal de Panotla, en Tlaxcala. Allí es una Normal de mujeres. Hace un año sufrieron una represión las normalistas de Panotla.

—Allí cayó una compañera. Le cayó una granada en la cabeza y tuvo muerte cerebral. Entonces fueron nuevamente ahorita los compañeros de marcha, de protesta —me explica Malilla.

Así lo publicó hace un año, en octubre de 2022, el periódico *El Universal*: "Médicos de Tlaxcala y Puebla declararon en estado de muerte cerebral a una alumna de la Escuela Normal Rural Lic. Benito Juárez, ubicada en Panotla, municipio del territorio tlaxcalteca, como consecuencia de los golpes que sufrió durante un enfrentamiento con policías estatales de esta entidad".

En efecto Beatriz fue desconectada de las máquinas que la mantenían con vida el domingo 23 de octubre de 2022. Tenía 21 años.

Hoy no se ve mucha gente en la Normal, hay una atmósfera dominical: hay quien tiende la ropa recién lavada. No con demasiado cariño, hay que decir. Más colgada que tendida, diría yo; hay estudiantes que transitan en motoneta por los pequeños caminos de la escuela; hay dos muchachas que caminan platicando. Se escucha música. De los dormitorios de repente sale una canción. Principalmente música de banda, corridos, reguetón.

—¿Y toda esa música que se escucha es porque es domingo o siempre suena?

—No, es porque es domingo...

—¿Qué música te gusta a ti?

—Pues... escucho variado, pero no me gusta tanto este género.

—¿Esto qué es? ¿Banda?

—Más como norteña... a ver qué nuevos géneros sacan...

La verdad no me queda muy clara la diferencia entre música de banda y norteña. Pero las palabras que salen de una ventana, a todo volumen, dicen así: *Soy el único de la familia / Que se atrevió andar en la movida / Chingándole pa' una mejor vida / Brinqué pa'l otro lado...*

Malilla no lo sabe, pero son Xavi & los Dareyes de la sierra los que cantan. Tiemblan los cristales de las ventanas con la fuerza de los bajos de esta canción que habla de esfuerzo, de éxito, de sacrificios.

Sigue así: *Y empezamos desde cero / Y lentamente formé un imperio / Comenzamos con los veinte / Después kilos, hoy me estoy riendo.*

Debe estar hablando de drogas. Imagino.

Entonces el día de un normalista, decía.

—Pues, me levanto a las 6:00. De 6:00 a 7:30 es cuando hacemos lo que es higiene. Limpiamos la escuela, chaponamos, tiramos basura, limpiamos los baños. Vamos a clases.

Las clases empiezan a las 8:00.

—Tomamos clases de 8:00 a 10:00, y a veces te dan una hora de descanso. En esa hora de descanso vamos a cuidar a los animales, vamos a ver las plantas, y después se regresa nuevamente a clases.

—¿Hasta qué hora?

—Depende, hay días que terminan a las 2:00, a veces a las 4:00 de la tarde.

—¿Y luego en la tarde?

—Igual. A veces ya en la tarde descansas las dos horas, y después te vas a las guardias, hacemos guardias también en el portón, guardias con los animales...

—¿Y a qué hora se acuestan?

—Je, je, je, ahora sí que...

—Tarde, ¿verdad?

—Tarde. Cuando toca hacer guardia a veces no duermes.

—¿No duermes de plano?

—No, pues tienes que estar al pendiente. Te echas una pestañita por ahí. Aquí, como ve, se está reconstruyendo nuevamente esta parte.

Las guardias. Porque siempre hay normalistas de guardia. Porque esta no es una escuela cualquiera. Esta es una escuela sitiada.

Pero ¿por qué?

Lo que hay que recordar.

Hay que recordar las fechas. Las fechas de las matanzas, el 12 de diciembre, el 26 de septiembre. Ni siquiera es necesario decir el año. Ahí están los rostros de los mártires, de los caídos, de los que fueron compañeros y ahora son ejemplo, inspiración.

Ahí está Julio César Mondragón. Malilla casi seguía sin enseñarme bien el rostro de ese compañero mártir. No sabe que lo conozco. No sabe que hace años estuve escuchando el relato y las lágrimas de su joven esposa que quedó viuda, Marisa, en una feria del libro en el Morro de La Habana. Se le iba enseñarme el mural dedicado al rostro de Julio César, con su gorrito de colores. Se acuerda y corre a quitar unas cajas de fruta acostadas a la pared del mural para que yo pueda tomar una foto mejor, sin estorbos. Sin nada que pueda alterar la majestuosidad del mural en honor del mártir.

—Este es un mural, se me estaba pasando, que es del compañero Julio César Mondragón.

Sí. Lo conozco. Me acuerdo.
Julio César Mondragón. El rostro de Julio.

Después del primer ataque, llevado a cabo desde las 21:30 h hasta las 22:30 h al menos, los estudiantes sobrevivientes se reagruparon y llegaron otros desde la escuela de Ayotzinapa, junto con algunos maestros y periodistas. Julio César se encontraba en la rueda de prensa a las 00:30 ya del día 27 (informes I y II Ayotzinapa, GIEI).

En su huida del lugar para protegerse, Julio César Mondragón salió corriendo solo y fue interceptado por sus captores, quienes lo golpearon y torturaron brutalmente, siendo posteriormente asesinado y su rostro desollado, además de sufrir posteriormente heridas por fauna de la zona.

En el mural, Julio César Mondragón sonríe. Este no es el único mural en el que está su rostro sonriente. Sonriente y vivo, no desollado como en las imágenes de los periódicos en los días siguientes.

Hay otro mural en el que aparece, junto con los otros nueve mártires. Le dicen el mural de los diez caídos.

—Estás en una escuela que es blanco de una represión tan fuerte por parte de las fuerzas de seguridad. Compañeros tuyos han sido asesinados, han sido desaparecidos. ¿Cómo vives todo esto?

—Pues, es medio fuerte... fuerte pensar que en cualquier momento que tú ni siquiera... yo creo que ellos ni siquiera se lo esperaban. Nadie se lo espera. Sin embargo, algunos arriesgaron su vida para defender a sus mismos compañeros. Y lamentablemente fallecieron, y ahorita solamente quedan de recuerdo.

Quiso decir quedan "en el recuerdo", lo sé. Pero dicho así, por un momento, se forma otra imagen en mi mente. Suena como si fueran souvenirs. Una imagen grotesca.

—Uno no se lo espera. Pero tú eres inteligente, eres consciente... Sabes también que esto puede llegar a pasar...

—Sí. Pues... ahora sí que... pedimos que... que ojalá no vaya a suceder todo este proceso en estos años en los que vamos a estar aquí. Pero la lucha la tenemos que hacer, porque las siguientes generaciones... si no la hacemos, las siguientes generaciones pueden ser más débiles, y por parte del gobierno pueden cerrar la misma escuela. Porque al mismo gobierno no le conviene que nosotros estemos en pie de lucha.

Se mezclan las consignas en la confusión de su respuesta. Malilla intenta construir una frase sensata con pedazos de frases escuchadas y repetidas muchas veces en los pocos meses que lleva aquí.

—¿Qué es lo que tú dirías que es lo más importante en términos de propuesta política que tiene esta escuela, que no tiene otro lugar?

—¿Lo más importante? Pues prácticamente lo más importante para mí es la aplicación a lo que es tener una escuela... Algunos edificios están viejitos, entonces... una nueva remodelación a la escuela.

Pero yo hablo de las enseñanzas políticas. Reformulo la pregunta, aunque ya me parece interesante su primera respuesta. Lo que le gustaría, lo más importante, es que se pudieran arreglar las instalaciones, para que los estudiantes tuviesen una vida más digna.

—¿Qué es lo que tiene esta escuela y por qué al Estado le molesta tanto que existan las Normales?

—Más que nada porque seguimos el ejemplo de lo que en su momento el revolucionario Lucio Cabañas también hizo. Lo que él protestaba es que no había igualdad por parte de las personas... gente con dinero que no iguala a la gente campesina. Entonces lo que él buscaba era una igualdad. Por eso inició toda una revolución. Y seguimos su ejemplo, de que el gobierno sí se centre en la educación. Se cerraron lamentablemente otras Escuelas Normales rurales, que las escuelas daban la posibilidad de que las personas, los hijos de campesinos, estudiaran, sin pagar, porque en la escuela aquí no pagas nada. Todo es gratis, la comida, la estancia. Nos da vestimenta la misma escuela. Entonces por parte del gobierno yo creo que haría más falta eso: hacer más escuelas donde verdaderamente te den la posibilidad de que tengas... —se distrae un momento, pierde el hilo, se queda pensando—. No solamente por parte de la escuela. Sino que apoyamos también las demás escuelas... Mira, aquí es la cancha de voley, estos son los talleres de artes plásticas, carpintería, ahí estaba el de herrería.

Murales con los rostros de los caídos. Murales con la historia del movimiento, con las consignas. Para no olvidar. Para no ser olvidados. Si tiene que tocarme a mí, espero no terminar desapareciendo, como los recuerdos. Como un souvenir olvidado.

A propósito de olvido.

En el afán de hablar de las tortugas de Ayotzinapa se me estaba olvidando la razón de ser de esta historia. Hay que resolver un misterio. Hay que armar el rompecabezas.

Entonces es necesario mirar las cosas con calma y empezar por el inicio. Hay que empezar por los hechos.

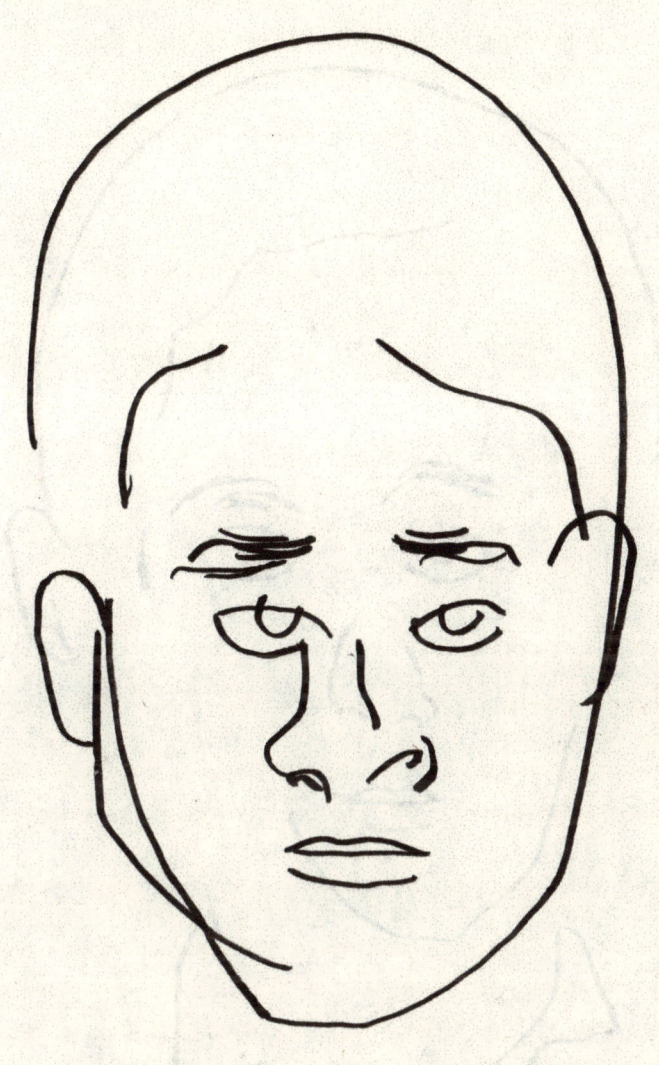

CARLOS LORENZO
HERNÁNDEZ MUÑOZ

II

Los hechos

Lo que pasó aquella noche, la noche entre el viernes 26 y el sábado 27 de septiembre de 2014.

Lo que pasó en la ciudad de Iguala, del náhuatl *yohualcehuatl*, donde serena la noche. Quizá los hechos empiezan ahí.

★★★

Los hechos de aquella noche. Aquella noche de Iguala que todos conocemos como "lo de Ayotzinapa".

La noche, se dice, que cambió para siempre el destino de México.

La noche de Iguala, donde serena la noche.

Así se lee en la página del Centro de Derechos Humanos Miguel Agustín Pro Juárez A. C., asociación que desde los primeros días se encargó de darle seguimiento legal a las familias de las víctimas del caso:

Los hechos sucedieron cuando un grupo de estudiantes de la Escuela Normal Rural Raúl Isidro Burgos de Ayotzinapa, de entre 17 y 25 años, acudió a la ciudad de Iguala, Guerrero, ubicada en ese mismo estado, con la finalidad de "tomar" autobuses que requerían para participar en la conmemoración del 2 de octubre, que cada año mantiene viva en México la memoria de esa represión contra estudiantes acaecida en 1968. Aunque la retención y el uso temporal de autobuses por los estudiantes para realizar sus actividades había sido habitual en Guerrero y contaba incluso con el aval tácito de empresas y autoridades, el 26 de septiembre la respuesta de las autoridades no fue la ordinaria: policías municipales de Iguala abrieron fuego contra los estudiantes para impedir que salieran de la ciudad con los autobuses. De esta manera, auxiliados por otras corporaciones y por civiles, los policías lograron cerrar el paso a cinco autobuses —tres que transitaban por una calle céntrica y dos que lo hacían por una calle periférica—. En esos dos escenarios fueron detenidos 43 estudiantes que habrían de ser desaparecidos. Más tarde esa misma noche, continuaron las agresiones contra los estudiantes y contra la población en general, ya no solo por parte de agentes estatales, sino también por civiles que, como después se demostró, eran parte de la estructura de una organización criminal fuertemente imbricada con las instancias estatales presentes en esa zona de Guerrero, denominada Guerreros Unidos.

El saldo de la cruenta noche de Iguala fue brutal: 43 jóvenes estudiantes que siguen desaparecidos; 6 personas ejecutadas, entre ellas 3 normalistas, incluyendo el caso de un joven cuyo cuerpo apareció al día siguiente en un paraje inhabitado con claras muestras de tortura; al menos 40 personas fueron lesionadas, contando a dos estudiantes que resultaron con afectaciones graves y permanentes a su salud. En total, más de 180 personas fueron víctimas directas de violaciones a derechos humanos esa noche y alrededor de 700 personas resultaron víctimas indirectas, considerando a los familiares de los agraviados.

A pesar del proceso de búsqueda de verdad y justicia que iniciaron las y los familiares de los desaparecidos y de las víctimas de ejecución, la obstrucción de la investigación por parte de las autoridades ha impedido que la verdad de los hechos ocurridos a los normalistas de Ayotzinapa el 26 y 27 de septiembre de 2014 sea conocido por las familias y por toda la sociedad; y por ende, tampoco se ha investigado, procesado y sancionado a todos los responsables de dichos sucesos.

Así se han narrado de manera sintética, precisa, puntual, los hechos.

En estos diez años he hablado mucho de la noche de Iguala. En diez años todos hemos hablado de aquella noche que nos ha cambiado tanto. Así lo decimos. También decimos "punto de quiebre"; "vuelta de tuerca"; "un antes y un después".

En diez años se han ido acumulando los relatos sobre aquella noche y, poco a poco, se han hilado historias diferentes, como pasa con los relatos que van tomando forma en la boca del pueblo, que moldean sus alas invisibles sobre las voces que los pronuncian, que son masticados por tantos dientes que acaban perdiendo su precisión de hechos y se transforman en mitos. Cuando un delito se vuelve de gran alcance mediático es común que la gente empiece a tener una opinión al respecto.

El escritor italiano Leonardo Sciascia escribió en 1975 un libro sobre la misteriosa desaparición del físico Ettore Majorana, ocurrida en 1938, cuando el genial científico tenía 31 años. El caso de su irresuelta desaparición generó un enorme impacto emotivo entre la población de Italia de aquellos años y con el paso del tiempo adquirió una dimensión mítica.

Para Sciascia, el desaparecer tiene de por sí y en cualquier caso algo de mítico.

> El cuerpo que no se encuentra, y cuya muerte, que no puede ser celebrada, no es "verdadera" muerte; o la diferente identidad y vida —no "verdadera" identidad, no "verdadera" vida— que el desaparecido en algún otro lado conduce, entrando en la esfera de la invisibilidad, que es esencia del mito, obligan a una memoria, además de burocrática y judiciaria (la "supuesta" muerte se declara a cinco años de la desaparición), de piedad insatisfecha, de implacables resentimientos.

El mito fagocita la historia, escribía Roland Barthes. El mito simplifica, polariza, aplana a dos dimensiones. El mito destruye el tiempo. Sobre todo, cancela el contexto.

Por esto pienso que es necesario devolver a esta historia el contexto y ubicarla en el tiempo. Y tratar de quitarla del espacio del mito, en el cual se ha ido colocando en los últimos diez años.

Pero ¿qué historia? Todavía no hemos establecido qué fue lo que pasó esa noche entre el viernes 26 y el sábado 27 de septiembre de 2014 en la ciudad de Iguala, donde serena la noche.

Es verdad.

Para eso tendremos que esperar. Hay tiempo.

Volvamos a empezar.

***

Además de los hechos, el qué y el cómo, yo quiero entender el porqué, las razones profundas de un Acontecimiento difícil de explicar. No es intuitivo explicar la saña, la crueldad, la violencia extrema de las fuerzas de seguridad y los exponentes de grupos criminales que asesinaron y secuestraron a los estudiantes de Ayotzinapa y las demás víctimas de los operativos de la noche del 26 de septiembre de 2014 observando solo los hechos. Para tratar de entender el exceso de brutalidad se tiene que colocar ese Acontecimiento en la represión histórica de los movimientos sociales, campesinos, indígenas, estudiantiles de la segunda mitad del siglo XX en México, en la tradición autoritaria de las fuerzas armadas y de seguridad del Estado mexicano, en la ideología extractivista del tardocapitalismo neoliberal.

Este no es un libro sobre lo que hay que hacer, ni es un libro que habla de lo que pasó.

Es una pausa.

Un largo y profundo respiro.

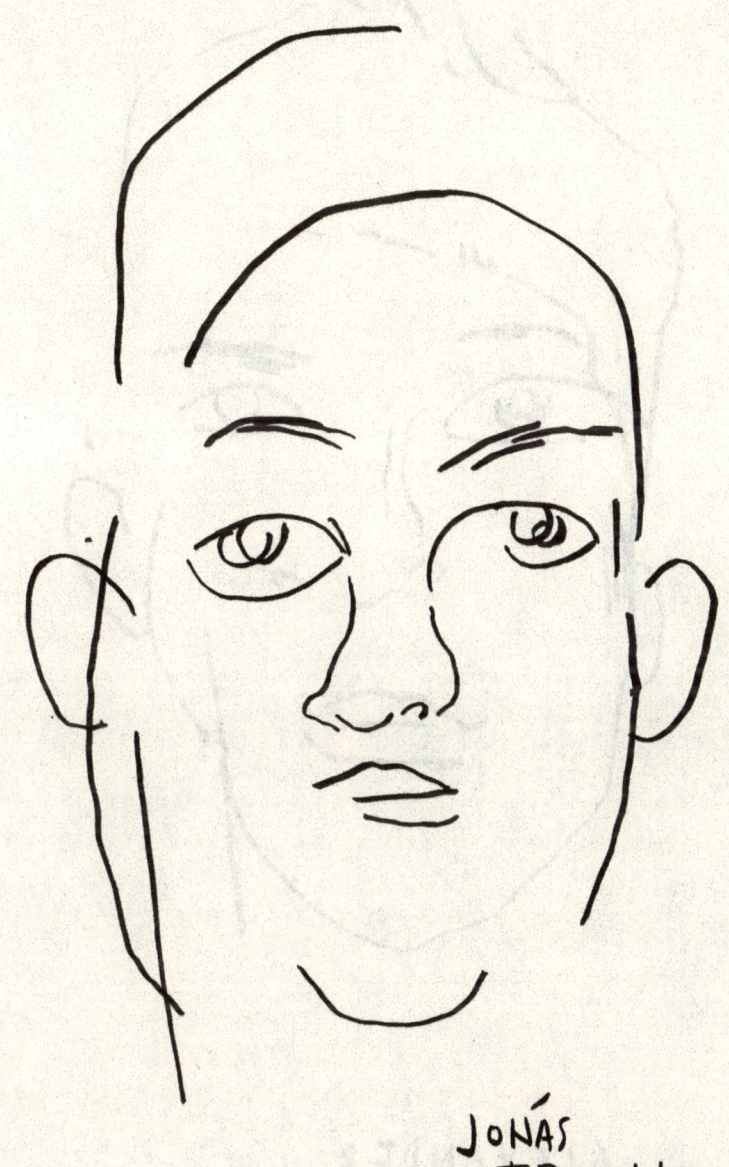

III

The Prestige

¿Estás poniendo atención?

Todos los trucos de magia tienen tres partes, o actos. La primera es "la presentación", el mago muestra algo ordinario (una baraja de cartas, un pájaro o una persona). Nos muestra un objeto, quizá nos pida que lo examinemos, para que veamos si es real, inalterado y normal. Pero lo más probable es que no lo sea.

El segundo acto se llama "el giro". El mago toma el objeto común y lo convierte en extraordinario. Ahora bien, tú buscas el secreto, pero no lo encuentras, porque, claro está, en realidad no estás mirando de verdad. No quieres realmente saber. Quieres que... te engañen.

Pero aún no aplaudes, porque hacer desaparecer algo no es suficiente. Es necesario hacerlo aparecer nuevamente.

Es por eso que los trucos de magia tienen un tercer acto. La parte más difícil. La parte que llamamos "la prestidigitación".

Así empezaba la película, con una voz de hombre maduro que cuenta el secreto de un truco de magia.

¿Se acuerdan? La voz, en el original en inglés, es la del gran Michael Caine, que, en el filme *The Prestige*, interpreta al personaje de Cutter, el viejo y fiel asistente del ilusionista.

Además de Michael Caine, en la película de Christopher Nolan actúan Christian Bale, Scarlett Johansson, Hugh Jackman e incluso David Bowie en el papel de Nikola Tesla. En la película se narra la historia de unos ilusionistas en la Inglaterra de finales del siglo XIX que obliga al espectador a reflexionar sobre la idea misma de prestidigitación, sus implicaciones éticas y sus mecanismos secretos.

Me parece que la historia de la desaparición forzada de los 43 estudiantes de la Normal rural Isidro Burgos de Ayotzinapa, ocurrida en la noche entre el viernes 26 y el sábado 27 de septiembre de 2014 en Iguala tiene algo que ver con esta película.

En mi opinión, la sociedad frente a la desaparición forzada de personas se parece a un espectador frente a la *presentación*: nos convencemos de que estamos viendo, pero estamos a la merced de lo que nos relata el mago, que engaña el ojo y la mente del que no está realmente mirando. No queremos ver realmente, queremos ser engañados.

Espectadores que miran el gran escenario de la realidad y dejan que el ilusionista lleve a cabo su ilusión.

Pero, ¿quién es el mago? ¿Cuál es su objetivo? Y ¿de qué va, exactamente, el juego de prestidigitación?

El ilusionista agarra una moneda con dos dedos, la esconde en la mano y, después de un gesto mágico, misteriosamente la hace desaparecer. Reaparecerá muy probablemente detrás de la oreja de alguien.

Todos sabemos que los objetos no pueden simplemente desaparecer y materializarse de la nada, aunque es exactamente lo que acabas de experimentar. Sabemos que hay un truco, que llamamos magia, pero nuestro cerebro quiere creer en la suspensión de la credulidad, que es la base de toda prestidigitación.

Ya desde niños nos fascinan los eventos que confunden nuestros sentidos, cualquier bebé está extasiado frente a la cara del tío que desaparece detrás de sus manos y vuelve a aparecer.

La magia, la ilusión, nos colocan frente a cuestiones fundamentales: ¿qué es realmente posible? ¿Qué es la realidad? ¿Dónde acaba nuestro control sobre lo que nos rodea y sobre nuestra mente? ¿Dónde está la verdad?

La magia está basada en ilusiones psicológicas poderosas y los prestidigitadores crean sus trucos haciendo hincapié en las ilusiones y en los errores de nuestros sentidos. Es una especie de desorientación que sirve para manipular nuestras mentes, para confundir lo que vemos, lo que no vemos y lo que creemos ver.

La desorientación implica distraer la atención del público y hacerle creer que está mirando justo donde tiene que mirar durante todo el tiempo, sin darse cuenta de que hay un truco. El ilusionista quiere que sus espectadores piensen que son ellos los que están en control de su propia atención y de la situación, cuando, obviamente, es él quien decide en cada momento dónde van a mirar y qué es lo que van a ver.

Porque nuestra experiencia de la realidad es una ilusión poderosa. Nuestra verdadera percepción está llena de hoyos, lagunas, errores, malentendidos, deformaciones, y es nuestra mente la que reconstruye, tapa, modifica, cambia la forma, para darnos una impresión de la realidad. Es como cuando vemos unas letras esparcidas que conforman una palabra incompleta o unos garabatos en el azulejo del baño. Somos nosotros los que le damos sentido y transformamos las letras en una palabra, los garabatos, en una figura, casi siempre en un rostro humano.

Lo que hacen los prestidigitadores es manipular nuestros sentidos para que tengamos la impresión de que estamos en control. El público no solo no tiene que ver nada del truco, sino que no tiene que sospechar nada. El ilusionista tiene que asegurarse de que sus espectadores no vean cosas que él no quiere que vean. Se trata de controlar la atención del público de forma que cuando el mago está a punto de hacer algo, el público ni siquiera sospeche lo que está haciendo.

El juego de prestidigitación se ejecuta como un *performance*, pero no se llega a concluir. Se queda en la segunda fase. Nunca se cumple el *prestige*. El público se queda en espera, concentrado, observando la segunda fase, el *giro*, observando el vacío. Es el vacío lo que llena el espacio y ocupa toda nuestra atención.

Un juego de prestidigitación macabro, sin final feliz. Y nos quedamos colgando.

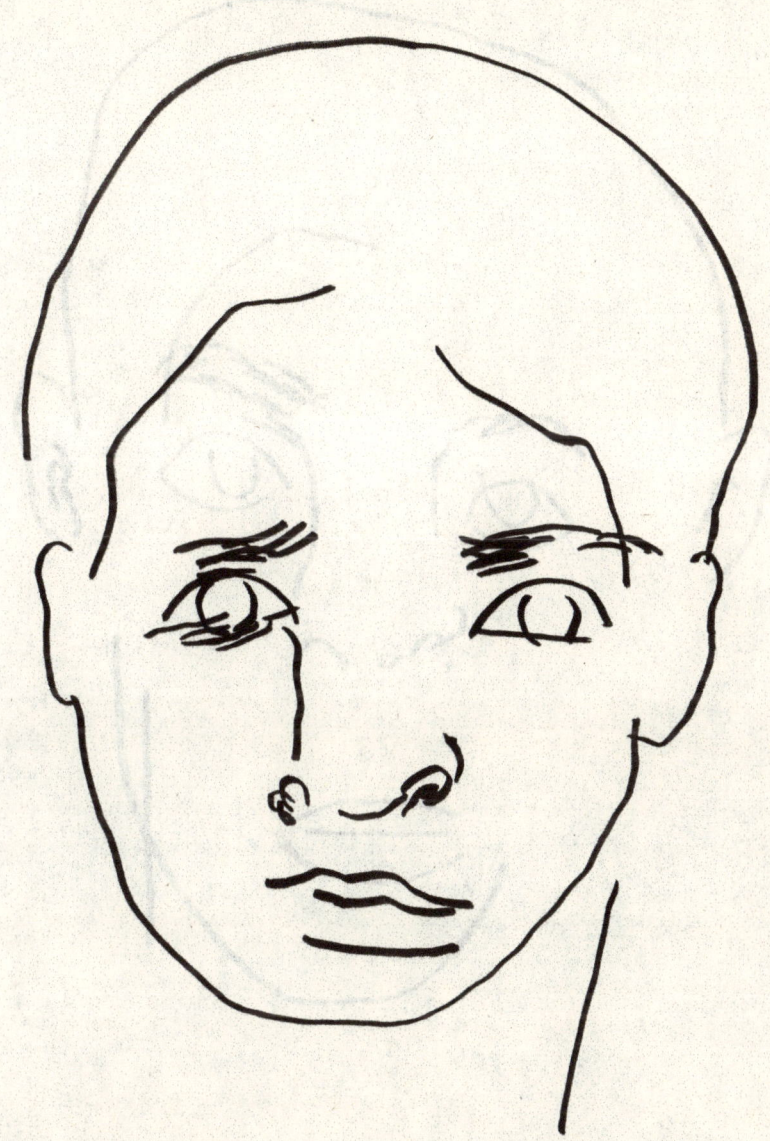

MARTÍN GETSEMANY SÁNCHEZ GARCÍA

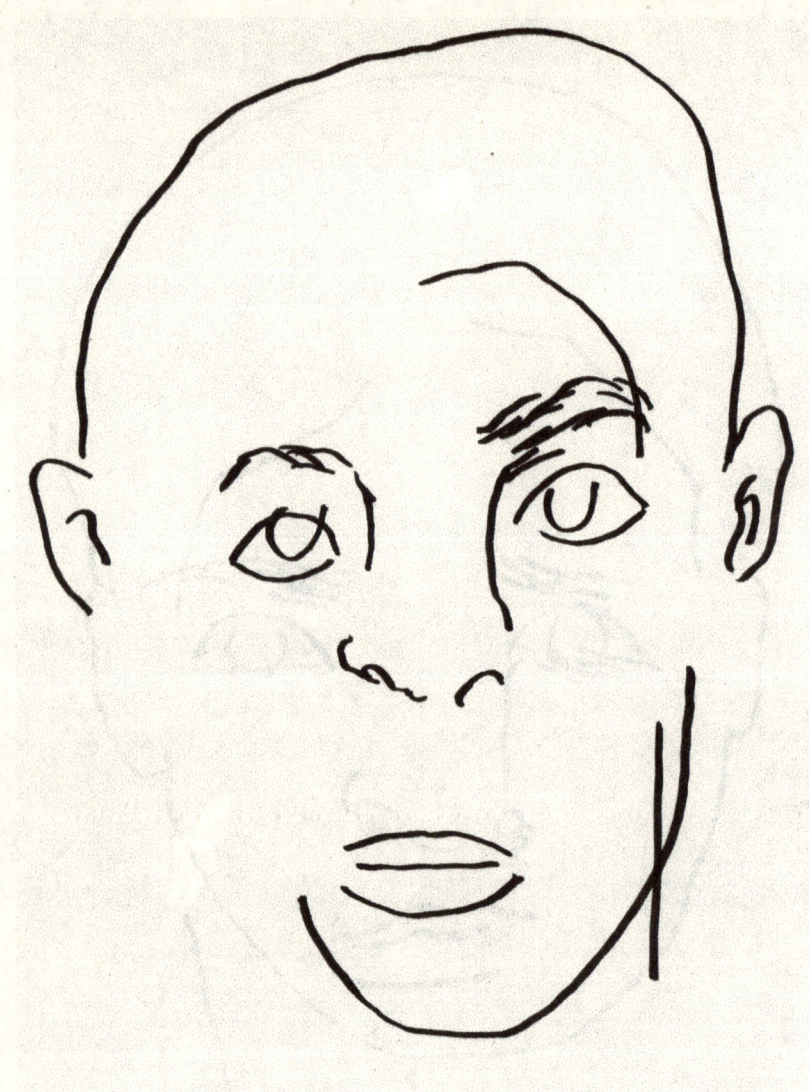

JHOSIVANI GUERRERO
DE LA CRUZ

IV

Pedagogía del terror

Hace tiempo Daniele Catalli, un amigo ilustrador, me pidió un texto sobre decapitaciones, para publicarlo como introducción a un libro suyo. La invitación me permitió reflexionar sobre un fenómeno que ha atravesado la historia de la humanidad y de los pueblos, y que sigue siendo una práctica utilizada en la actualidad. Y México es uno de los lugares en los cuales se sigue practicando con frecuencia.

Así pensé. Pensé en la decapitación como *performance*. Pensé que cada decapitación está pensada para ser vista, porque está profundamente entrelazada con el mirar.

El acto de cortar una cabeza ha tenido siempre un profundo valor performativo. Su sentido es la pedagogía del terror y su expresión es la teatralidad.

La teatralización de la muerte no está dirigida, obviamente, al condenado, pues a él está dirigido el filo de la espada, sino al público que mira. El espectáculo aterrador es una manifestación de poder para la comunidad, para la sociedad entera. Un espectáculo que hace perder la cabeza, que hace enloquecer, que produce disgusto, asco, pero a la vez causa morbo y atracción.

Perder la cabeza. Efectivamente. Es un mensaje para el público que funciona sobre el imaginario de los espectadores entusiastas y atemorizados. Es la política del terror.

La decapitación crea la imagen viva de lo que puede pasarle a quien mira.

El espectador está a la vez excitado e intimidado por una ejecución capital —ejecución capital deriva de *caput*, que significa, precisamente, cabeza—, dado que sabe que no es suya la cabeza que rodará en una canasta y que será levantada como un trofeo por el verdugo, como la cabeza de Medusa levantada por la mano de Perseo. Sin embargo, el espectador intuye que el mensaje de la exposición de la cabeza está dirigido a él, está dirigido a todos nosotros. La decapitación nos mira a la cara y nos habla. Nos dice: "Abre bien los ojos y no te pases de la raya, porque si no, bajo el filo del hacha o de la guillotina, pasará tu cuello". Y, ¡Zaz!

Excelente disuasorio.

La historia de la decapitación es larga como la humanidad misma. En todas las culturas, en todos los tiempos, los seres humanos se han dedicado a degollar a sus semejantes. Las técnicas, hay que decirlo, son las más diversas, con una gran creatividad. Los humanos han evolucionado y con ellos las técnicas de decapitación, que han adquirido con el tiempo significados diversos.

Por ejemplo, en algunos lugares la espada que cortaba la cabeza significaba una muerte digna, indolora, decorosa, que le ahorraba al condenado inútiles humillaciones y sufrimientos. Entonces, como siempre, estaba dedicada a los nobles, a los ricos, incluso a reyes y reinas.

En el Imperio romano se decapitaba solo al *civis romanus*, es decir, a quien tenía ciudadanía, dado que era una muerte rápida, honorable; mientras que para esclavos, extranjeros y enemigos del Imperio estaba reservada la humillante y dolorosa crucifixión.

También el arma para degollar al condenado a muerte era importante: la espada estaba reservada a los nobles, porque simbolizaba el arma de la casta militar, mientras que el hacha se utilizaba para el pueblo y los criminales comunes.

En otros lugares o en otras épocas, por el contrario, la decapitación ha significado lo opuesto: disgusto, humillación. La decapitación pública, en este sentido, significa poder para quien la inflige y vergüenza para quien la padece. El condenado, antes de ser decapitado en una plaza pública repleta de gente lista para el espectáculo, a menudo era expuesto al público ludibrio, un paseo ignominioso entre gente gritando. Y el verdugo, después del corte, le daba al público su trofeo: la cabeza mochada.

La teatralización es de todas formas fundamental. El espectáculo, el *performance*, es la esencia misma del evento.

El sentido actual de las ejecuciones capitales performáticas ultraviolentas que son grabadas y compartidas en millones de reproducciones sigue siendo el mismo.

Las decapitaciones con un sable, ejecutadas por los extremistas islámicos que degüellan a quienes ellos consideran enemigos del islam, infieles, occidentales en la puesta en escena de una guerra santa, se parecen de manera inquietante a aquellas brutales de los criminales mexicanos, que utilizan machetes o navajas frente a cámaras hambrientas de cabezas mochadas.

El objetivo sigue siendo, paradójicamente, siempre comunicativo. Una decapitación le habla a quien la observa, y tiene sentido solamente si hay espectadores. La performatividad es una advertencia macabra y eficaz que hace hincapié en el horror, en el miedo, en lo absurdo de un cuerpo sin cabeza, que vuelve a ser un objeto anónimo e insensato, ya sin individualidad, sin especificidad.

En una escena de la película *Young Frankenstein* de Mel Brooks, que se ha vuelto icónica en la historia del cine, el Dr. Frederick Frankenstein (interpretado por un magnífico Gene Wilder), acompañado por Elizabeth (Madeline Kahn), observa las cabezas momificadas de varios cadáveres hasta que llegan a la "cabeza del día" del sirviente Igor (Marty Feldman). En la versión original, Igor improvisa un motivo que juega con la ambigüedad entre *nobody* (nadie) y *no-body* (sin cuerpo), y canta: *I got no body and nobody cares for me*.

El cuerpo decapitado ya no tiene lo que lo define, lo que lo nombra, ya no tiene la facultad que lo hace humano, la razón. Ya ni siquiera es un cadáver, sino solamente un cuerpo insensato. Un cuerpo que ya no le importa a nadie.

Es a partir de esta reflexión que me interesa abordar la performatividad de la desaparición forzada. Porque estoy convencido de que sigue el mismo principio de escenificación y que tiene poderosas funciones comunicativas.

Esto no es nuevo. Para Shakespeare el mundo entero era un escenario. Georges Balandier habla de "teatrocracia", para afirmar que todos los actores políticos pagan su tributo cotidiano a la teatralidad.

Y la palabra teatro, no hay que olvidarlo, deriva del griego θεάομαι, *theáomai*, que significa "mirar", "ser espectador". Implica la vista como elemento de relación entre el que mira y el objeto de la mirada.

Entonces la escena pública se convierte en un teatro trágico, en el cual se llega a la desaparición física de aquellos que son definidos por la narración mítica como los personajes antagónicos, los malvados, los que amenazan los valores supremos de la sociedad. Es en nombre de la salvaguarda de esos valores que el poder político construye el imaginario mítico y ataca a sus adversarios. Y lo hace a través de *performances* del horror. El *performance* más extremo, el más inquietante, el más devastador, es la desaparición forzada, en cuanto elimina de la escena a los sujetos, sin dar explicaciones, sin producir seguridad, sino al contrario, generando una incertidumbre sin fin, un duelo sin fin, un terror sin fin.

Es pensando en esto que llego a mi cita con Ileana Diéguez, en el bar de una librería en el sur de la Ciudad de México.

Ella es una referencia para muchos que estudian artes escénicas, pero también es la voz más importante de las que reflexionan sobre la performatividad de la violencia en México.

Su cubanía se manifiesta en cada palabra, con un acento que se ha mantenido fuerte a pesar de las muchas décadas vividas aquí.

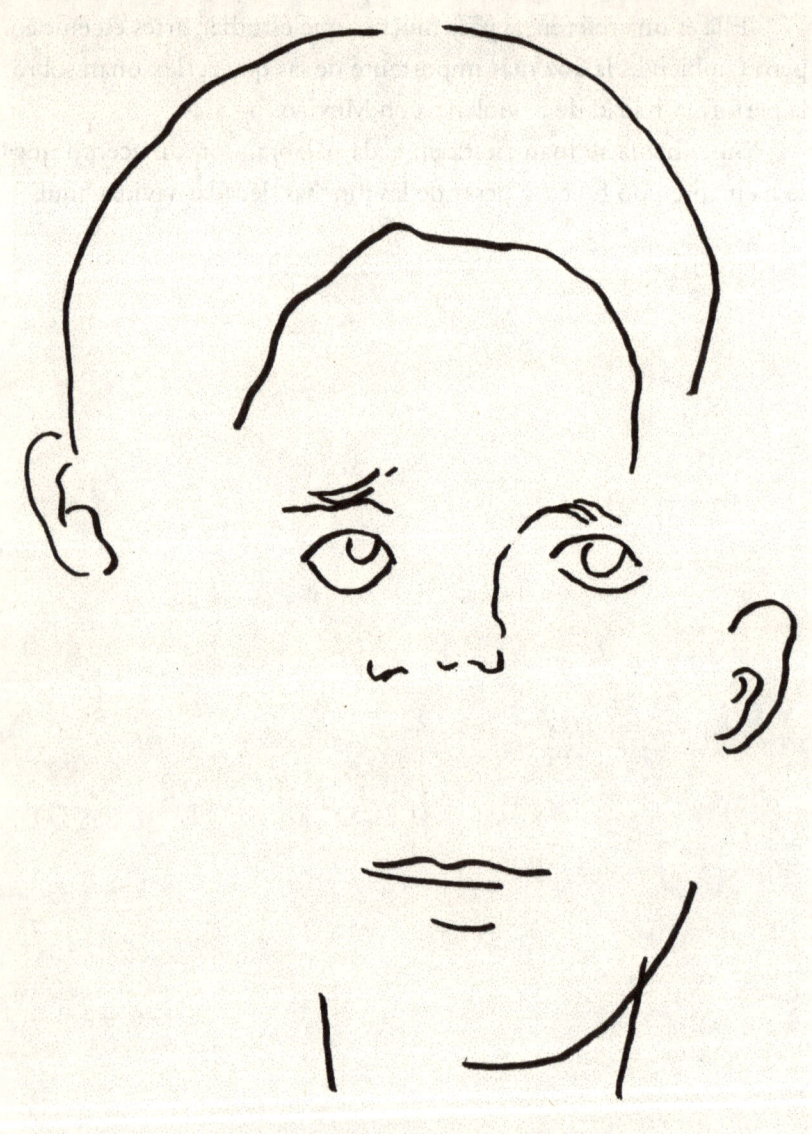

CARLOS IVÁN
RAMÍREZ VILLARREAL

V
Performatividad de la falta

Ileana habla rápido, abre muchos paréntesis que no siempre cierra, pero cada paréntesis permite ampliar la mirada y mover a cada paso el límite del pensamiento. No importa el orden, importa lo que evocan sus reflexiones.

Una de las expresiones que se graban en mi mente es la de performatividad de la falta.

Le digo que mirando el fenómeno de la desaparición forzada, igual que con la teatralidad de las decapitaciones, necesito entender cuál es la racionalidad de un acto tan cruel, cuál es su sentido. A lo mejor no es una función completamente consciente en todas sus dimensiones por parte de los perpetradores, pero tiene una función pedagógica, disciplinaria y una dimensión performativa.

—Yo creo que sirve mucho a la sociedad. Porque la misma performatividad de la falta, la producción de la falta, que es el sentido de la performatividad, es también la producción de un sistema de terror. Es una pedagogía del terror. Existe para aterrorizar.

Para explicarlo recurre al ejemplo de María Herrera, una de las mujeres más representativas del movimiento de madres y padres en búsqueda de sus hijos desaparecidos. Dos de los hijos de María Herrera, Raúl y Jesús, fueron desaparecidos en 2008. Dos años después fueron desaparecidos otros dos, Gustavo y Luis Armando, que estaban buscando a sus hermanos. Doña Mary se volvió una incansable activista para la búsqueda de personas desaparecidas, una referencia importantísima para la sociedad mexicana.

—La historia de los hijos de María se vuelve pedagógica para la sociedad. Porque nadie quiere que le pase lo mismo que le pasó a María. Y no puede estar desvinculada de qué pasa con el cuerpo. Si tú vas bajando más en la performatividad de la falta, están todas estas ejecuciones… Que es la parte del cuerpo roto del necro-performance —la performatividad de la falta implica muchas performatividades. Las de los actores que actúan en esa performatividad de la falta. Los *desaparecedores*—. La frase "performatividad de la falta" quiere dar cuenta de cómo se *performea* una situación, cómo se acciona una situación para que se construya una falta. O sea, es todo el tejido de hacer en torno a una…

— A una ausencia, un vacío…

—Claro, eran dos palabras que no quería mencionar, pero que son.

Ileana me invita a reflexionar sobre el uso de términos como "vacío" y "ausencia", palabras a las cuales prefiere la expresión "ausencia forzada". Insiste sobre este punto:

—Porque no es que los desaparecidos se ausenten. Son eliminados de la escena por alguien.

—El tema es la puesta en escena. Y las ausencias forzadas son el *performance* de la falta. Están fuera de escena.

—El significado de obsceno. Sí.

—Pienso en el acto de quitar físicamente cuerpos de la escena, que es la escena de la vida familiar, de la vida social, y ponerlos… esconderlos, pues. Ponerlos en un lugar que nadie sabe. Y esto, a la vez también, da un poder a quien lo hace, que es un poder… casi…

—Es un poder político muy grande, Federico.

—Pienso en el *desaparecedor,* que dice: yo sé una cosa que tú no sabes y el simple hecho de que yo no te la voy a decir, sobre tu hijo, sobre tu familiar, hace que yo tenga poder sobre ti y depende de lo que yo te diga. Y no te lo voy a decir nunca. El poder está en conocer una información y no darla. Es brutal, ¿no? O del mundo, o lo que tú quieras. Es el simple hecho de saberlo y no decirlo.

Ileana me indica un capítulo de su libro *Cuerpos sin duelo* que se titula "Necroteatro" para que lo revise con calma en mi casa. Y después de nuestra conversación lo reviso.

Y leo esto: "Quien no comprenda el teatro, los triunfos, los juegos, no ve Roma. Todo poder es un teatro, afirma Pascal Quignard en ese perturbador estudio que ha titulado *El sexo y el espanto*. Toda *domus*, todo espacio de dominación y poder es un campo de representaciones y máscaras". Sigo con la lectura. Me detengo en otro pasaje:

> Los escenarios de la violencia revelan comportamientos representacionales. […] Las representaciones producidas por los grupos dominantes en escenarios donde predomina la violencia buscan una demostración de poder. Cualquiera que sea el discurso sustentador, estas representaciones implican formas de representar y de exhibir los emblemas de un poder soberano sustentado en el ejercicio de la muerte violenta, produciendo subjetividades modeladas en esos territorios del miedo.

Se me ocurre un cuento del escritor y dramaturgo italiano, Luigi Pirandello. El cuento se llama "La carriola", y el personaje de la historia es un abogado que tiene una vida burguesa en un pequeño pueblo de Sicilia, a principios del siglo XX. Es un abogado de provincia, un hombre respetado, una referencia importante para su comunidad. Pero el abogado tiene un secreto indecible, que lo arruinaría para siempre a los ojos de su familia, de sus amigos y de la comunidad. Todos los días hace una cosa absurda, en secreto. El hombre tiene una perrita muy viejita y todos los días, a la misma hora, se encierra en su despacho con la perrita y juega con ella agarrándola por las patas traseras y la hace caminar. Un juego infantil con su perra, inocente, pero indecible. Sería aceptable hecho por un niño, o al límite por un loco. Pero no por un abogado serio, severo, austero, una autoridad. ¿Qué pensaría el mundo si supiera que el abogado que tiene un estatus así en la sociedad, en el pueblo, se revuelca con la perrita jugando como niño? La historia de Pirandello se centra en la relación entre la esfera pública y la esfera privada y secreta, en la forma en la que significamos nuestra vida al exterior y al interior, y qué es lo que nos define afuera y adentro. Es una cuestión de roles.

Una vez que se hace visible lo invisible, entra en el mundo de las lecturas que de ello dan los otros, del significado que le atribuyen los otros.

—Hay algo que es el poder de ver. Por eso el poder de la visión es tan grande. Lo visible y lo invisible, lo que se resguarda invisible. En esto se basan las cofradías, la Iglesia, el misterio de Cristo. Por ejemplo, entre los griegos no se podía señalar el lugar de tu muerte. Únicamente se podía saber dónde estaba tu tumba, pero no el lugar donde moriste. Es la dimensión misteriosa de la muerte.

—Pero en un momento histórico en el cual aparentemente todo tiene que ser...

—Expuesto.

—Exacto, expuesto y visible.

—El espectáculo de la visibilidad. Me pregunto mucho de dónde viene, porque en esas prácticas que se hacen desde lo *necro*, y esos grupos que uno dice de bandidos, de esto, hay un saber. Saben lo que hacen y cómo lo hacen. Hay un saber que yo me pregunto mucho cómo se fue construyendo. Y pienso que ese saber está también muy mezclado con el conocimiento militar. Uso la diferencia entre saber, expertícia y conocimiento de la formación disciplinar. De los militares que se han ido mezclando con todos estos grupos, y que viene desde los kaibiles guatemaltecos, que han estado dando tácticas. Pero también yo creo que hay una especie de sabiduría popular, aquí en México, muy fuerte, que le hace a la gente darse cuenta dónde te pueden chingar, como dicen aquí. ¿Cómo te puedo chingar y de qué manera? Y eso es la experticia del chingar.

—Te peleas con alguien que quieres y hay un momento de lucidez, en el cual estás consciente de que lo único que habría que hacer, y que tú quieres y la otra persona también, es abrazarse. Pero no lo vas a poder hacer. Porque hay una serie de códigos, de representaciones, de *performances* que hacen la violencia ineluctable. Y entonces acabas haciendo la cosa peor, que es seguir peleando. A veces pienso que los vórtices de ejecución de la violencia funcionan de esta forma.

—Es muy bonito lo que acabas de decir.

—Creo que tiene que ver con todos los códigos de las mafias, todas estas estupideces: esto se tiene que hacer porque sí, y equis razón. Me imagino las escenas de la desaparición de los 43 en Iguala, y me imagino algo parecido. Militares, policías, federales, estatales, municipales, miembros de grupos de fuerzas públicas... es como si fuera una puesta en escena de algo inevitable. Pero se podría haber evitado.

—Y aterrorizante.

—Y terrible. Sabemos que podría no estar pasando esto. No quiero llegar a la cursilería de decir que podríamos estar abrazándonos, pero conceptualmente sí. Cada uno está atrapado en un papel que tiene que personificar en ese gran escenario.

—Un rol que representar.

—Y en el cual el hecho de desaparecer, quitar de la vista a unas personas, es el elemento...

—De poder.

—Exacto, que le da sentido a ese acontecimiento. Me parece obsceno.

—Hay un nivel performático. Es esa dimensión performática, esa dimensión de la continua actoralidad clásica. Hay una diferencia entre teatralidad y performatividad. La teatralidad involucra otros elementos objetuales y siempre está muy preocupada en la escena representacional, en la construcción de la escena. La performatividad no. La performatividad no se preocupa de la escena. Eso es problema de la teatralidad. La performatividad compele concretamente a la ejecución de la persona. Al modo en que se inserta el cuerpo. Toda la ejecución. De la dimensión del ser vivo. Pero la escena, la teatralidad, no puede existir sin performatividad.

—Pero no piensas que lo que se dio en Iguala esa noche...

—Sí, sí, hubo una construcción escénica absoluta.

Wolfgang Sofsky nombra las demostraciones de poder como "un teatro del horror". Como en el espectáculo de la decapitación, la práctica, muy presente en México, de sembrar pedazos de cuerpos mutilados en el espacio público, en las calles, en las plazas, a la vista, tiene, antes que todo, una función comunicativa y pedagógica. Se comunica un mensaje punitivo para los vivos. Son una escenificación de lo que Ileana Diéguez llama *necroteatro*.

El *necroteatro* tiene la función de construir escenas terroríficas en el espacio público para que los cuerpos se vuelvan la pedagogía del horror para la población, dado que el poder necesita mostrarse en escena todo el tiempo. Necesita poner en escena su aparato represivo.

Es parte de nuestra cultura visual, que se va formando a través de las imágenes que van construyendo imaginarios.

Si lo pensamos de esta manera, la desaparición de personas toma una dimensión inquietante, dado que se trata de escenificar la falta como pedagogía del terror. La más extrema, diría yo. Porque el espacio público, que es también un escenario, debería estar lleno de gente. Sin embargo, lo que ocupa la escena es la ausencia. Una ausencia forzada, como insiste en definir Ileana Diéguez.

La ausencia forzada que hace de lo vacío, de lo cóncavo, de lo hueco, de lo desierto, el centro de la narración del terror.

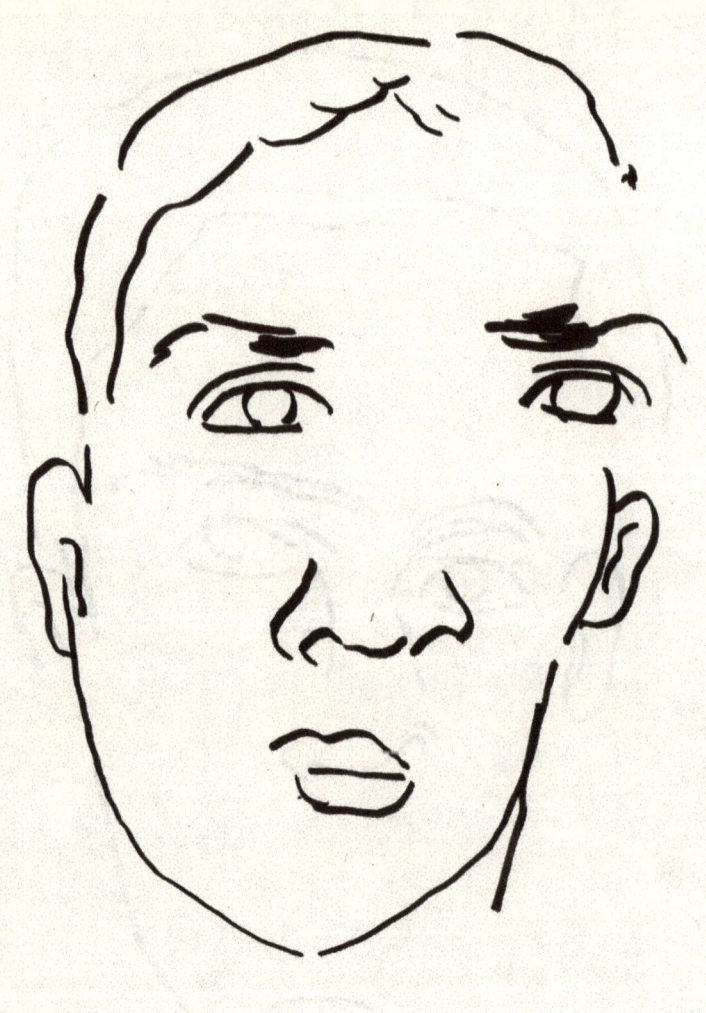

JOSÉ EDUARDO
BARTOLO TLATEMPA

VI

Los otros

Es el miedo a la oscuridad el más atávico de los miedos. La oscuridad, que significa ausencia de luz, incertidumbre. La oscuridad espanta porque oculta. El no saber genera monstruos, es el sueño de la razón y el despertar de la imaginación.

Una de las mejores películas del cine de suspenso de las últimas décadas es, sin duda, *The Others*, de Alejandro Amenábar. La historia se desarrolla en una enorme casa de campo en una isla remota de Inglaterra, en 1945. En la casa vive Grace (interpretada por una extraordinaria Nicole Kidman) con sus dos hijos, Nicholas y Anne. Desde el inicio el espectador se entera de que los niños sufren de un extraño padecimiento que les impide estar expuestos a la luz del sol, motivo por el cual las ventanas de la casa tienen que estar siempre tapadas por cortinas y hay que cuidar mantener cerradas todas las puertas.

Grace se asegura de que los tres nuevos sirvientes, que llegaron en un día de niebla espesa, respeten con extrema atención las reglas de la casa. Son una anciana gobernanta, Mrs. Mills, el viejo jardinero, Mr. Tuttle, y una joven criada muda, Lydia.

Después de poco el espectador empieza a sentir cierta inquietud porque, primero los niños y después la misma Grace, se dan cuenta de que no están solos en la casa. Hay ruidos en habitaciones vacías, se escuchan voces, sobre todo la de un niño de nombre Victor, que afirman ser los verdaderos dueños de la mansión.

Pero nunca se ve a nadie más que a los seis personajes principales. El terror que poco a poco va tomando pie está basado en la ausencia, aunada a la oscuridad impuesta por Grace.

Con enorme maestría el director logra generar un profundo sentido de angustia y terror a través de la ausencia.

Grace, mujer muy religiosa, que se ha quedado sola con los niños cuando su marido Charles partió por la guerra, se rehúsa a creer lo que sostiene su hija Anne sobre la presencia de otros seres en la casa, la niega castigándola, obligándola a leer pasajes de la Biblia durante días enteros, ocultando sus propias percepciones.

Se va entendiendo que los sirvientes esconden algún secreto relativo a la casa y a las presencias, pero que no tienen intención de revelarlo.

La tensión provocada por la angustia y el miedo va subiendo a lo largo de la película. La presencia ausente se hace cada vez más insoportable, hasta el momento en el que de pronto desaparecen todas las cortinas de la casa, que finalmente es inundada de luz. Después de un ataque de pánico que atañe a Grace y sus hijos, espantados de que la luz del sol pueda matarlos a causa de su condición, finalmente se revela la verdad.

La luz disipa las tinieblas de la ignorancia y de la superstición y quita el velo, en este caso de manera literal, de la mitificación y permite a los personajes y al público entender lo que estaba oculto, escondido en la oscuridad: la casa efectivamente está ocupada por fantasmas de muertos, los otros. Pero los muertos son Grace, sus hijos y los criados. Ellos son los otros que no sabían que estaban muertos. Son a la vez los asustados y los asustadores de los hombres vivos que habitan la casa.

Esta revelación resuelve el misterio, que los tres criados ya conocían, dado que habían muerto hacía más de cincuenta años en esa casa, solo que no podían revelar la verdad a Grace antes de tiempo, ella tenía que descubrirla sola, a través de un camino de conocimiento que acaba en la irrupción de lo real, como diría Lacan. La verdad existe, pero es ocultada por narraciones y mitos. Por ello es importante desmitificarla y quitar el velo que la mantiene oculta.

Para Karl Marx es necesario quitar el velo de la ideología que cubre los fenómenos sociales. Es un velo engañoso que impide considerarlos correctamente. Marx llama a esta operación *desmitificación*. Es decir, la eliminación del velo del mito, que es la ideología, para descubrir la verdadera naturaleza de los fenómenos sociales. Lo que pretendo hacer es una operación de desmitificación.

Así funciona la ausencia forzada. Nos mantiene en un estado de terror porque no nos permite ver. No vemos lo que hay. No vemos qué es de nuestros familiares desaparecidos. No tenemos certeza. La conciencia de la muerte es aterradora, sin duda. Pero contiene el descanso que deriva de la certeza. Permite el duelo. Permite alcanzar la paz.

La oscuridad no deja descansar. No da paz.

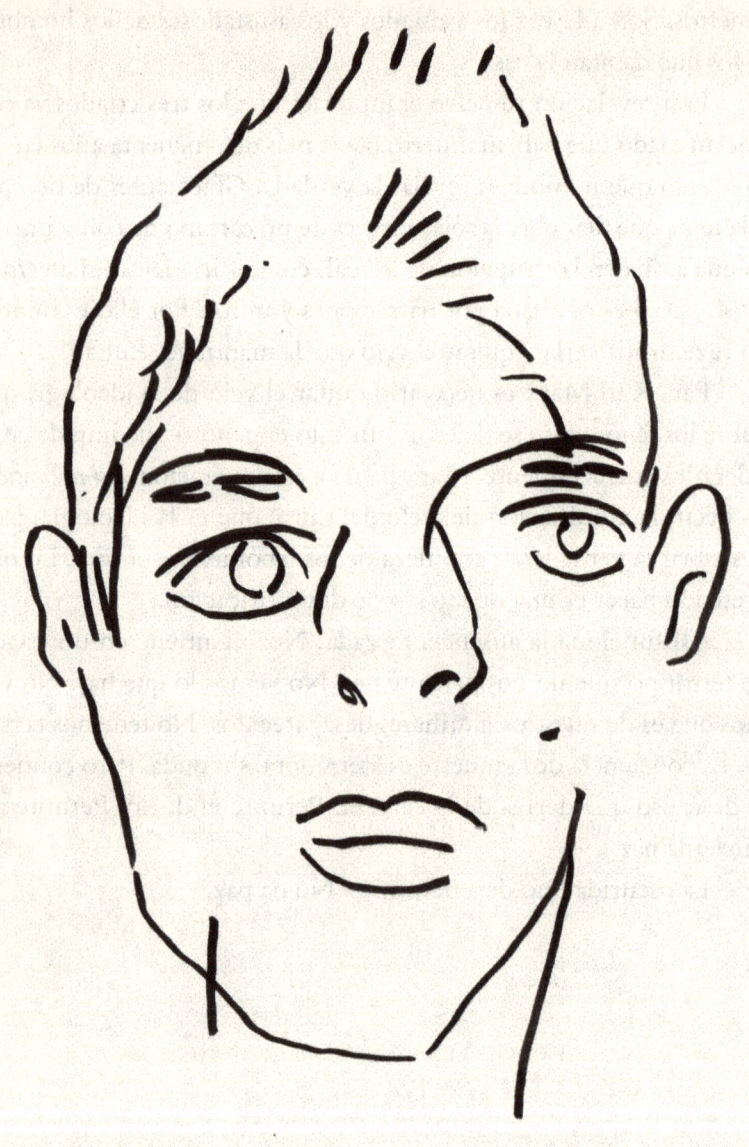

EVERARDO RODRÍGUEZ BELLO

VII

Otra vez los hechos

Se requiere de mucha luz. Se requiere volver a los hechos.

> […] los jóvenes de Ayotzinapa estaban en medio de una acción de varios días para la toma de autobuses para la realización de la marcha del 2 de octubre en conmemoración de la masacre de Tlatelolco de 1968, acción para la cual todas las Escuelas Normales de México, en una asamblea, habían decidido que la escuela encargada para el 2014 sería Ayotzinapa. Las acciones de boteo y toma de buses se hacían habitualmente por parte de estudiantes de primer año acompañados por comités organizadores de las acciones, con estudiantes de otros cursos.

Así lo establece el último informe del Grupo Interdisciplinario de Expertos Independientes (GIEI) publicado en julio de 2023.

Son diversas las versiones, la verdad no es una, es múltiple. La verdad es plural. ¿Quién tiene autoridad para establecer la verdad?

Primero vino la "verdad histórica" de Jesús Murillo Karam, exprocurador general de la República. Esa verdad fue creada, sustentada y difundida por el gobierno del presidente Enrique Peña Nieto.

Luego intervino el GIEI, que investigó y estableció otra verdad, que se fue asentando a partir de los informes que poco a poco se publicaron.

También el gobierno del presidente Andrés Manuel López Obrador se estableció una verdad, que se dio a conocer a través del informe producido por su gobierno.[1]

Ninguna verdad coincide con la otra.

Una línea de interpretación etimológica hace derivar la palabra latina *verus* (de la que deriva *veritas*, y entonces "verdad"), de la raíz sánscrita *varâmi*, que significa "yo escojo", "yo deseo". Yo deseo creer, esto es lo que me lleva a la libertad, que en el fondo es el estar conscientes de lo que deseamos realmente.

Si escogemos esta versión de su etimología, entonces la verdad se trataría, más que de una propiedad intrínseca del ser, en un sentido ontológico, de una decisión. Un acto de fe.

Solo así puedo leer la pluralidad de la verdad. Porque no puede haber verdades, en plural. La verdad es una o no es.

Los hechos son unívocos; es su interpretación, su lectura, su testimonio, su construcción, su relato, lo que es múltiple.

Los hechos, se decía. Pero ¿en qué lugar, en qué momento, en qué individuo, acaban *los hechos de Iguala, donde serena la noche, el lugar de los hechos?*

Se puede, se pudo, registrar los hechos. No. Es falso. Se pudo registrar la memoria de los hechos. La memoria de los testigos, declinada en sus testimonios. Decenas de testigos, decenas de memorias, cientos de versiones. Porque la memoria es engañosa.

---

[1] *Informe de la Presidencia de la Comisión para la Verdad y Acceso a la Justicia del Caso Ayotzinapa*, Comisión para la Verdad y Acceso a la Justicia del Caso Ayotzinapa, agosto de 2022.

En el libro *Los hundidos y los salvados*, Primo Levi habla de su experiencia como prisionero en el campo de exterminio de Auschwitz y se confronta con el problema de la memoria. La memoria de las víctimas y la memoria de los opresores. En ambos casos la memoria altera la realidad, altera los hechos, los elimina, para reducir el dolor del trauma padecido, o los deforma, para reducir la culpa de la violencia cometida. Pero siempre la memoria es un objeto delicado, incierto. Vale la pena leer las palabras de Primo Levi:

> La memoria humana es un instrumento maravilloso, pero falaz. Es una verdad sabida, y no solo por los psicólogos, sino por cualquiera que haya dedicado alguna atención al comportamiento de los que lo rodean, o a su propio comportamiento. Los recuerdos que en nosotros yacen no están grabados sobre piedra; no solo tienden a borrarse con los años, sino que, con frecuencia, se modifican o incluso aumentan literalmente, incorporando facetas extrañas. Lo saben muy bien los magistrados: casi nunca ocurre que dos testigos presenciales de un hecho lo describan del mismo modo y con las mismas palabras, aunque el suceso sea reciente y ninguno de los dos tenga interés en deformarlo. Esta escasa fiabilidad de nuestros recuerdos se explicará de modo satisfactorio solo cuando sepamos en qué lenguaje, con qué alfabeto están escritos, sobre qué materia, con qué pluma: hoy por hoy es una meta de la que estamos lejos. Se conocen algunos de los mecanismos que falsifican la memoria en determinadas condiciones: los traumas, y no solo los cerebrales; la interferencia de otros recuerdos "concurrentes"; estados anormales de la conciencia; represiones, distanciamientos. Incluso en las condiciones más normales se opera una lenta degradación, una ofuscación de los contornos, un olvido que podemos llamar fisiológico y al cual pocos recuerdos resisten.

Y es sobre los recuerdos de víctimas y de opresores que está basada la construcción de la verdad de Ayotzinapa. La verdad se vuelve entonces borrosa, espesa, rodeada de neblina, cubierta por un manto de oscuridad.

Falta luz.

[...] en algunas de las comunicaciones entre corporaciones de seguridad y ejército y documentos, se habla de "enfrentamientos" con los jóvenes, aunque se trataba de disparos contra los buses y ataque de las policías con numerosos efectivos y armas.

El operativo policial se llevó a cabo con la participación de las policías de Iguala, Cocula y Huitzuco inicialmente, a las que se sumaron luego en otros escenarios la policía municipal de Tepecoacuilco y al parecer personal de Taxco. Se dirigió a cortar las salidas de forma extremadamente violenta, en las dos zonas señaladas, y más adelante en el escenario de Santa Teresa a 12 km de Iguala e incluso...

De forma extremadamente violenta.

Los hechos se van reconstruyendo, a través de testimonios, documentos, grabaciones. Se puede incluso llegar a imaginar la escena. Pero cómo se explica esto: *de forma extremadamente violenta.*

¿Por qué lo subrayo? Porque lo que me importa entender son las condiciones de posibilidad. ¿Por qué *de forma extremadamente violenta*? ¿Qué es lo que mueve a cometer una acción represiva *de forma extremadamente violenta*?

En el informe este detalle se reporta como un hecho. Los hechos están ahí. Pero para entender el porqué se necesita emprender un viaje en el tiempo.

Todos mienten. Hombres y mujeres; blancos y negros; ricos y pobres; algunos mienten muy bien, otros no saben mentir; algunos se angustian al mentir, otros son muy estáticos; algunos no lo pueden evitar, otros quisieran no hacerlo.

Los que se creen mejores personas mienten por alguna causa, por un bien mayor, por el bien del otro.

Todos mienten para protegerse, sobre todo mienten si son acusados de un delito grave. Se miente cuando es difícil reconstruir la verdad, dado que se miente incluso frente a la evidencia. Las crónicas judiciarias están llenas de testimonios de personas que cometieron delitos atroces, con pruebas aplastadoras, irrefutables, que siguen mintiendo frente a la evidencia. Y en el caso de Ayotzinapa muchos mienten y la historia es tan complicada que probablemente no hay manera de establecer la verdad, la única verdad de los hechos, de forma definitiva.

Es por eso que funciona el mito, porque permite construir una narración aceptable, simplificada, tranquilizadora.

Lo más probable es que nunca se llegue a la verdad, porque hay demasiadas mentiras, coberturas, protecciones.

Ya se dijo algo sobre los hechos. Cada vez se parecen más a una fantasmagoría.

El filósofo alemán Walter Benjamin dio esta definición de fantasmagoría: la cámara oscura que reproduce la imagen al revés. Los lentes deformantes que nos muestran el mundo caleidoscópico.

Mientras nosotros tendríamos que mirar, no lo hacemos, porque en un espectáculo de prestidigitación no queremos ver realmente, queremos ser engañados.

El engaño crea la imagen. La imagen crea el imaginario. El imaginario crea el mito. El mito lo fagocita todo.

¿Y la verdad, la verdad de los hechos, adónde queda?

¿De qué está hecha la verdad? De hechos. Los hechos son todo lo que efectivamente pasó. Pero no son suficientes. No sirven de nada así solos, como ese árbol que se cae en el bosque sin que nadie lo vea ni lo escuche caer. ¿Cayó realmente? A los hechos se les tienen que agregar muchas cosas más.

Se les tiene que agregar el contexto: la geografía política de este lugar, Iguala.

Ampliando el encuadre podemos observar que "este lugar" no solo es Iguala, el lugar de los hechos, también es Chilpancingo, es Tixtla, es la montaña de Guerrero, es la Costa Grande, es la Tierra Caliente, es el estado mismo de Guerrero con sus campos de amapola, con sus minas de oro, con sus campesinos, sus pueblos indígenas de los muchos idiomas, con sus pueblos afrodescendientes, con sus maestros, sus organizaciones comunitarias, con sus guerrilleros. Si acercamos otra vez la mirada los podemos ver. Ahí, en el monte, ahí están: los estudiantes que se harán maestros rurales.

La historia de este lugar, de esta escuela, de los movimientos sociales, de los grupos guerrilleros. La historia aquí, justo aquí, se hizo Historia, en 1821, con el Plan de Iguala. Iguala se vuelve un parteaguas de la Historia de México, dos veces: 1821 y 2014. ¿Pero es realmente así? ¡Quién sabe! Lo sabrán dentro de 100 años, y nosotros estaremos muertos.

Como en cualquier mito, debe haber personajes arquetípicos, que sean fáciles de reconocer. El mito simplifica la realidad, la aplasta a dos dimensiones. Aumenta los claroscuros, hace vívidos los colores. Porque el mito acapara todo. Entonces están los malos, y los malos son muchos. Los malos son los Guerreros Unidos; los agentes de la policía municipal de Iguala; de Huitzuco, de Cocula; los agentes de la Policía Federal. Son los militares del 27 batallón de infantería de Iguala, con sus comandantes, coroneles, generales, ¡uy, qué fácil subir hacia arriba por la cadena de mando!

Y luego están los representantes civiles del Estado: el procurador general de la República; el "zar antisecuestro"; el secretario de Gobernación; el presidente de la República.

Del otro lado están los buenos. Los buenos jóvenes, los estudiantes de la Escuela Normal Rural Isidro Burgos de Ayotzinapa. Sus madres; sus padres; sus hermanos. Pero aquella noche de finales de septiembre de hace diez años había otras personas entre los buenos. Estaba el equipo de los Avispones. Estaban los muertos. Los mártires. Pero si intentamos, por un momento, salir de esta dinámica gastada de buenos y malos, entonces es posible vislumbrar algunos aspectos más de esta dolorosa complejidad de la que a menudo se habla.

Jorge Luis González Parral

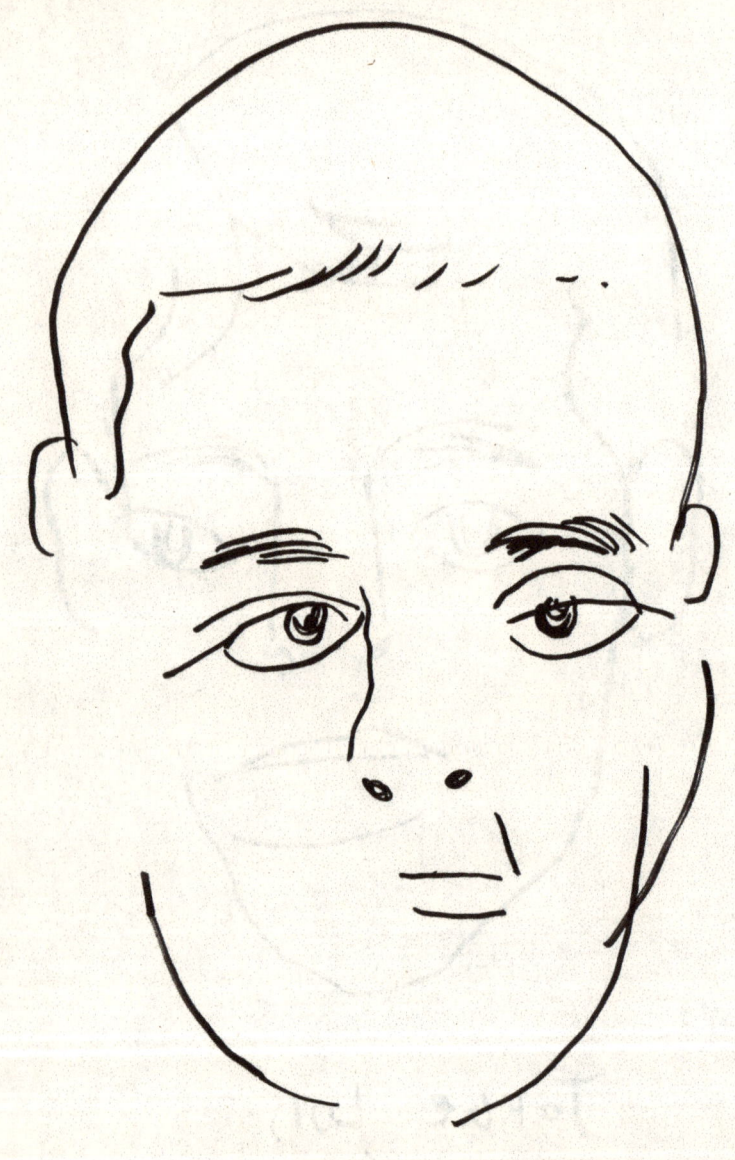

ISRAEL CABALLERO SÁNCHEZ

VIII
Rompecabezas

"Para que no se resuelva un rompecabezas, quita una o dos piezas, esparce el resto." Así dice el asesino sin nombre, interpretado por Michael Fassbender en la película *The Killer*, de David Fincher.

Fassbender interpreta un asesino a sueldo que se equivoca en una ejecución, aunque tiene fama de asesino que nunca falla. Dado que cobra enormes cantidades de dinero, después de equivocarse tiene que pagar por su error y el costo es que otro par de asesinos van a buscarlo a su casa, una mansión escondida en la jungla de la República Dominicana. Al no encontrarlo, torturan a su esposa y la dejan casi muerta. Cuando el *killer* regresa la encuentra en el hospital en condiciones críticas y jura venganza. Empieza así una cacería en la cual el protagonista busca identificar a sus dos colegas para alcanzarlos y matarlos.

En esa búsqueda llega a dar con su empleador, un abogado interpretado por el actor Charles Parnell, para sacar de él información útil e identificar a los asesinos sin nombre.

En el cine estadounidense es cada vez más frecuente que se construyan narraciones en las cuales el héroe es un personaje negativo que hace cosas aberrantes. En este caso lo hace no solo porque es un *killer* de profesión, sino porque tiene una misión. Lo hace con una motivación justa, la venganza, reforzada por el hecho de que su esposa no sabía nada de la vida de su marido, aunque disfrutara de su enorme riqueza sin hacerse preguntas.

Se vuelve entonces aceptable, en la narración plana y no problemática del cine *mainstream* de Estados Unidos, que el protagonista con el que nos identificamos desaparezca a muchas personas.

En la escena en la cual se introduce en el despacho de su empleador, el abogado, el *killer* no logra sacar información útil, pero encuentra a la secretaria del hombre, que, aterrorizada, le dice que ella sí lo puede ayudar. La secretaria está tan consciente de lo que va a hacer el *killer* y de que está condenada, que ni siquiera le pide que tenga piedad y la deje vivir. Lo que le pide, estando atada a la tubería del lavabo en el baño, llorando, es que no haga desaparecer su cuerpo, porque sus hijos necesitan el dinero del seguro de vida, que no podrían cobrar si ella desapareciera.

Me voy a detener un momento en este detalle porque tiene que ver con todas las desapariciones forzadas, y en particular con la desaparición forzada de los 43.

A lo largo de estos diez años he escuchado y leído muchas veces referirse a la desaparición forzada como a una masacre. Lo hace gente con todo tipo de formación, con todo tipo de ideología; lo hacen, por ejemplo, Fernando Escalante Gonzalbo y Julián Canseco Ibarra en su libro *De Iguala a Ayotzinapa. La escena y el crimen*. Se confunden, al parecer. Pero es una confusión importante. Se ha afirmado que los 43 habían sido masacrados e incinerados a partir de restos reconocibles de solo uno de los estudiantes.

Como la secretaria de la película de David Fincher, nadie pagaría un seguro de vida si se presentara como prueba de muerte un fragmento óseo de un pie de una persona. Puede parecer un razonamiento macabro, lo sé. Pero es también muy macabra la realidad.

Durante una de las interminables esperas para resolver problemas burocráticos en el banco, hace algunos meses le pregunté al empleado que me estaba atendiendo qué pasaría con mi cuenta si yo desapareciera. Le pregunté si mi hijo podría rescatar el dinero de la cuenta. El hombre me miró desconcertado, me dijo que nadie le había preguntado algo así en los 17 años que llevaba trabajando en bancos, y al final me confirmó que no, que mi dinero estaría bloqueado hasta que se declarara mi muerte. Nadie podría acceder a mis cuentas.

Hasta que se demuestre que efectivamente estoy muerto.

La condición de desaparecidos afecta una infinidad de relaciones, paraliza por completo el entramado burocrático en el que estamos inmersos, destruye a las familias no solo emotivamente, sino también económicamente.

Por esto es tan significativa la petición de la secretaria en la película de Fincher. El *killer* obtiene lo que necesita de la mujer y después, despiadadamente, la mata, pero la mata rompiéndole el cuello, desde atrás, sin que ella se dé cuenta realmente. Un movimiento rápido que acaba con el cuerpo que cae por las escaleras de la casa de la mujer. Resulta que es un *killer* piadoso, en el fondo, así que cumple con la súplica de la mujer y no la desaparece. Más bien finge un accidente.

Pienso en una serie televisiva, más vieja, *Dexter*, que habla de un asesino serial que no podía resistir su impulso homicida y mataba y descuartizaba los cuerpos de sus víctimas para luego hacerlos desaparecer en bolsas de plástico negras en las aguas negras de la bahía de Miami. En ese caso la justificación era patológica: no lo podía evitar. Entonces su padre, policía, después de enterarse del pequeño problema del hijo, le da un código de comportamiento. Como no puede evitar que su hijo mate gente, le pide que por lo menos las víctimas sean delincuentes, para que a la vez Dexter pueda expresarse como quiere y hacer un poco de limpieza de malas personas. Dejando a un lado la pregunta obvia sobre la decisión totalmente individual alrededor del bien y el mal que pone a Dexter en el lugar del juez que decide de la vida y de la muerte, quiero razonar sobre el hecho de que en ambos casos, tanto en la película de Fincher como en la serie *Dexter*, nos colocamos tranquilamente, como televidentes, del lado del verdugo. Tardamos pocas escenas para ponernos completamente de su lado.

Esto puede pasar porque hay una despolitización del crimen, porque se trata de crímenes individuales.

Me imagino que alguien realice en Estados Unidos una película sobre Ayotzinapa, en la cual se vuelve héroes a los *desaparecedores*. Se debería justificar de alguna manera, con algún motivo sensato. ¿Cuál podría ser?

La venganza que se busca a raíz de una injusticia padecida sería moralmente aceptable para justificar asesinatos y desapariciones. Pero esto funciona solo en la ficción. En la realidad, si efectivamente quisiéramos jugar con el tema de la venganza, entonces sin duda deberíamos construir una historia en la cual se relatan las condiciones de violencia, abusos, injusticia social, represión sistemática, por parte de las fuerzas de seguridad del Estado, por parte de los gobernantes a lo largo de las décadas, y entonces entenderíamos que lo que en las ficciones de la ideología individualista se llama venganza, en la realidad histórica de Guerrero se llama revolución.

Estaríamos a fuerza del lado de los guerrilleros: Lucio Cabañas Barrientos, Genaro Vázquez Rojas.

En la contrainsurgencia, como en el espionaje, es frecuente que se recurra a la diseminación de contrainformación, una maniobra que permite remover las aguas generando dudas, versiones alternas, desprestigio de ciertos actores que no se consideran ya creíbles. Se mezclan datos exactos con otros inventados, una pizca de verdad, una de mentira, se agregan rumores, versiones inverosímiles y el platillo envenenado está listo. Es una vieja práctica que funciona siempre.

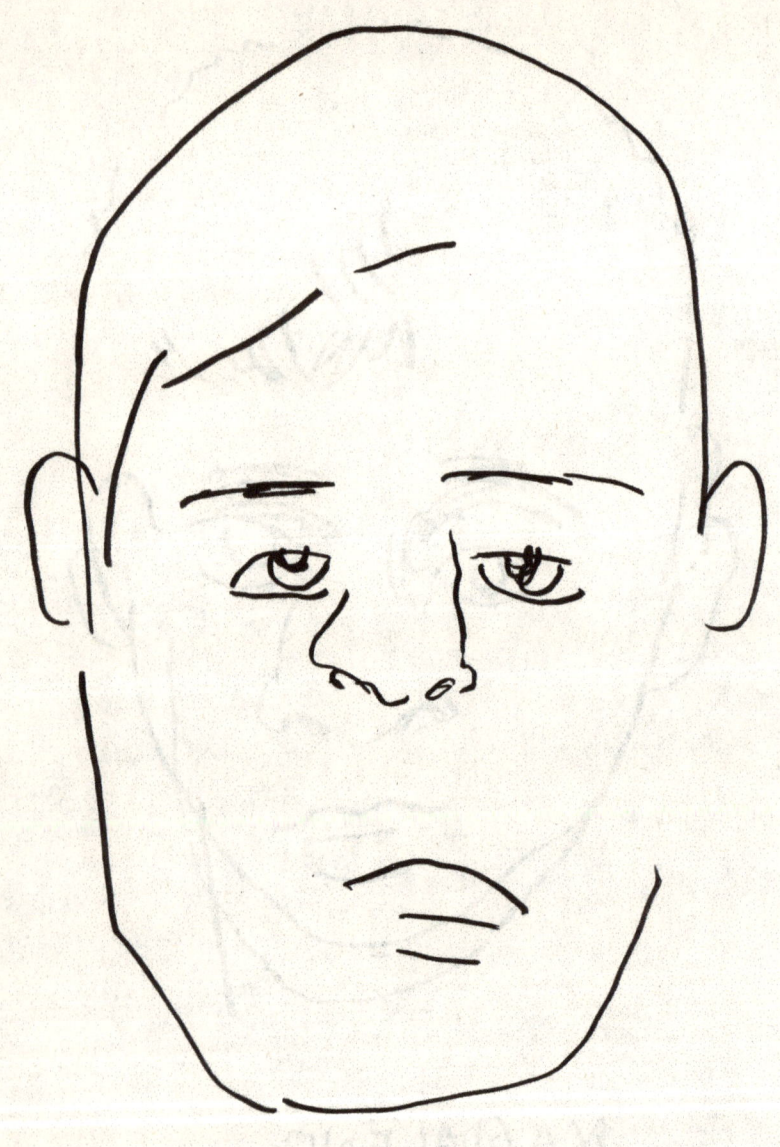

LUIS ÁNGEL
FRANCISCO ARZOLA

IX

¡Represión! Esa es la palabra

Es fascinante la toponomástica, el estudio del nombre de los lugares. Me gusta porque no solo nos habla de las características de los lugares mismos, de su geografía, o de lo que en ellos acontece (es un cerro del viento, Ecatepec) o aconteció algún día, sino que habla de cómo piensan, cómo ven el mundo y lo nombran los pueblos que en un lugar viven.

Hay un lugar en la Costa Grande de Guerrero, en la entrada de Atoyac (corriente de agua), que más que un pueblo es un conjunto de casas, tienditas y paradas de autobuses. Es el cruce entre la carretera 200 que te lleva de Acapulco a Zihuatanejo, y la 196, que de aquí parte y va hacia el norte pasando por las montañas que de la Costa Grande suben hacia la Tierra Caliente. Las dos carreteras al entrelazarse forman una y griega, así que este lugar se llama así: La Y Griega.

Es aquí donde vine a buscar al papá de uno de los mártires de la Escuela Normal de Ayotzinapa, don Jorge Herrera Suárez.

Su hijo, Jorge Alexis Herrera Pino fue asesinado el 12 de diciembre de 2011 en la Autopista del Sol por elementos de la policía.

No está en casa cuando llego, acompañado por mi amigo y colega Kau Sirenio, periodista *ñuu savi*, del pueblo de la lluvia, que a través de los años ha dado seguimiento a los múltiples ataques vividos por los normalistas de Ayotzinapa. Kau supo de Jorge Herrera a raíz del asesinato de su hijo y aceptó acompañarme a conocerlo. Nos presentamos en su casa una mañana de octubre, dos días antes de que un comando armado matara a trece agentes de la policía, a su director y a un secretario de Seguridad Pública en el poblado del Papayo, por donde pasamos en un camión al que nos montamos a las cinco de la mañana en la central de autobuses de Acapulco. Dentro de cuatro días el huracán Otis acabará con la ciudad de Acapulco, generando muerte, destrucción y daños incalculables.

Inconscientes del futuro y de la destrucción y muerte que conlleva, en la espera de hablar con don Jorge, nos vamos a comer unos tamales. Hace calor en La Y Griega, la vegetación exuberante de la Costa Grande de Guerrero necesita este calor. Y humedad.

Jorge Herrera es padre de Jorge Alexis Herrera Pino, asesinado junto con Gabriel Echeverría de Jesús, el 12 de diciembre de 2011, durante el violento desalojo de un grupo de alumnos de la Escuela Normal de Ayotzinapa que bloqueaba la Autopista del Sol México-Acapulco y la carretera federal, a la altura de Chilpancingo.

Los estudiantes participaban en una protesta en contra del gobernador del estado de Guerrero, Ángel Aguirre Rivero, a causa de las malas condiciones de la Escuela Normal Rural Isidro Burgos.

Don Jorge nos recibe en el patio de su casa y nos invita a sentarnos a una mesa redonda de vidrio. Trae puesta una camiseta morada, unas chanclas, unos pantalones cortos a la rodilla. Sus manos son duras y callosas, acaba de regresar del campo, donde cultiva mangos, coco. Nos ofrece un agua de toronja muy fría para aliviar el calor.

—Para mí que es Aguirre el que anda quitando los testigos, porque pues lo involucran a él, el gobernador Aguirre. Porque lo involucran a él. Yo sin lugar a dudas [pienso que] fue el gobernador Aguirre el que lo mandó a matar. Este también. Este casi casi tuvo la culpa, este Rey David... porque mucho hablaba por ejemplo así a los medios y le reclamaba a Aguirre, porque no le daba lo que habían acordado y todo eso.

Esta historia me interpela personalmente. Don Jorge no lo sabe, pero yo también he sido tocado por los acontecimientos del 12 de diciembre de 2011. Nuestras historias se han cruzado mucho antes de este día caluroso de octubre. En 2011 estaba investigando el caso de Alan Israel Cerón Moreno, un joven que fue desaparecido en Cuernavaca, Morelos, por agentes de la policía ministerial de Chilpancingo, Guerrero. Su desaparición ocurrió el 24 de diciembre de 2011, doce días después del asesinato de Jorge Alexis y Gabriel.

Después de meses de investigaciones, los padres de Alan Cerón empezaron a recibir llamadas de un policía de Guerrero. Se trataba del comandante Urquizo. Sostenía que él conocía el paradero de Alan y que lo iba a compartir con la familia Cerón, si ellos aceptaban ayudarlo a recuperar su cargo, dado que había sido suspendido.

Me enteré de las intenciones del policía ministerial a través de las declaraciones del papá de Alan y del abogado de la familia, el licenciado Miguel Ángel Rosete. Recupero un fragmento del libro porque lo que en él escribí causó consecuencias inesperadas:

> Solo después de días de plática, de reconstrucción de los hechos paso a paso, el licenciado Rosete suelta una información importante y me dice cómo dio con los restos de Alan.
> —A alguien —recuerda de pronto— le urgía ya entregar el cuerpo en las condiciones que fuera, pero no tenía a la persona indicada para poderlo hacer. El hecho es que esta investigación nos llevó a través de informantes y de una tarea ardua, de estar toque y toque puertas, nos

llevó con un presunto responsable. Sin embargo, al haber policías en el primer levantamiento de Alan, al haber policías en la Procuraduría en el segundo levantamiento de Alan, al haber policías coludidos con el crimen organizado, se deja una puerta abierta. ¿Por qué digo esto? Porque el excoordinador de la Policía Ministerial de Chilpancingo, Guerrero, de apellido Urquizo, tenía contacto conmigo y le urgía ayudarme a concluir esta investigación. ¿Qué te quiero decir? Pues que posiblemente haya tenido participación en esta desaparición forzada.

En el momento de la entrevista, realizada en el verano de 2012, ese agente de la Policía Ministerial de Guerrero estaba suspendido de su puesto. Según el informe de la Comisión Nacional de los Derechos Humanos (CNDH) del 9 de enero de 2012 relativo a la represión y los enfrentamientos entre policía federal, policía estatal de Guerrero y estudiantes de la Normal rural de Ayotzinapa que bloqueaban la Autopista del Sol el 12 de diciembre de 2011, el comandante regional de la Policía Ministerial de Guerrero, David Jesús Urquizo Molina, fue uno de los oficiales de policía que sembraron armas y torturaron a estudiantes. En una nota de la revista *Proceso* del 9 de enero de 2012 se lee:

> El presidente de la CNDH, Raúl Plascencia Villanueva, señaló en su informe que en el desalojo hubo uso indebido de armas de fuego y un excesivo uso de la fuerza pública en contra de los estudiantes de la normal rural "Isidro Burgos", de Ayotzinapa, Guerrero, que derivó en la muerte de dos normalistas y cuatro lesionados. Además, destacó el ómbudsman, debido a estos abusos 14 estudiantes fueron objeto de "tratos crueles", y uno más, de tortura e imputación falsa de delitos.
>
> [...] El organismo defensor de los derechos humanos señaló en su informe previo que en los acontecimientos del 12 de diciembre pasado participaron 165 elementos: 61 eran policías federales; 73, ministeriales; 19, estatales, y 12 preventivos municipales, de los cuales por lo menos 67 portaban armas de fuego.

Afirmó que todos los policías que participaron en el desalojo "emplearon de manera excesiva la fuerza pública y las armas de fuego [...] sin que existieran evidencias fehacientes de la utilización de protocolos o lineamientos de actuación antimotines".

Con su actuación, sostuvo Plascencia, los policías federales y estatales vulneraron el derecho a la seguridad jurídica, previsto en los artículos 14, párrafo segundo, y 16, párrafo primero, de la Constitución Mexicana; y transgredieron también el Código de Conducta para Funcionarios Encargados de Hacer Cumplir la Ley que establece, en términos generales, que "solo se podrá hacer uso de la fuerza y de armas de fuego cuando sea estrictamente necesario y en la medida que lo requiera el desempeño de sus tareas".

[...] Asimismo, documentó el caso de Gerardo Torres Pérez, a quien el comandante regional, David Jesús Urquizo Molina, acusó de haber disparado contra los policías con un AK, modelo MSDAKS 762 calibre 772X 39mm.

Sin embargo, de acuerdo con el testimonio del estudiante, fueron los policías quienes le "sembraron" el arma, lo detuvieron, lo golpearon y lo llevaron a una casa abandonada, donde le hicieron disparar el arma en repetidas ocasiones y tocar los casquillos que previamente los policías habían recogido del lugar donde fallecieron los dos estudiantes normalistas.

El día 16 de octubre de 2012, la procuradora del estado de Guerrero, Martha Elva Garzón Bernal —que el 16 de mayo de 2013 renunciaría a su cargo—, informó, sin dar a conocer las causas, que los siete funcionarios de la Procuraduría General de Justicia de Guerrero, que habían sido destituidos por el caso de Ayotzinapa, habían sido reinstalados. En la nota del semanario *Proceso* del 16 de octubre de 2012 se lee:

> Entre ellos se encuentra el excomandante de la Policía Ministerial en la región centro, David Jesús Urquizo Molina, a quien la Comisión

Nacional de los Derechos Humanos (CNDH) acusó de haber "torturado y sembrado" un fusil AK-47 a un estudiante normalista.

[...] Entrevistada esta mañana al término de un acto público en la sede de la PGJE, la funcionaria estatal dio a conocer que los tres fiscales y cuatro agentes de la Policía Ministerial (PM) cesados por su presunta responsabilidad en "actuaciones irregulares" en el caso Ayotzinapa ya fueron reinstalados en sus respectivos cargos.

Sin informar las causas, se limitó a decir que los exfuncionarios "ya están trabajando".

Es todo muy simple.

Tenemos un "responsable", que no es el asesino, que no sabe nada de los sicarios porque no está en el ambiente, que solo trabajó una vez, como chofer, y que no participó en el homicidio ni en la desaparición forzada, pero que sabe dónde está el cuerpo, sabe quién lo mató, y sabe también que los dos sicarios ya están muertos, a pesar de que él no es del entorno, y todos sabemos que los muertos no hablan. Gracias a él y a su confesión, que parece un *collage*, encontramos el cuerpo, lo podemos enterrar y los papás se calman y dejan de chingar.

Pero no hay verdad en el caso de Alan, no hay culpables, no hay reparación del daño. No hay justicia. Solo un cuerpo que ha regresado. Que estaba desaparecido y que ahora está enterrado "cristianamente", al que se puede ir a visitar, al que se puede llorar, por el que se puede rezar.

Y ya es mucho.

Esto es lo que yo escribí en mi libro *Ni vivos ni muertos. La desaparición forzada en México como estrategia de terror*, publicado por Grijalbo en mayo de 2014. Poco más de un año después, el 3 de julio de 2015, me invitaron a presentarlo en la Feria del Libro de Acapulco. Antes de empezar la presentación, en una salita a disposición de los autores, estaba platicando con algunos hombres. Eran parte del equipo que organizaba el evento. También estaba presente un colega periodista local. Empezamos a platicar y después de unos minutos nos quedamos solos mi colega y yo. El hombre me felicitó por mi trabajo, se veía que lo había leído con atención, por un momento mi vanidad me confundió. Pero esos cumplidos escondían algo más. Primero de manera indirecta, y luego de forma cada vez más contundente, se fue acercando al tema que lo preocupaba. Le preocupaba mi incolumidad, dijo en cierto punto. No dijo incolumidad, no fue esa la palabra que utilizó. Dijo seguridad. Lo sé porque me despertó de mi autocomplacencia, y me despertó porque pronunció esa palabra junto al nombre del comandante David Jesús Urquizo Molina.

—Es más prudente si durante la presentación no mencionas al comandante Urquizo. Me preocupa tu seguridad —me dijo.

Cuando pregunté por qué, me contestó que Urquizo era un hombre importante, que era peligroso, insistió en su peligrosidad; me dijo que ese mismo día ese comandante había tenido una conversación con el gobernador del estado y que el mismo gobernador le tenía miedo. Frente a mis preguntas, mi interlocutor dejó de darme recomendaciones y cambió de tono. Es que se ve que yo no estaba entendiendo.

—No menciones a Urquizo. Te va a ir mal.

Su preocupación puede haber sido sincera, o puede haber sido algo amenazante. En ese momento me pareció más amenazante que sincera, pero puede ser que me haya sugestionado por la tensión que había vivido durante los años de la investigación, o a causa de la amenaza que había recibido por parte de un gobernador el año anterior, a pocos meses de la salida del libro. El caso es que me vi obligado a desobedecer la recomendación del colega y sí mencioné a Urquizo. Y no me fue mal, me fue bastante bien. No pasó nada. Más bien, sí pasó algo, pero no a mí, no ese día, ni en Acapulco.

El 31 de julio de 2015 recibí una llamada de un colega que estaba al tanto de la conversación que había tenido en Acapulco. Cuando contesté el teléfono me dijo: ¿ya viste las noticias? ¿Viste lo que le pasó a Urquizo?

No lo había visto, pero de inmediato prendí la computadora y busqué. El titular en *La Jornada* decía: "Asesinan a jefe policiaco vinculado con la muerte de normalistas en diciembre de 2011".

Lo mataron con 120 balazos en la ciudad de Chilpancingo.

Reporto el artículo completo de mi colega Sergio Ocampo Arista, corresponsal del periódico *La Jornada* en el estado de Guerrero, porque es un periodista muy preciso en la narración y porque, en estos años, leer sus reportajes ha sido un ejercicio constante para mantenerme informado sobre lo que ocurre en el estado, y quiero aprovechar la ocasión para reconocer la importancia de su trabajo en mi investigación:[2]

> Chilpancingo, Gro.
>
> Un comando dio muerte en esta ciudad a David Jesús Urquizo Molina, comandante de la policía ministerial encargado de delitos graves de la Fiscalía General del Estado, a quien se vinculó con el operativo en el que murieron dos estudiantes de la Escuela Normal de Ayotzinapa el 12 de diciembre de 2011 en la Autopista del Sol México-Acapulco.
>
> Más tarde, agentes de esa corporación se enfrentaron con los presuntos responsables del homicidio de Urquizo Molina en la Autopista del Sol México-Acapulco, cerca del crucero que va al municipio de Chichihualco. Allí dieron muerte a tres de los supuestos pistoleros y detuvieron a ocho; cuatro personas resultaron heridas, entre ellas un policía.
>
> De acuerdo con los reportes policiacos, a las 8:45 horas de este jueves Urquizo Molina circulaba en una camioneta de la corporación en las inmediaciones del panteón municipal cuando un comando le

---

[2] La nota se puede consultar aquí: https://www.jornada.com.mx/2015/07/31/politica/005n1pol

disparó al menos 120 balazos. Testigos dijeron que el oficial respondió a la agresión, pero murió. A su lado quedó el rifle AR-15, y una pistola de cargo que utilizaba.

El crimen ocurrió a unos 200 metros de la 35 Zona Militar en Chilpancingo; minutos después se acordonó el área.

Casi una hora después, policías ministeriales localizaron a los presuntos asesinos de su jefe en un negocio de grúas al norte de la ciudad, donde comenzó un enfrentamiento con saldo de tres muertos, ocho detenidos y tres heridos: Carlos Terrero Solano, Arturo Alejandro Avilés Sánchez e Ignacio Méndez Adame, este último muy grave, según el reporte médico.

En el proceso de investigación de los hechos del 12 de diciembre de 2011 —cuando los estudiantes de la Normal de Ayotzinapa Jorge Alexis Herrera Pino y Gabriel Echeverría de Jesús fallecieron en un operativo policiaco efectuado en la Autopista del Sol—, a Urquizo Molina y al entonces fiscal especializado para la investigación de delitos graves, Esteban Maldonado, se les acusó de haber torturado al también normalista Gerardo Torres Pérez, al que *sembraron* un rifle AK-47 con la finalidad de que declarara que los alumnos también habían disparado contra los policías y que sus compañeros habrían caído en un fuego cruzado.

El pasado 23 de mayo, Urquizo Molina había sido objeto de una emboscada cuando salió de su trabajo, de la cual resultó ileso.

Se me ocurre ese evento de mi vida profesional mientras estoy sentado frente al papá de Jorge Alexis, un evento que de alguna forma me hace pensar en una conexión siniestra con su vida, con la vida de su hijo. Le pregunto:

—¿Podemos dar un paso atrás? ¿Me podría explicar, desde todo lo que sabe ahora, qué idea se ha hecho de lo que pasó el 12 de diciembre? ¿Por qué pasó todo eso?

—Bueno, lo que pasó fue por el bloqueo. Porque los muchachos estaban pidiendo mejoras en su escuela, que el gobernador Aguirre les había prometido. Eran colchones, camas, para su escuela, sábanas, todo eso. Y el gobernador no las había cumplido. En vez de solucionar el problema, el gobernador mandó a los ministeriales, a los antimotines, a todo el gobierno, a que le limpiaran la autopista. Como lo dijo Ramón Miguel Arreola. Hay un video donde Ramón Arreola, bueno ese video lo tienen en la Comisión Interamericana. Ahí Ramón Miguel Arreola dijo claramente, dice que a él el gobernador lo había mandado a limpiar la autopista y eso lo involucra. No sé si ya lo mataron a ese Arreola. Lo ignoro, pero a mí me dijeron que ya lo mataron también. Pero el video quedó donde está señalando directamente a Aguirre.

El video ya no está disponible. Pero el periódico *El Sur*, el día 13 de diciembre de 2011, titulaba: "El gobernador me ordenó limpiar y la carretera está limpia": Arriola. [sic.]

En la página del periódico se ve al general Arreola, entonces subsecretario de control policial del gobierno del estado de Guerrero, en primer plano rodeado por los teléfonos y las grabadoras de los periodistas. Una cachucha del ejército lo protege del sol, él se toca la visera con la mano derecha. Su camisa blanca está manchada abundantemente de lo que intuyo que es sangre. Detrás de él dos militares. Se ve en el fondo la gasolinera, el Oxxo, unos camiones, gente caminando por la calle. Es la imagen de la entrevista del día anterior en el lugar de los hechos. El pie de foto dice: "El general Ramón Miguel Arriola [sic] hace declaraciones a los reporteros después del desalojo, del cual se ufanó".

El periódico *El Sur* quitó de su página de internet la nota publicada ese día.

—¿A qué atribuye usted esta desproporción entre un bloqueo y la reacción tan violenta del Estado? ¿Por qué tanta violencia?

—Es que el gobierno aquí en Guerrero es muy... como se le llama... la palabra...

Sé que quiere decir represor, pero no lo digo. Espero. No quiero sugerirle un concepto. Interviene Kau.

—¿Muy violento?

Pero no es la palabra que don Jorge está buscando.

—... que a los estudiantes más que nada cuando siempre han hecho esos tipos de bloqueos, marchas, todo eso, siempre los reprimen pues. El gobierno sí es... reprimen... ¡Represor! Esa es la palabra, represor. Y pues Aguirre no era la primera vez que hacía un acto de represión. También cuando lo de Aguas Blancas. Él, ¿verdad?

Está cerca de aquí, Aguas Blancas.

La masacre de Aguas Blancas: el 28 de junio de 1995 un grupo de campesinos que se dirigían a Atoyac de Álvarez fue agredido en un retén por elementos de la policía judicial estatal de Guerrero. El saldo fue de 17 muertos y 23 heridos.

En ese momento era gobernador de Guerrero Rubén Figueroa Alcocer, que en marzo de 1996 pidió licencia para separarse de su cargo en consecuencia de la matanza de Aguas Blancas. Le sucedió Ángel Aguirre Rivero, quien se quedó en el gobierno del estado hasta 1999.

Basta el nombre de Aguas Blancas para generar un escalofrío. Igual que Tlatelolco, igual que Acteal, igual que Atenco.

Igual que Ayotzinapa.

Don Jorge vuelve al día en que mataron a su hijo. También fue un bloqueo de la policía del estado, al servicio del gobernador Ángel Aguirre Rivero.

—Ese día no era para ir a hacer un bloqueo, un plantón. Era un 12 de diciembre, día de la Virgen. No había por qué mandar a los muchachos a hacer un bloqueo. Y estos líderes los mandan a los muchachos. Ellos también tienen culpa de eso. Por eso le digo: todos, todos, todos tienen.

¡Represión! Esa es la palabra. Represión. Este lugar es un lugar especial para la represión por parte del estado.

—Es que acá la gente no se deja —sigue su reflexión don Jorge—. No hay otro estado como Guerrero. Los de otros estados nos tienen catalogados por ser muy, este... muy rebeldes. Sí. A lo mejor ya lo traemos en la sangre, o no sé. Pero aquí *nadien* se deja, pues.

—¿Qué opinas tú, Kau? ¿Por qué son tan rebeldes en Guerrero? —pregunto.

Kau me mira de reojo y contesta.

—Porque Guerrero nace dentro de un conflicto muy fuerte con tal de echar abajo a los cacicazgos. Esa es la lucha que nunca ha terminado.

Interviene don Jorge.

—Aquí no es de ahorita. Aquí es de años... de muchos años anteriores. Aquí es donde nació Vicente Guerrero, Tixtla. Juan Álvarez, aquí en el Arenado. Fueron de los cabecillas de la Independencia. José María Morelos. Hermenegildo Galeana, aquí en Técpan. Los Bravo en Chilpancingo. Para no ir lejos: aquí... como a 300 metros, hay un pueblo que pega con este. Se llama El Ciruelar. Allí hubo un caudillo que le decían *el Ciruelo*.

Es Kau quien nombra al más conocido.

—También aquí luego, más arriba, nació Lucio Cabañas.

—Ah, pues, Lucio Cabañas de aquí arriba, de Atoyac —interviene Jorge—. Y Genaro Vázquez. Ha habido muchos cabecillas que se han puesto. El gobierno mismo tiene la culpa de todo eso.

También por eso hay tanta presencia del ejército en todas partes y tanta represión. Guerrero es uno de los estados más militarizados de todo el país. Hace, ¿cuánto? ¿60 años?

—¿Y de qué sirve? Si, pues... de todos modos... en su nariz se le matan a la gente. Están corruptos también. Los tienen comprados a esos. No vamos para taparle el ojo al macho, como dicen. Para tapar las apariencias. Pero, en realidad, estamos mal aquí. Malísimo.

Hablamos de los hechos, hablamos de las responsabilidades, hablamos de la historia de Guerrero. Pero nos tardamos en llegar a hablar de su hijo Jorge Alexis. Han pasado doce años, he venido expresamente para hablar de su caso, lo he declarado desde el inicio. Pero no es fácil hablar de Jorge Alexis.

—¿Por qué su hijo se fue a la Normal? ¿Fue por su decisión o era una decisión que tomó con ustedes, o alguien más de la familia había estudiado ahí?

Don Jorge no me mira. Estoy sentado a su derecha, todo su cuerpo está volteado hacia mí, pero mira de frente, hacia la puerta de entrada, hacia la calle, hacia Acapulco, quizá hacia el Océano Pacífico, ahí, detrás de todo.

—Pues, mire... él se fue ahora sí que también por la ignorancia de uno. Yo creo. Uno por la ignorancia y otro por... por falta de recursos, pues. Por no poderlo meter en universidades... de prestigio, más caras. Y es por eso que fue a dar ahí.

Respira. Silencio. Cierra los ojos. Los abre de nuevo.

—Incluso mi hijo estuvo a punto de salirse de esa escuela, al principio. Él me hablaba y me decía, papá, ya no aguanto más. Ya no voy a ir. Y yo le decía, vente... No lo pienses dos veces. Yo le decía... Es dura la carrera cuando es el primer año, mire.

—¿Cómo es?

—Los demás compañeros, de otro grado, se ensañan con los de primer grado. Les hacen muy feo, los maltratan, los traen trabajando, los desvelan, los levantan a medianoche. Un desmadre. Sus mismos compañeros.

—¿Y por qué hacen eso?

—Es la tradición de ellos, yo creo. Y mi hijo me habló, como dos veces, me dijo: papá, ya no aguanto. Yo me voy a ir. Yo le dije: papi, no lo pienses dos veces, vente. Vente para acá. Pero él se aguantó. Se aguantó y se quedó.

Casi ya no se le escucha la voz. No me está hablando a mí ya. Está con la mirada fija en un punto en el suelo detrás de mi silla. Casi hablando solo.

—¿Qué año estaba cursando?

—Tercero. Tenía veinte años. Era el segundo, el que le seguía a la niña. Era el mayor de los hombres.

Se queda callado un momento. Me parece que está viviendo un sentimiento intenso. Lo intuyo por su expresión. Por el peso de su silencio. Tiene que cortar el dolor. Y la única forma que encuentra es cambiar de tema. Un hombre como él no puede decir que necesita descansar de un dolor demasiado intenso. No le es permitido. Así que solo le queda callar o cambiar de tema.

Y cambia de tema.

—¿Y usted viene de Italia?

—Yo soy de Italia, pero vivo en la Ciudad de México desde hace muchos años.

—Yo conocí una muchacha que estuvo trabajando en Tlachinollan.

—¿Italiana?

—Ariana. ¿La conoce? Francesa.

—Ah, no la conozco, no.

—Era francesa ella. Mucho tiempo. Ya cuando se fue, se despidió de mí. No se quería ir. Pero su familia se la llevó. Ya no querían que estuviera por acá. Sí.

Después de una larga pausa en la que nadie habla, volvemos a la muerte de su hijo, a su lucha por obtener justicia, al alejamiento de la lucha de los padres de los 43 de Ayotzinapa.

—Yo nunca esperaba esto. Un golpe muy duro. Que uno nunca lo logra superar. Nunca. Nunca lo logra superar esto. Se muere uno con eso. Sí. Con el dolor. Con la frustración. De no poder hacer nada… con impotencia. Y que ve uno que cada vez este país está peor. No porque sucedan estas cosas se va a enmendar el gobierno. Cada día que pasa está peor.

—¿Estuvo en contacto con otros familiares en estos años, por ejemplo, con los padres de los 43 de Ayotzinapa?

—¿Quién?

—Usted.

—¿Que si estuve en contacto?

—Sí, con los padres de los 43. ¿Hubo apoyo entre ustedes? ¿Se han juntado las luchas?

—Al principio sí. Cuando recién pasó lo de los 43, nosotros nos acercamos con ellos, para darnos apoyo. Tanto ellos a nosotros, como nosotros a ellos. Pero... Es que no se podía. Era imposible que anduviéramos juntos. Porque lo de nosotros pasó primero y lo de ellos después. Ellos buscaban a sus hijos perdidos y nosotros no. Nosotros buscábamos ya la justicia. Era imposible unirnos. Al principio sí los acompañamos, yo los acompañé varias veces, a México, cuando teníamos reuniones con Peña Nieto... Incluso fuimos a Bélgica, los acompañé. Fuimos a Argentina, a Suiza, a Estados Unidos. Pero... pues... yo me hice a un lado, mejor. Porque yo ya no estaba para andar en marchas, en mítines, en bloqueos, en esas cosas. No, no estaba para eso. Y ellos sí. A ellos les encantaba andar en eso. La verdad. Yo ya lo que quería era tranquilidad. Y que se le hiciera justicia a mi hijo. Y yo anduve luchando con... con la manada, pues. Como decía Tlachinollan.

Aunque pueda parecer contradictorio, los familiares no están unidos. Tienen objetivos diferentes, aunque todos busquen esclarecer la verdad y que se haga justicia. Pero en el caso de los desaparecidos hay una diferencia profunda: no se puede cerrar el duelo hasta que se encuentren, vivos o muertos.

—Aguirre se ha salvado de muchas. De muchas se ha salvado. Yo pienso que ya es hora de que... —no termina la frase. La termino yo en mi mente: de que pague—. Porque yo siento que Aguirre también sabe de lo de los 43. Yo siento que está bien enterado de eso. Fue en su gobierno de él.

Tal vez hay que entender estas montañas para entender lo que pasó aquí. Para entender esta gente tan reacia a dejarse aplastar, estos huarachudos orgullosos, valientes hasta el exceso, atrevidos, locos, capaces de retar al poder así, como si creyeran realmente poder enfrentarse con su violencia, con su brutalidad. Gente brava.

Como escribía Jennifer Clement en su libro *Ladidi*: "Aquí estamos orgullosos de ser la gente más mala y enojona del mundo, decía mi madre".

Hay que entender estas montañas, este verde tan intenso que parece desbordar de las hojas de las plantas y meterse por los ojos, hasta adentro. Debe haber algo en este verde que explique a esta gente.

—Si aquí en México hubiera habido justicia y a nosotros se nos hubiera hecho justicia como debe de ser, que todos los implicados hubieran sido llevados al bote, yo pienso que el caso de los 43 no hubiera sucedido.

—¿Dice que se sentó un precedente de impunidad?

—Sí. Yo siento que si en lo de nosotros hubiera habido mano dura, hubiera habido justicia, fue cuando Calderón. Yo siento que el caso de los 43 no hubiera pasado. Entonces ya lo hubieran pensado.

Las palabras de don Jorge caen como piedras tumbales e imponen silencio. Cada uno de los tres mira hacia un punto diferente.

Como despertándose de improviso, como si el pensamiento le llegara a la mente de repente, don Jorge me cuenta de un intento de soborno que recibió a los pocos meses del asesinato de su hijo, por parte de Ernesto Aguirre, el poderoso sobrino del gobernador Ángel Heladio Aguirre.

—Decía el gobernador que quería verme, que quería platicar conmigo. Que me iba... Me estaba sobornando.

Su mirada se cruza con la mía. Habla lento, con la mano derecha en la rodilla derecha, el pie apoyado en el asiento de la silla, en una posición cómoda que me recuerda no sé por qué la forma de sentarse de los hindús. No hay agresividad en su voz, no hay rencor en su tono. Me parece más bien asqueado, como si estuviera contando algo que le da pena ajena.

—Dijo que me iba a dar un permiso de combi, de... un permiso de placas, de Chilpancingo, para que yo tuviera mis combis. Me iba a dar los documentos de una casa, ahí en Chilpancingo. Una casa. ¿Qué más me iba a dar? Me iba a dar efectivo... no sé si tres millones o...

La mirada se aleja de mí, y vuelve a perderse, quizás para concentrarse o ayudarlo a buscar las ganas de seguir contando.

—... pero a cambio de eso, él quería que yo hiciera una declaración a la prensa. Ya tenía la prensa allí en la Alameda, allí en el Palacio Viejo. En el Zócalo. Allí me citó él. Fue en la noche, yo fui. Pero ya cuando me dijo eso, que yo tenía que hacer una declaración a la prensa donde yo iba a decir, iba a culpar... Quería que yo culpara a los muchachos de Ayotzinapa por los hechos sucedidos. Quería que yo los criminalizara, pues, quería que yo señalara que ellos habían tenido la culpa de lo sucedido y que a él lo exoneraba de toda culpa. Quería que yo dijera todo eso. Y a cambio él me iba a dar dinero, me iba a dar una casa en Chilpancingo, me iba a dar un permiso de urban, y no me acuerdo qué otra cosa me ofreció. Entonces yo le dije que no, que yo no iba a hacer eso. Yo no tengo por qué hacer eso, le dije. Y pues no. Ya tenía toda la prensa allí. Ya él creía que yo sí iba a hacer eso, por todo lo que me estaba ofreciendo.

—¿Eso se lo dijo él en persona?

—No, no me lo dijo en persona, me mandó a su secretario. Así se maneja.

—¿Quién era el secretario?

—Me mandó a su sobrino, un gordo güero. Un sobrino alto. Aguirre se apellida también. Ernesto Aguirre. Ese fue el que me dijo. Un sobrino de él que era su secretario particular. Era secretario de Proyectos Estratégicos [del gobierno del estado]. Quería que yo diera esa versión y a cambio me iba a dar todo lo que me ofreció. Pero como yo me negué, no me dio nada. Jeje. Pues lógico, no me iba a dar nada. Mi familia fue conmigo cuando me dieron la plática.

—¿Cuándo fue eso?

—No sé si al mes de que pasaron los hechos o a los dos meses, pero por ahí, sí. Luego, luego. A principio de 2012.

En tres días, el lunes 23 de octubre de 2023, en la localidad El Papayo, en el municipio de Coyuca de Benítez, a poco más de 40 kilómetros de aquí, cerca de Aguas Blancas, en un ataque por parte de un grupo armado, serán asesinados Alfredo Alonso López, secretario de Seguridad Pública municipal, Honorio Salinas, director de la policía, y trece agentes.

    Después llegará el huracán Otis y arrasará con la costa de Acapulco.

ADÁN ABRAJÁN
DE LA CRUZ

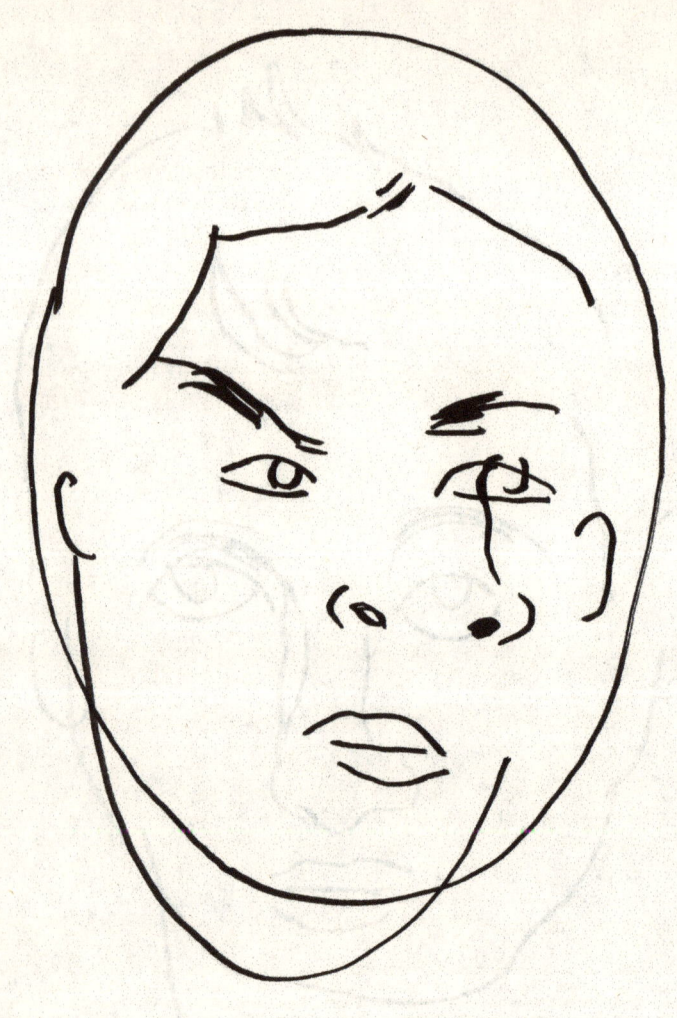

Miguel Ángel Hernández Martínez

X
Los espacios hay que pelearlos

—Yo pienso que lo que pasó en Iguala en 2014 generó un efecto importante de despertar social de la conciencia, de la realidad que vivía el país, sobre todo en temas de desaparición forzada. El efecto que tuvo el movimiento social en torno a Ayotzinapa, o el movimiento de Ayotzinapa y de las familias, tuvo su repercusión en las elecciones de 2018. Es decir, no se puede entender el triunfo de Andrés Manuel López Obrador sin la contribución del movimiento de Ayotzinapa. En cuanto a la represión, pues también generó una resistencia muy fuerte de parte del gobierno de Enrique Peña Nieto para aceptar que tenían responsabilidad en el caso.

Cuando lo conocí, en el otoño de 2014, a pocas semanas de la desaparición forzada de los 43, se hacía llamar Omar García. Fue solo años después que supe que ese era su nombre de batalla en la escuela. Hoy se llama Manuel Vázquez Arellano. Lo voy a visitar en su oficina de diputado federal, en el Congreso de la Federación. Me recibe con la sonrisa que le conozco, viste con unos pantalones de mezclilla y una guayabera negra de manga corta, con decoraciones blancas y rojas. El único elemento que lo identifica como diputado federal es un pequeño pin de oro redondo que lleva puesto en la parte izquierda de su pecho, que dice: LXV LEGISLATURA - DIPUTADO.

En la pared detrás de su escritorio están dos fotos: a la izquierda, la del presidente de la República, Andrés Manuel López Obrador; a la derecha, un cuadro con las fotos de los 43 compañeros de Ayotzinapa.

—La solidaridad a manos llenas, a cualquier persona, a cualquier movimiento, crea dependencia.

—¿Me puedes explicar en qué sentido, Manuel?

—Lo vivimos los familiares de Ayotzinapa y nosotros, los sobrevivientes.

Es su estatus de sobreviviente que lo ha llevado aquí. Lo sabe Manuel, sabe que Omar García lo llevó aquí. Su experiencia de vida, el estar entre los estudiantes que lograron salvarse de la matanza, de la desaparición forzada, lo ha colocado en un lugar desde el cual ha construido su camino político. Lo lleva en la cara: su ojo izquierdo quedó lastimado desde aquella noche.

—Para mucha gente que no está involucrada en los movimientos sociales, la única forma inmediata que tiene de apoyar es Bueno, te doy 200 pesitos, te dono ropa, te dono algo. Es lo más rápido, lo más fácil, lo que saben hacer. Los movimientos sociales tampoco han creado mecanismos para decir qué formas de solidaridad son las que podrían beneficiarnos en el futuro. Conozco a unas familias, no voy a decir nombres, pero varios señores de Ayotzinapa recibían apoyo de unas personas que mensualmente les mandaban un dinerito. Pasan los meses, pasan los años, no hay solución, otras personas acuden a pedir apoyo a las mismas personas. Entonces si antes le dabas 10 mil varos a esta persona, tienes que darle ahora nada más 2 mil porque ya tienes otros cuatro que apoyar. Otros movimientos han surgido, tus agendas han cambiado, tus hijos ya entraron a la universidad, no sé. ¿Y qué pasa cuando el apoyo cesa de parte de la persona que antes apoyaba? ¿Qué crees que pasa?

—¿Qué pasa?

—Que las personas antes ayudadas piensan que el que ayuda está obligado a apoyarlo para siempre. Entonces se enoja con la persona que lo ha dejado de apoyar. Yo vi rompimiento de relaciones. No, es que usted ya no entiende mi lucha, es que usted ya no me quiere apoyar. Bueno, es que se acostumbraron a tener todo a manos llenas. Y a diferencia de otras familias, los familiares de Ayotzinapa pudieron dejar de trabajar para dedicarse de tiempo completo a la lucha. ¿Por qué? Porque tenían una solidaridad inmensa. Salones completos se dejaron de usar como tales porque llegaban galletas, ropa, todo tipo de materiales, de apoyos, frijoles, arroz, lo que tú quieras, para los familiares de Ayotzinapa. Ya no podíamos almacenarlos en el comedor. Porque ellos en su asamblea dijeron No, ahí dicen que es para nosotros. Dinerito que llegaba del extranjero o lo que fuera es para Ayotzinapa. Bueno, a repartirlo entre 43 y entre 48, dependiendo, ¿no? Entonces se dieron el lujo de ya no trabajar. Claro, ya tienen de donde vivir. Eso está bien porque genera al interior una economía de movimiento, una economía de guerra. Podemos hacer un chingo de cosas, como lo hicimos. Pero ¿qué pasa con el tiempo cuando eso disminuye? Ah, pero también genera otro efecto en las personas. ¿Sabes cuál? Ah, porque además no solo es eso. Tienen una escuela donde puede ser su retaguardia, desde donde se organizan. Su centro de control. En términos de guerra, ¿cómo se le llama? Su cuartel general. Tienen unos estudiantes que les dotan de autobuses, de toda la logística. Tienen dónde pasar a comer y dónde dormir. ¿Qué pasa con otras familias que no tienen eso? Ah, pero los familiares de Ayotzinapa de pronto empiezan a decir: bueno, si también quieren luchar por sus hijos, pues que hagan lo mismo que nosotros. Que luchen, que salgan a marchar y que hagan todo. Y nosotros les decíamos en corto Oigan, pero pues ellos no tienen todas las condiciones que ustedes tienen. Las familias de otros lados del país tienen que trabajar. Ellos no están recibiendo la solidaridad que ustedes reciben, ni la atención mediática. No, pero tienen que adquirir un discurso como el nuestro y la chingada. No, pues estaba cabrón. Entonces, imagínate todo lo que se genera también por la solidaridad —me lo imagino. Y veo que lo que aparece luminoso y pulcro se empieza a hacer más turbio, más complicado. Manuel sigue, serio, en su explicación—. ¿Es responsabilidad del solidario? No. Es responsabilidad de los movimientos. Generar un chingo de mecanismos para que estas cosas no ocurran.

—¿En qué momento empezó a bajar la ayuda?

—Después de la "verdad histórica", también el apoyo se vino abajo. No, ocurrió esto en nuestras comunidades, hermano. O sea, ¿qué le decían a los familiares? No, ya dijeron que pasaron contigo, ya, ¿qué haces allá en las marchas? Tu milpa, tu cosecha aquí se está echando a perder. Pero te gusta andar allá porque te cae dinero del extranjero. Pocos familiares lograron conservar la solidaridad de amigos, vecinos y demás. Pueblo chico, infierno grande. Ahora, ¿dónde buscaban el abrazo, el apoyo, la comprensión? Pues afuera. Y en el otro lado. Donde quiera que vas, los abrazas, los escuchas. Claro, allá no lo tienes.

—¡Híjole! ¿Y ahora cómo está esta cosa?

—Igual.

—¿Peor?

—No, porque con el tiempo también se fueron creando un chingo de rupturas al interior. Familiares contra sobrevivientes. Contra mí la traen porque me metí a esto, porque hice otras cosas.

—¿Qué te dijeron?

—Pues, según ellos soy un traidor y la chingada... Porque así les dijeron...

—¿Y tú cómo vives esta cosa?

—Como si nada.

—¡Como si nada!

—Pues a mí... No es que no se sienta, vaya, pero... Cabrón, tampoco me voy a desvivir. Un tiempo me caló mucho que propios compañeros egresados y demás me acusaran de traidor. Ya después dijeron... Cabrón, o sea, ¿por qué voy a estar poniendo atención realmente? Si por el otro lado también tengo muchas personas que llegan a entender, ¿no? Este tipo de cosas. Y precisamente por eso, mira, mis muertas... No, no es mía. Tú debes reconocerla, ¿no?

Entra un asistente y le enseña un papel con la explicación de un brazalete rojo y negro que va a regalar a varios diputados. Le pregunta si le gusta el tipo de letra.

—¿Alguna fuente te gusta?

—A ver... ¿Por cuál nos vamos, Mastrogiovanni?

Le indico una que me parece más bonita.

—A mí me gusta esta.

—Sí, ¿verdad? Sí. Me gusta esta. Sí. Esta, el logo de la Cámara acá, ¿no? ¿No puede ir? Ok. Si quieren esta vez hay que omitirlo. Ok. Gracias, Samuel. Va. Gracias.

—¿Quién es?

—¿Eh? ¿Quién es? Marx. O Engels, creo.

Lo observo detrás de su escritorio de diputado. Es una oficina pequeña, sin ventanas, en la planta baja. Entiendo por qué sus excompañeros lo consideran un traidor, alguien que se ha insertado en los mecanismos del Estado, el mismo Estado que lo agredió, lo golpeó, casi lo mató, como le pasó a varios de sus compañeros, y que desapareció a los 43. Pero el Estado es un concepto muy amplio. Quiero que me explique su decisión, qué lo ha llevado aquí y lo ha alejado de muchos de sus compañeros de lucha.

—Me parece importante el momento en el cual, a un cierto punto, uno asume la responsabilidad de tomar decisiones. Al tomar decisiones te arriesgas a equivocarte. ¿Tú cuándo decidiste tomar la decisión de entrarle al ruedo de la política?

—Es que yo ya lo tenía desde hace mucho tiempo, antes de Ayotzinapa, antes del 2014. Yo participé en una organización ahí en Guerrero, de las más radicales...

Hace el gesto de empuñar un arma con dos manos y disparar el gatillo con el índice derecho. Pienso en un fusil.

—Tres, cuatro años. Y pues también eso se veía mal. Ni por un lado ni por otro, entonces ¿qué chingados le haces?

Me mira directo a los ojos. No es una pregunta retórica, está haciendo un planteamiento que realmente lo interpela.

—Yo digo que cada persona, todas las personas, sobre todo las que se implican en la lucha social, tienen por fuerza que probarse, probar por lo menos 20 maneras distintas de hacer las cosas. Porque si no, nos pasa como a nosotros en el campo, en lo rural. Con la primera persona que tenemos nuestra primera experiencia sexual nos casamos —sonríe, busca otra forma de explicar lo que piensa—. Y ya después andamos viviendo por ahí, por otro lado, y nos dan tentación otras personas, ¿no? Pero como la sociedad nos dice que solo la primera, con esa es la que tienes que ser fiel y para toda la vida, pues ahí está. Y yo digo, ¿por qué no nos desengañamos con un chingo de personas para que nadie nos cuente? ¿Por qué no bailamos varios sones y ya en el que mejor nos acomode según nuestro interés? ¿Por qué no podemos oscilar entre varias que más o menos sean como un campo semántico, que compaginen en muchas cosas? En esto estoy de acuerdo al 20 por ciento, en este al 80 por ciento. Porque si no, ¿cómo se crea una política real, efectiva de alianzas? No se crea, porque entonces todos andamos con nuestra verdad absoluta. Y bueno, yo decido participar acá, pero desde antes, desde el propio movimiento, yo ya manifestaba que había en toda la gente que iba a ayudarnos, personas con doble, triple, cuádruple militancia. Que lo mismo apoyaban el zapatismo, que AMLO y que Ayotzinapa. ¿Cómo podemos pedirles que se definan solo por nosotros? Nosotros no somos como los testigos de Jehová o como los católicos que queremos que todos sean como ellos. Nosotros no queremos que todo el mundo sea de Ayotzinapa. Nosotros lo que queremos es que la gente entienda que en el país hay tantos problemas que tienen la posibilidad, según sus convicciones, según su compromiso, según su contexto, de apoyar lo que mejor convenga a sus intereses, a su posibilidad. Haga cada persona una lista de causas que apoyar y va a encontrar una. Lo que no puede hacer es quedarse de brazos cruzados. Si Ayotzinapa me parece demasiado riesgoso, porque vivo en Monterrey o en Las Lomas y me va a criticar mi grupo de amigos, ¿qué haces con esos nacos? Pues entonces busca una organización civil, ve con Greenpeace o con alguien más y te aseguro que algo vas a estar haciendo por el planeta.

Suelta una carcajada y no sé si es liberatoria o de frustración.

—¿Por qué eres incómodo?

—Porque no milito en el Movimiento de Regeneración Nacional. Me recogieron del movimiento social. Hay luchadores que fundaron el partido y que han hecho un chingo de cosas. ¿Y cómo es posible que le den el lugar a quien nunca ha estado ni apoyando antes de 2018? Ahora, lo que nos da, sobre todo, el proceso de la 4T es un gran desengaño. Una posibilidad de desengañarnos de los alcances reales que tenemos dentro del proceso de lucha social. Porque si ellos están fallando es porque tampoco están nutriendo todas sus filas, sus cargos, de personas que pudieran dar resultados. Pero ¿dónde encuentran esas personas? Ese es el problema. Porque los movimientos sociales tampoco damos de esas personas que den resultados. ¿Por qué? Porque como nunca nos incluimos dentro del sistema, no aprendimos a gobernar y gobernarnos, a administrar. Yo no sé a qué se refieren exactamente los zapatistas cuando dicen aprender a gobernar y gobernarnos. Entiendo que están buscando una nueva forma de gobernar. Pero yo no entendería una nueva forma de gobernar sin antes haber aprendido a gobernar la vigente. ¿Sabes? Porque administrar un país tan grande como el nuestro requiere de un chingo de *expertise* —hace una pausa, quizás para reflexionar sobre lo que me va a decir o para alimentar más mi curiosidad—. Yo sabía hacer bombas molotov, tirarlas, enfrentamientos, organizar marchas. Te organizo un chingo de marchas si tú quieres. Bloqueos de carreteras, tomas de autobuses, te armo una formación política que sea contestataria. Te hago un chingo de militantes de izquierda. Pero si me pones a administrar un municipio, sí me voy a ver en peores condiciones. No voy a saber hacerlo tan bien. Tengo que recurrir a gente que más o menos sepa. Entonces, si nunca te incluyes, ¿cómo vas a saberlo? Y yo creo que involucrarnos nos da esa posibilidad de decir A ver, cabrones, mucha narrativa, mucho discurso, mucho tal, pero cuando llegan al poder, tampoco la arman tanto. Y esto va mucho más allá. En temas de desaparición forzada, yo lo he dicho también en artículos y en algunas conferencias. Mucha gente se hace el avisto, se les pasa por un oído, no hacen caso. Pero, a ver, cabrones, imaginemos un escenario en el cual mañana los zapatistas dicen No, ya no solo crecimos a más de 16 municipios autónomos. De pronto, no sé, algo hicieron y aprovecharon, y ya mañana toman el control total del país. Bueno, ahí van a estar al día siguiente o a la semana siguiente los familiares de víctimas y les van a exigir a ellos. A ellos les va a valer madre la autonomía y les va a valer madre todo. Y van a querer respuestas. ¿Y los zapatistas están acumulando en este momento una experiencia de investigación y de búsqueda? Pregunto en serio. ¿Los compas zapatistas tienen por lo menos un organismo interno en sus regiones que ellos dominan? Entiendo que no hay desaparición forzada, ¿no? Pero saben que en el resto del país la hay. ¿Están construyendo ya investigadores, peritos, antropólogos forenses? Porque en algún momento se van a tener que enfrentar a eso. No lo están haciendo. Y si no lo hacen desde ahora, pues lo van a querer hacer cuando ya estén en el poder. Que yo entiendo que no quieren poder, bueno, entiendo. Ahora, ¿por qué estoy acá yo en la Cámara de Diputados? Porque entiendo que los espacios hay que pelearlos, nos guste o no nos guste. Yo estoy acá, soy un sobreviviente, soy un legislador que trae la agenda. ¿A quién crees que acuden los familiares de víctimas, los de Ayotzinapa? Por pinche estupidez política y vandalismo político van y tocan la puerta de otros diputados y otras diputadas, de senadores que no traen para nada su agenda. Allá van y piensan, no sé por qué piensan, que ellos les van en algún momento a acompañar de manera real en su agenda. No, porque como él es el traidor, pues no, ni madres. Pero por acá van buscando a quienes están más metidos en agendas muy distintas a las suyas. De todas maneras tienen que venir a tocar puertas al Legislativo. Ahorita acabo de firmar una iniciativa y ya tenemos otra. En México hoy están las cuotas o las acciones afirmativas. Yo estoy proponiendo una iniciativa para que en las acciones afirmativas se incluya a familiares de víctimas. Que todos los partidos políticos tengan diputados y diputadas, familiares de víctimas de desaparición forzada o de feminicidios, de violaciones los derechos humanos. Porque se nota, Federico, se nota. Cuando yo paso a la tribuna es distinto el comportamiento de los y las legisladoras. Porque, quieran o no, saben que yo vengo de Ayotzinapa. Imagínate si hubiera un diputado o una diputada madre, doña María Herrera o alguien muy importante en la lucha por las personas desaparecidas. Imagínate cómo sería el ambiente. ¡Claro que se cambia el espíritu, la vibra! Claro que se cambia el sentir mismo de las personas que ocupan este tipo de recintos. Al tomar las instituciones les damos una característica distinta. Entonces, yo estoy proponiendo eso. ¿Me quieren acompañar en eso? No, porque eres un traidor de Ayotzinapa, porque estás viviendo de los 43.

—¿Crees que le dirían lo mismo a una madre que llegase acá?

—Claro. Y dependerá de esa madre, dependerá de nosotros. Bueno, entonces no lo hago, chinguen a su madre.

Manuel tiene un carácter jovial, logra hacerme reír y después de la carcajada me queda una sensación amarga, que me obliga a reflexionar. Él también ríe, pero vuelve rápidamente a ponerse serio.

—Nosotros vamos a seguir luchando para que haya espacios aquí. Yo creo que sí hay un proceso de inclusión muy grande y posibilidades. Para quienes ven las posibilidades y las quieren aprovechar. Yo no estoy condicionado. Cuando Mario Delgado y Citlali Hernández me dijeron, oye, tenemos este espacio por tu participación en la consulta popular de 2021, por tu activismo, tu reconocimiento, queremos que entres como plurinominal, por tu agenda. Bueno, pues sí, yo entro, pero no quiero ningún tipo de condicionamiento. Dicen No, no, no, nosotros no condicionamos a nadie. Tú vas a ser libre en las cosas que veas que son correctas y en las cosas que no. Eres tú. Tú traes tu propia historia. Voté en contra del tema de la Guardia Nacional. No sé si sepas.

—No, no me había fijado.

—Sí, acá mucha gente se me puso acá. Muy roñosa, pero uno de los coordinadores, Leonel Godoy, nos calmó a todos. A ver, a ver, aquí el único que tiene la legitimidad para votar en contra de esto es él. Nos guste o no nos guste. Y se acabó. Pero pues así está, las posibilidades están.

—Respecto al caso Ayotzinapa, ¿en dónde estamos parados y qué crees que va a pasar?

—Estamos parados por lo menos en la instalación de una nueva narrativa. Muy distinta a la anterior. Se han caído muchas órdenes de aprehensión. No se ha vinculado a proceso a muchísima gente responsable. Muchos ya huyeron del país. Se ha demostrado también voluntad política. Un trato distinto a las familias. La transparencia de la información. Pero también se ha notado un gran forcejeo ahí entre instituciones civiles y militares. Yo supe de primera mano cuando AMLO le dio la orden al general Cresencio de darle la información a la comisión presidencial, a Encinas. El general da la orden al 27 Batallón de Iguala y al de Chilpancingo, le da la orden de darle la información. Pero ¿qué pasa allá? Llega Encinas con la Comisión y el Ejército ya llega con un... haz de cuenta... que estos son los archivos, ¿no? Aquí está la información. Y Encinas dice No, nosotros lo que queremos es acceso a la información. Es decir, no queremos que ustedes nos den la información. Queremos que nos abran la puerta para que nosotros busquemos lo que convenga o no a la investigación. Y no les quisieron abrir la puerta ya. Entonces, ¿qué hizo Encinas? Habló con el presidente. El presidente cita en corto en el campo militar Nº 1 al general Cresencio, a ver qué está pasando. Dicen que tuvo que dar un manotazo. Tuvo que poner orden, el propio general, sus militares, sus subordinados no estaban acatando la orden. Hasta que se intervino. Entonces fue como pudieron obtener más información. Y aun así, no toda. Entonces, imagínate. Y como yo me imagino a un presidente como él que... Son bien pocos los que lo acompañan de corazón y con convicción. También hay muchos que no andan haciendo las cosas como se debería. Por un lado, te tienes que apoyar de ese engrane, de esa fuerza castrense, porque si no los tomas en cuenta, también te pones en riesgo. Y por el otro, tienes que darles un chingo de juego. Pero también sabes que dentro del Ejército hay sectores que se te pueden venir en contra. Entonces, ¿cómo le haces realmente? ¿Cómo le haces? Porque fue un cambio a través de las urnas. Si hubiera sido a través de una revolución armada, pues se llega con el pueblo en armas y se derrota al ejército oficial y se instala otro. Qué chido. Pero no pasó así —ríe—. Entonces, tienes que darle juego. Son esas cosas que han pasado. Y yo veo que hay un fuerte jaloneo entre instituciones, tanto civiles como militares, respecto al caso Ayotzinapa. Yo he visto que han negociado. Pero ¿cómo es posible que hayan rescatado al general Cienfuegos de Estados Unidos? Rescatarlo de las manos gringas para traerlo aquí y no lo juzgaron. Y no lo juzgaron.

—Entonces, ¿qué pasa ahí?

—En política y en los círculos políticos y castrenses, tú sabes que casi todo mundo le debe el cargo al que estuvo antes, así. Bueno, hasta en Ayotzinapa nos pasaba, hermanito —ríe—, ¿qué te puedo decir? O sea, por mucho que digamos que no, hasta en Ayotzinapa nos pasaba que quien me iba a sustituir a mí en el cargo normalmente era la persona que yo fichaba y recomendaba a los compas. ¿Por qué? Porque yo veo su trabajo, porque yo veo una oportunidad en el proyecto, etcétera. Pasa lo mismo acá y tienen que protegerse unos a otros. ¿A costa de qué? A costa de un chingo de cosas que no nos gustan, obviamente. Luego a veces por el otro lado ves lo que puede avanzar en otros aspectos para el interés general y dices, vale, pues tienes que ponderar entre una cosa y otra. No quiero justificar, solo estoy diciendo las cosas como las veo y no estoy de acuerdo en que no se juzgue al general Cienfuegos.

—¿Cuál sería una solución que fuera aceptable para las familias de los 43 y de todas las familias de las víctimas? No tengo una respuesta clara todavía.

—¡Chale! Yo tampoco la tendría. Para mí lo aceptable para ellas es encontrarlos, saber dónde están. Con que les den la ubicación o los restos de sus hijos. Yo digo que a muchas familias les vale un cacahuate y algo de más si vas a castigar, si vas a ejercer la ley, ya no importa. De hecho, muchas voces dentro de los familiares de Ayotzinapa son así. A mí ya no me importa ni que se me repare ese daño ni nada. Yo he pasado siete, ocho, nueve, diez años luchando, desgastándome, enfermando, viendo morir a otros familiares. Lo único que me interesa es saber dónde están. Para mí eso sería suficiente en el grueso de las familias de víctimas. Que es lo que he visto y he sentido y he palpado entre muchos de ellos. La verdad. El discurso de la justicia no viene de las familias, realmente. Viene de quienes los rodean. En primer lugar, organizaciones civiles, organizaciones sociales, defensores de derechos humanos. De ellos viene el discurso. Entonces, a ver, ¿de quién es realmente la agenda de justicia? Quisiera preguntar yo, porque qué cómodo para el Pro y para Tlachinollan tener un caso emblemático como el de Ayotzinapa. Perdóname que lo diga… Qué cómodo que no se resuelva ni en diez ni en 20 años, porque de ahí las fundaciones extranjeras les van a seguir alimentando. Y todos los defensores de derechos humanos, yo lo he visto y lo puedo asegurar de primera mano, porque lo vi en Ayotzinapa, cómo se peleaban en tribus, cómo se decían de palabras… se pelean por los casos emblemáticos. Perdóname, hay pocos que no. Hay algunos que no, entiendo eso también. Pero todo defensor de derechos humanos, toda organización de derechos humanos busca tener acompañamiento a víctimas que luego se conviertan en casos emblemáticos. Porque al final la lógica de su funcionamiento proviene de las donaciones: de embajadas, de corporaciones, y ahí obviamente la Ford, algunas otras grandes corporaciones limpian sus rastreadores. Open Society, USAID, el National Endowment for

Democracy. Pues qué te digo, eso es lo que hay que separar en términos críticos y en términos reales. Por un lado, qué quieren las familias, por otro lado, qué quieren sus acompañantes. Y te aseguro que unos van a querer una cosa y otros otra. ¿Tú crees que son las familias de Ayotzinapa las que redactan sus comunicados?

SAÚL BRUNO
GARCÍA

XI

Yo creo que perdimos

Subo la escalera de caracol después de muchos años. De semicaracol, porque no es un caracol completo. El edificio del Centro de Derechos Humanos Miguel Agustín Pro Juárez A. C., más conocido como Prodh, tiene un mural extenso a lo largo de la pared que de la entrada lleva a los estacionamientos. Lo remodelaron hace poco. Recuerdo cuando lo pintaron. Arriba de Gandhi que recoge una flor (¿o una planta?), de la que se nutre un colibrí (símbolo del Prodh), las dos mujeres zapatistas encapuchadas y el rostro de Emiliano Zapata, destaca la frase "Hasta que la dignidad se haga costumbre".

Frecuentaba mucho este lugar en los años previos y sucesivos a la desaparición de los 43 de Ayotzinapa. Mi trabajo se cruzaba mucho con los casos que acompañaba el Prodh. Luego dejé de ocuparme de desapariciones forzadas, de violaciones a los derechos humanos. Dejé el periodismo que había practicado durante años. Para despejar mi mente y mi corazón. Porque la angustia, el dolor, la frustración, la desesperanza se iban comiendo todo y dejaban un sentido de asco y podredumbre en mi vida. Así pasa con muchos periodistas que suelen cubrir estos temas. Pero hay los que deciden alejarse del horror y otros que deciden quedarse ahí. Y se van amargando, con la idea de que lograrán salvar el mundo, o por lo menos lograrán ser percibidos como héroes.

Hoy vine a entrevistar a Santiago Aguirre, director del Prodh, que conozco desde hace muchos años, desde su llegada aquí. El Prodh ha sido una de las organizaciones defensoras de derechos humanos que durante diez años han acompañado a los padres y madres de los 43 de Ayotzinapa, junto con Tlachinollan. Últimamente han recibido ataques y acusaciones públicas por parte del presidente de México, Andrés Manuel López Obrador, quien los acusa de haber contribuido a que salieran de prisión más de 60 personas involucradas en los hechos de Iguala.

"Los padres no saben que la sentencia que dejó libres a los que participaron en la desaparición de los jóvenes, al menos algunos de los que participaron, tuvo que ver con un trabajo jurídico que hicieron defensores de derechos humanos que también los están asesorando a ellos."

Así dijo en su conferencia de prensa mañanera el 14 de diciembre de 2023.

Pero no estoy aquí para concentrarme en los ataques del presidente, sino para que me cuenten su versión, que me ayuden a entender un poco más de esta historia que cada vez se enreda más.

Junto con Santiago Aguirre, me recibe María Luisa Aguilar, quien se encarga del área internacional del centro de derechos humanos.

Santiago Aguirre me explica las dos maneras de entender la desaparición.

—Un centro de derechos humanos como el Pro tradicionalmente se insertaría en una tradición que se nutre de dos maneras de entender la desaparición. Una, que es propiamente la jurídica. Es una grave violación a los derechos humanos, un crimen de lesa humanidad cuando se comete como parte de un patrón sistemático, y el estándar obliga al juzgamiento de los responsables y a la determinación del paradero. Y legalmente el estándar obliga a que, en tanto el paradero no esté plenamente dilucidado, permeé la presunción de vida.

Y ese es el enfoque jurídico.

—Luego está el de la militancia política, que se nutre de las luchas de los setenta, de la demanda al Estado, y que desemboca en el grito de "Vivos los queremos", que expresa una esperanza, una dignidad, un amor comprensible. Sobre el cual nunca cabe hacer un juicio.

***

Los gritos de cientos de estudiantes de las Normales rurales, marchando, deletrean con ritmo marcial la consigna: "¡Ahora, ahora, se hace indispensable, presentación con vida y castigo a los culpables!".

Se vuelve una cantilena, una nenia, como si fuera una única, larguísima palabra, que con su repetición pudiera romper la pared de silencio detrás de la cual está la verdad sobre los desaparecidos.

La he escuchado tantas veces en las marchas. También en la última marcha anual, la del 26 de septiembre de 2023.

Los autobuses llegan y se estacionan en el Paseo de la Reforma, decenas de autobuses que llegan de todas las Normales del país. Bajan cientos de estudiantes normalistas, jóvenes hombres y mujeres. Bajan y se van agrupando, traen pañuelos para cubrirse la cara. Se van disponiendo en formación ordenada para la marcha. Y esperan.

Al final llega también el autobús con los padres y las madres de los 43, rodeado de fotógrafos, camarógrafos, periodistas. La marcha puede empezar.

Es una nenia. La letanía que siempre me provoca una reacción poderosa, en todo el cuerpo se me pone la piel de gallina y me genera escalofríos.

La voz potente, como un solo hombre, lamentosa, grita lentamente, repite sin parar:

—Ahora, ahora, se hace indispensable, presentación con vida y castigo a los culpables.

Es una marea de voces coordinadas, poderosas, tanto los muchachos como las muchachas. Jóvenes, muchos de ellos rapados, de primer año. Siguen gritando, sin parar, sin parar, sin parar. Consignas potentes, que pueden sonar vetustas, pero que a la vez explican por qué el ejército y las fuerzas de seguridad del Estado los consideran una amenaza al sistema.

Dicen:

…Porque somos del Ayotzi
¡sí, señor!
porque somos reprimidos
¡sí, señor!
y también explotados
¡sí, señor!
exigimos que se cumpla
¡sí, señor!
el artículo tercero
¡sí, señor!
y también el sexto
¡sí, señor!
Ya lo dijo el comandante
¡sí, señor!
comandante Che Guevara
¡sí, señor!
junto con Genaro Vázquez
¡sí, señor!
y también Lucio Cabañas
¡sí, señor!
chingaremos al gobierno
¡sí, señor!
le daremos en su madre

YO CREO QUE PERDIMOS

¡sí, señor!
en su madre por culero
¡sí, señor!
hasta la victoria siempre
¡sí, señor!
hasta la victoria siempre
¡sí, señor!
hasta cuando venceremos
¡sí, señor!
nos organizaremos
¡sí, señor!
por los tiempos pasados
¡sí, señor!
con el proletario al frente
¡sí, señor!
campesino a su lado
¡sí, señor!
porque somos la vanguardia
¡sí, señor!
la vanguardia proletaria.
¡sí, señor!
Ya lo dijo Carlos Marx
¡sí, señor!
Federico Engels
¡sí, señor!
Vladimir Ilich Lenin
¡sí, señor!
rumbo al socialismo
¡sí, señor!
rumbo al comunismo
¡sí, señor!
proletarios unidos
¡sí, señor!

proletarios unidos
¡sí, señor!
proletarios unidos
¡sí, señor!

Las voces no dejan de repetir las consignas históricas y acompañan la marcha, son las que dan el ritmo, son las que hacen sentir la fuerza.

★★★

—Las consignas son parte de esa fuerza que ayuda a dar el impulso para continuar la lucha —les digo a Santiago y Malu. Una lucha que puede durar años, o décadas.

—Exacto. Porque es un factor identitario que congrega: "Vivos los queremos".

Es complicado el discurso, delicado, porque esas dos tradiciones hoy se topan con un país en el que están documentados los patrones de exterminio y privación de la vida atroz. Y eso a quienes, con las herramientas de derecho de una organización como el Prodh, acompañan a los familiares de desaparecidos los pone frecuentemente frente a un dilema.

—Porque sentimos que tenemos un deber humanitario: hablar con franqueza a la gente. Y a veces hemos entrado en tensión con expertos internacionales, con nuestros propios compañeros del movimiento de derechos humanos o autoridades, porque se puede entender como una relativización del principio de búsqueda en vida. Y hemos entrado, y eso es lo más doloroso, en contradicción a veces con las familias mismas —Santiago Aguirre se apasiona, gesticula, se enoja. Parece siempre muy controlado, pero en ciertos momentos se prende y se manifiestan las emociones—. Son momentos muy difíciles y no siempre hemos tenido las herramientas para hacerlo de la mejor manera. Pero toca decirle a la gente: entendemos que el "Vivos los queremos" es la consigna que nos une, pero no perdamos de vista que hay un contexto que nos habla de muerte. Y esto... uy... Ha sido muy difícil estos diez años. Muy difícil, sí.

Ayer, jueves 11 de enero de 2024, estaba viendo en YouTube la conferencia de prensa que los padres de los 43 dieron aquí en el Centro Prodh. Clemente Rodríguez, padre de Christian Alfonso Rodríguez Telumbre, cerró con esta frase que transcribí de inmediato: "Sea como sea, que nos digan la verdad". Inmediatamente después dijo: "Y así como se los llevaron vivos, pues vivos los queremos".

Se trata evidentemente de una contradicción, pero la desaparición forzada lleva a los familiares a convivir con estas perspectivas aparentemente incompatibles, obliga a lo absurdo. Una es la consigna política de presentación con vida que no admite derogas, pero, sea como sea, díganos qué pasó y lo vamos a aceptar, sea como sea, basta que nos digan algo.

Interviene Malu Aguilar.

—Es difícil que se entienda que coexisten estos dos sentimientos. Es difícil explicar afuera que no hay contradicción.

Pero algo más le preocupa y es difícil de explicar. Casi diez años después de los hechos, no obstante, los grupos de apoyo a los familiares, en el Prodh siguen escuchando a mamás y papás de los 43 desaparecidos, en las condiciones más vulnerables, diciendo claramente que alguien los está extorsionando.

—Nueve años después todavía tenemos mamás que llegan diciéndonos: es que alguien me dijo que mi hijo está vivo y me pidió dinero. Entonces tenemos la necesidad de ser muy honestos y de contar la verdad, entender que ellas pueden seguir el discurso de lucha, pero también tener la esperanza. Esperan que sus hijos estén vivos, y es una responsabilidad de nuestro lado porque se ponen en una situación muy vulnerable.

Nueve años después las familias siguen siendo extorsionadas, a partir de esperanzas sin sustento. La posición de las organizaciones que las acompañan en el proceso de búsqueda tiene que ser realista, humanitaria, responsable, porque su trabajo consiste también en ayudar a que la investigación avance y puede ser que los muchachos hayan sido privados de la vida en los primeros momentos.

Como es frecuente en los casos de secuestro y desaparición forzada, a lo largo de los años Malu y Santiago han sido testigos de toda la parafernalia que acompaña a los familiares de los desaparecidos: se han materializado magos, sensitivos, adivinos; han llegado llamadas que dicen: tu hijo está en Tamaulipas, te digo dónde pero antes depósitame en Elektra.

Cuando desaparece una persona aparecen todo tipo de extorsionadores, charlatanes, parásitos, mitómanos, que se cuelgan de la notoriedad de una situación dramática, en el mejor de los casos para tener unos cuantos minutos de visibilidad, en el peor, para aprovecharse de la vulnerabilidad ajena. Con frecuencia es la misma gente de las comunidades de las víctimas, la misma gente jodida y vituperada, la que intenta aprovecharse. Y a veces lo logra.

—Ahí ves que sí fue el Estado, porque tienes un tejido social muy podrido, muy lastimado —lo dice con amargura el licenciado Santiago Aguirre—. Estos casos te permiten ver las mejores expresiones de solidaridad, pero también las peores expresiones de oportunismo. Todavía el año pasado nos pasó esto: una mamá, que es de las más humildes del grupo de padres de los 43, mamá soltera, le llamaron a su casa a decirle que si depositaba dinero le daban el dato de dónde estaba, vivo, su hijo. Le contaron una historia absolutamente inverosímil.

—¿Y ella dio el dinero?

—Sí. Dio el dinero y ya después vino a decirnos a nosotros. Pero esto pasa.

Se podría pensar que, en un caso tan visible, caracterizado por un enorme cuidado por parte de las organizaciones, medios de comunicación de todo el mundo, Corte Interamericana de Derechos Humanos, no fuera tan frecuente el intento de aprovecharse de los familiares de los desaparecidos. Me desmiente Malu.

—Es muy cíclico. Ves a algunas familias dentro del grupo amplio de las familias de Ayotzi dando pasos hacia reconocer, hacia verbalizar, tal cual como lo hizo Clemente ayer en público. Luego, dos semanas después, los ves cayendo en estos esquemas, o buscando otra información, o incluso volviendo a la búsqueda en vida. A veces nos hacemos muchas preguntas de dónde están en esos momentos. Es muy cíclico. Y justo es parte de la... —se detiene un segundo, incierta si pronunciar esa palabra, dado que cuida mucho los términos que utiliza—, pues sí, de la tortura que viven y de la poca certeza que tienen de todo, que están continuamente dudando sobre lo que incluso ellos van reconociendo en los procesos.

Quiero que Santiago y Malu me comenten sobre la relación entre el gobierno y el ejército en el entramado de poder que se ha producido a lo largo de la administración de Andrés Manuel López Obrador respecto al caso Ayotzinapa.

—Intentando desplegar un balance del sexenio, ¿consideran que ha cambiado algo?

Es Santiago quien toma la palabra, parece que tiene mucho que decir al respecto.

—En un caso tan largo como Ayotzinapa, a nosotros nos sirve, para ordenar las cosas, dividir en etapas. Después de los hechos de 2014 hubo una primera etapa muy clara donde el gobierno de Guerrero se enfrentó solo al caso, hicieron daño en la investigación, manipularon cosas, pero fueron diez días clave, donde el gobierno de Enrique Peña Nieto dijo que no se iba a hacer nada. Dijo: que se entiendan solos los de Guerrero, este es un tema local, no vamos a entrarle. Y eso fue una negligencia criminal que aún seguimos pagando, porque en una investigación, si no actúas rápido... Entonces, bueno, primera parte: el gobierno de Guerrero. La segunda parte propiamente es la construcción de la "verdad histórica", que fue la Subprocuraduría de Delincuencia Organizada quien quiso generar una versión conclusiva de cierre sin suficiente evidencia. Nuestra hipótesis de trabajo, y entre cada vez más pasa el tiempo lo seguimos confirmando, es que cerraron el caso con una versión que forzaron para que pudiera poner el paradero de todos los estudiantes en un solo lugar. Y lo hicieron porque pueden y porque siguen pudiendo y porque tenemos un gran problema en cómo funcionan las fiscalías en los casos, en todos los casos, pero sobre todo en los de alto impacto, para generar versiones de cierre rápido, tomando cabos de aquí y allá, haciendo un relato, torturando gente, saliendo a los medios —casi no toma aire, enumera los puntos y me mira a los ojos con decisión—. Muchas veces nos hemos topado, Fede, con que esa hipótesis nuestra parece insuficiente, como que habría una expectativa de que dijéramos: Peña Nieto encubrió el tráfico de heroína y por eso pasó lo que pasó. ¡Y a nosotros nos parece suficientemente grave lo otro, porque lo vemos diario! ¡Las fiscalías son un desastre! Y hoy nos entretienen hablando de lo mal que están los jueces, pero son las fiscalías nuestro problema. Bueno, construcción de la verdad histórica, segunda etapa. Tercera etapa, la llegada del GIEI, prácticamente un año de abrir líneas, de mostrar cómo se puede investigar un caso en México de forma diferente, de exhibir capas y capas de análisis nuevas, de generar un nuevo vínculo de respeto con las familias. Esa tercera etapa se acaba en 2016, cuando prácticamente echan al GIEI del país. Y vino después la etapa de administración del caso de Peña Nieto. Años muy difíciles para las familias, de topar con pared, topar con pared, topar con pared —lo dice chocando fuerte las manos una con otra—. Nuestra ancla ahí fue la ONU, fue la sentencia del Poder Judicial que echó para atrás la "verdad histórica". Fue un momento donde dijimos: por fin los tribunales les dieron la razón a las familias. Y esa etapa de administración del caso de Peña Nieto duró hasta 2018 —un suspiro profundo. Se detiene y vuelve a empezar—. En 2018 se abrió un horizonte de esperanza, ¿verdad? Las familias, cuando vieron que estaba decidida la elección a favor de López Obrador, lo buscaron, le hicieron una propuesta. Desde entonces él decía: Hay que hacer una comisión de la verdad. Las familias dijeron: No, porque aquí hay responsabilidades penales pendientes. Entraron el 4 de diciembre de 2018 las familias a Palacio Nacional. Pues ahí estuvimos con ellas. Era muy esperanzador de las cosas que iban a pasar en el caso, en el país, en muchas cosas. Y en ese primer momento se ancla el caso en tres pilares fundamentales. Uno, el trabajo de Alejandro Encinas, que al día de hoy yo sigo diciendo, y Malu también, el Pro y las organizaciones: nos jugó derecho. Fue alguien que puso su trayectoria en función del caso, Encinas. Es alguien a quien respetamos, intentó hacer lo más que pudo en un contexto adverso, pero necesitaba mandato legal porque no le iba a dar. Entonces se inventó esto de la Comisión para la Verdad y el Acceso a la Justicia, para que él tuviera atribuciones legales. Como una suerte de *fullback*, de mover el balón adelante. No era y nunca fue una comisión de la verdad como las de justicia transicional del Cono Sur. No, no, no, no. Era más darle atribuciones a él para mover el caso.

—¿El balance de Encinas lo consideran positivo?

—Lo consideramos un balance positivo con muchos momentos de discrepancia. Pero digamos, en un gobierno que se cerró todo a favor del Ejército, sí rescatamos lo que él se jugó en generar contrapeso frente a ese poder militar creciente, como se la jugó también en buscar romper los pactos de silencio con actores del narcotráfico, que es mucho riesgo. Y aun cuando no coincidimos con él en algunas cosas, por ejemplo, en lo que fue la versión de sus informes, sobre todo la parte que se basa en estos pantallazos no verificados, que fue muy equivocado cómo procedió Gobernación ahí, porque no verificó esa prueba y generó un daño en el proceso. Digamos, frente a lo que tenemos hoy, lo que tuvimos de otras autoridades, rescatamos ese esfuerzo al menos. Entonces, ese era un pilar. El otro pilar era un fiscal que conociera el caso y entró Omar Gómez Trejo, que venía de trabajar con el GIEI, que tenía la confianza de las familias, a nadar en ese mar de tiburones que es la Fiscalía de la República. También ahí el balance es de claroscuros, como el de Encinas. Cosas muy bien hechas, otras que no compartimos, pero rescatamos el esfuerzo.

Porque es que, si no, se genera una pedagogía, nada puede cambiar. Hay que hacer esfuerzos. Y los esfuerzos que se hagan van a tener contradicciones. El cambio en las instituciones de justicia del país, si es que lo vemos antes de que nuestros hijos tengan nuestra edad, va a ser con contradicciones. No va a ser con un diseño académico, ya sabes, perfecto... Pues no, no va a ser así. No va a ser aséptico y es lo que es. Bueno, el segundo pilar: el Omar. Y el tercero el regreso del GIEI. Y esos tres pilares se consiguieron y sí avanzamos. En los primeros, probablemente, tres años de la administración, dos años y medio. Y esa sería, digamos, la quinta etapa del caso. Siendo la primera la Fiscalía de Guerrero; la segunda, la Seido; la tercera, el GIEI; la cuarta, la administración del caso de Peña Nieto; la quinta etapa es la de la esperanza con esta administración. ¿Por qué decimos que hay avances, Fede? Porque se judicializó a Murillo Karam, se acusó a Tomás Zerón. Sobre todo, se identificaron los restos de dos de los chicos, en un lugar que no fue el basurero de Cocula. Y nosotros acompañamos a las autoridades, Encinas y a Omar, a notificar a las familias, una la de Clemente. Y era decirles a las familias que se había identificado un huesito de dos centímetros del tobillo de su hijo. Del tobillo, para mayor *jodidez* del caso, porque además no es prueba de muerte.

—Eso te iba a preguntar. Con solo fragmentos de falanges no se puede comprobar la muerte, ¿no?

—No. Pero vimos ahí al fiscal del caso y a Encinas hacerlo bien y hacerlo con dignidad. Y eso nosotros lo respetamos, ¿verdad? Porque nunca más lo hemos tenido de las autoridades, ni lo habíamos tenido antes. Y junto con eso, Fede, el otro avance. Y si nos apuras es lo que diríamos que es lo más sobresaliente del fiscal Gómez Trejo: que por fin se logró obtener de las autoridades norteamericanas estos mensajes de Blackberry de los Guerreros Unidos durante el caso. Y son una ventana única de la corrupción en México. Y estos tipos aparecen hablando de sus vínculos con los alcaldes, de sus vínculos con autoridades de los pueblos, por medio de los jaripeos y el palenque y no sé qué. De cómo controlan a los transportistas, a los mercados, a las policías comunitarias, en fin, y de cómo se vinculan con el Ejército. Esa era una prueba muy relevante, ¿no? Íbamos en ese esfuerzo y nuestra interpretación, ahí también el fiscal Gómez Trejo tendrá otra, el GIEI tendrá otra, etcétera. Encinas tendrá la propia. Nuestra impresión es que ahí hubo un momento en que el presidente decidió acelerar los tiempos.

—¿Por qué?

—Por política, porque era su compromiso número 100 que no había resuelto. Nosotros lo vamos a decir, a lo mejor somos ingenuos. Yo he escuchado a algunos colegas que han trabajado el caso decir, más bien fue que se descubrió lo de los chats de Guerreros Unidos y la presión militar. No lo sé. A mí me da la sensación de que hubo un momento en que dijeron: hay que meter acelerador. Sentaron a la mesa a todo mundo.

—Que fue a finales de 2021.

Es Malu quien hace el recuento.

—Finales del 2021 para en 2022 hacer el informe. Y principios del 2022… Abril del 2022, me parece. El presidente sale en una mañanera diciendo, ya sabemos qué pasó. Y vamos a presentar un informe.

—Que es una crueldad —interviene Santiago—. O sea, es una muestra de falta de empatía con las familias. Tú eres papá y te dicen, ya sabemos qué pasó… ¡pues díganos! Pónganle fin a la tortura. Fue en la reunión de 2021 de septiembre, octubre de 2021, cuando sacaron la información del Ejército, de las transcripciones de las conversaciones. Y después de eso, se ve que le quieren meter acelerador. Hubo esa decisión de acelerón. Por eso los pantallazos no verificados. Por eso algunas acusaciones endebles. Y eso detonó que el fiscal del caso saliera. Ahí hubo una merma en la confianza. Porque pusieron a uno que es un incompetente, el actual. E inició una puesta en crisis del caso. Esa sería nuestra sexta etapa. Con muchas peleas. Se acusa a los militares, se retira la acusación, luego se vuelve a poner. Una pérdida de un año en eso, básicamente. Y ahí el GIEI se mantuvo... Primero hubo la decisión valiente de dos de sus integrantes, de Pancho [Francisco Cox] y Claudia [Paz y Paz], de decir: nos bajamos porque debe tener consecuencias la presentación de una versión sustentada en unas pantallas de teléfono no verificadas. Fueron valientes. Le hicieron un servicio al caso, Pancho y Claudia, al hacerlo. Tan valientes fueron Carlos [Beristain] y Ángela [Buitrago] en su decisión de quedarse y ver si empujaban más. Logran empujar un poquito más. Se restablecen las acusaciones. Y llegamos a julio de este año. ¿Verdad? El 23. Donde ellos presentan su último informe. Y ahí hay un nuevo punto de quiebre, Fede. Y ahí voy con el tema de las Fuerzas Armadas. Perdón por el largo circunloquio. Pero ahí el GIEI dice: A ver, en este último tiempo hemos estado pidiendo que el Ejército nos dé toda la información documental. Y hemos encontrado en esa información documental una serie de documentos generados por el Centro Regional de Fusión de Inteligencia de Iguala que pueden ser importantes para el caso. Entre otras cosas incluyen transcripciones de llamadas entre actores vinculadas al caso. Unas transcripciones que son ilegales, que seguramente eso es lo que está ocultando el Ejército.

—¿Podemos explicar por qué son ilegales?

—Porque no tenía atribuciones el Ejército para intervenir en las telecomunicaciones de estas personas.

—Pero ¿no eran miembros del Ejército los que se estaban comunicando?

—No sabemos. Las que hasta ahora conocemos eran gente del narco, digamos. O un policía y gente del narco.

—Entonces no tenían ellos la atribución para intervenir sus teléfonos.

—Exacto. Y las que se han dado a conocer son muy valiosas. Sí, son llamadas donde están diciendo... ponen a los muchachos en unas camas, se habla de 17, se da a entender de fosas...

—Del 26 de septiembre.

—Sí. Del 26 de septiembre. Y dices... ¿Cómo tardamos tanto tiempo en acceder a esos documentos? Que es el otro reclamo de los papás. Cuando entran a Palacio Nacional se firma un decreto obligando a la Sedena en tres meses a entregar todo. Y todavía en 2022 nos topábamos con nuevos documentos.

—Pero, ¿quién toma la decisión? En este caso, precisamente. Hay un decreto presidencial que obliga al Ejército. ¿Quién es quien toma la decisión de no obedecer el decreto?

—El general Luis Cresencio Sandoval. Sin dudas.

Lo dice sin titubear, sin dejar pasar ni dos segundos. Sin ninguna duda.

—O sea, ¿podemos saber quién decidió: esto no va a pasar?

—Sí, sin duda.

—¿En contra de un decreto presidencial?

—Sin duda.

—¿Y al presidente le da igual?

—Le da igual. Yo creo que hay un momento de duda. El subsecretario Encinas intenta. Pone elementos para decir: Nos están jugando chueco los militares. Se entrega algo de información en ese momento. Pero después viene un momento de quiebre. Yo creo que son dos momentos de quiebre. Uno: la comprobación de que otra vez el Ejército estaba usando Pegasus en contra de nosotros. Pero también en contra de Alejandro Encinas. Y la decisión del presidente de no defender a Encinas, sino al Ejército. Y lo del GIEI. Que el GIEI dice: Estos documentos son importantes, tendríamos que acceder a ellos. Y como no hemos accedido a ellos, nos vamos. Eso, julio de 2023. Los papás dicen: A ver, estos documentos son importantes. Ahí hay, por ejemplo, un momento en el que alguno de los integrantes del GIEI dice: esos documentos pueden contener información sobre el paradero. Nosotros no acompañamos tanto esa afirmación porque nadie ha visto los documentos. Y sí es complejo decirles a los papás algo así. Ahí se nos generó un punto de colisión.

—Una expectativa que a lo mejor no estaba fundamentada.

—A lo mejor no. Y a lo mejor en esos documentos lo único que hay es un Ejército que espía a todo mundo. No lo sabemos. En todo caso, los papás, oyendo a sus expertos, han puesto mucha energía hoy en esos documentos. Y la respuesta ha sido muy decepcionante. Porque ha sido de: Vamos a ver, Vamos a revisar, No existen, Ya dimos todo.

—Pero ya había dicho Alejandro Encinas que sí existían. O se equivocaba, o mentía, o sí sabía que era cierto.

—Nosotros le damos valor a su último *addendum*. Porque entre líneas lo que ahí está diciendo es: sí existen los documentos. Se están haciendo pendejos con los documentos. La verdad. Los papás ven en septiembre de 2023 al presidente, le entregan un escrito muy respetuoso, identificando los folios. El presidente les firma de recibido. Y ahí ya entran en un fuerte punto de tensión las familias. Porque en algún momento el presidente les dice: A mí el Ejército ya me dijo que entregó todo y ustedes no creen porque están manipulados. Lean, no están leyendo. Lean, lean. Y en ese lean, lean, a la quinta vez que en la reunión les dice a los papás lean, don Mario González, que es un papá de una dignidad enorme y de una digna rabia por la desaparición de su hijo, que lo mantiene siempre muy echado para adelante, interpela al presidente y le dice: No nos insulte, nos está diciendo tontos. Nosotros leemos. Yo conozco el caso de mi hijo. He leído todos los informes del GIEI. Y aquí a quien están engañando es a usted. Lo está engañando el Ejército.

—¿Se lo dijo en la cara?

—Sí. Y la respuesta del presidente fue ponerse del lado del Ejército. Todo esto para contestar tu pregunta. Lo que hemos visto en Ayotzinapa es cómo, de un momento inicial de expectativas, de posibilidad de rendición de cuentas, conforme el caso avanzó en mostrar que podía haber más respuestas, más información del lado del Ejército, se fue cerrando la administración en torno al Ejército. Y coincide con cómo, a lo largo de estos años, que esa es la posición que el Prodh ha ido documentando, el nivel de presupuesto, de responsabilidades, de fuerza política del Ejército, aumentó en unas proporciones que nunca habíamos visto de antes. Nosotros contabilizamos y hemos analizado los reportes que hemos publicado al menos diez reformas legales de muy hondo calado, que vamos a tardar mucho en echar para atrás, de nuevas funciones, atribuciones del Ejército. Ya no solo en temas de seguridad, sino prácticamente en todo. Entonces, yo creo que conforme aumentó ese poder del Ejército, el Ejército fue ganando más y más voz, lugar en la mesa, en el caso de Ayotzinapa, y ganó. La salida de Alejandro Encinas quiere decir que se perdió la perspectiva civil en el caso. Y hoy son la voz predominante, los nuevos funcionarios que han entrado al caso son correa de transmisión del Ejército. Ahora, el fiscal anterior logró, de todas maneras, que el caso avanzara en señalar a algunos militares por delincuencia organizada por sus vínculos con Guerreros Unidos, y están hoy en la cárcel algunos de ellos. Eso no es menor, tampoco lo echamos por la borda. Pero este tema toral que tiene que ver con cómo el Ejército pudo tener en tiempo real información del paradero de los estudiantes y se la guardó, la administró, no la compartió, nos colocó en un momento donde se cerró la administración alrededor del Ejército.

—¿Por qué pasó eso?

—Nosotros pensamos que hay varios escenarios. Uno es que sí sepan el paradero de los estudiantes y que incluso hayan participado activa o pasivamente en algo. La otra es que el 27 Batallón haya estado más coludido de lo que sabemos con Guerreros Unidos y con la operación del tráfico de heroína, y que eso es lo que esté ocultándose. Y la otra es que en realidad lo que se está ocultando es cómo el Ejército sabe todo de la violencia en el país y la administra porque está rebasado. Y van gestionando y van sabiendo, pero no actúan. Y no quieren mostrar cuánto sabían, cuánto estaban, sea por complicidad criminal, sea porque les revela débiles.

Recuerdo haber entrevistado en octubre de 2014 al general Francisco Gallardo. Lo fui a entrevistar en el Senado. En esa ocasión el general me dijo: Esta es una operación militar, se llama yunque y martillo, el Ejército sabía todo desde el primer momento, el Cisen sabía todo desde el primer momento. Era su interpretación, pero Gallardo tenía sus fuentes. Sé bien que es muy distinto poder comprobar los hechos en una investigación a reconstruir e imaginar, pero el hecho en sí de que un personaje como Francisco Gallardo haya decidido compartir públicamente esa versión, a pocos días del evento, me deja claro que dentro del Ejército no era un secreto. Nunca lo fue. Y no me sorprende si años después se encuentran los documentos que lo confirmen.

Mientras les cuento la anécdota, Malu y Santiago asienten atentos. Luego es el director quien vuelve a tomar la palabra.

—Nosotros hemos oído esas versiones y toda esta opacidad del Ejército contribuye a que se sigan estimando factibles. Si no, ¿qué ocultan? Nosotros, el Prodh, personalmente, a veces, Malu y yo, en estos nueve años se nos ha caracterizado como los más tibios o prudentes, porque después de mucho estudiar el caso, mucho ir a Iguala, mucho recibir informantes, mucho visitar presos en las cárceles, oír a otras víctimas, ver las fosas, hemos ido complejizando nuestra mirada sobre la realidad de México.

—¿En qué sentido?

—En el sentido de que por estas dos tradiciones con las que llegamos al fenómeno de la desaparición forzada, la jurídica y la de la militancia de las víctimas, nuestra mirada tiende a privilegiar al actor estatal como central en la interpelación de justicia, verdad, memoria, no repetición y reparaciones. Y eso es acertado, pero debemos reconocer que esa mirada se fue formando, sobre todo, en las luchas que se dieron en los setenta contra estados de carácter autoritario, que reprimían directamente a la disidencia política. Lo de hoy se parece a eso, y al mismo tiempo tiene sus componentes propios, porque lo que pasa en México, Centroamérica y Ecuador hoy por hoy tiene sus peculiaridades, es la acción de redes de macrocriminalidad, compuestas por la hibridación de agentes estatales y no estatales, donde nunca sabes en el organigrama dónde está la jerarquía. El Estado te presenta a los Zetas con un organigrama perfecto, pero el organigrama del otro lado nunca lo conocemos, y las redes de macrocriminalidad se forman por un componente político, pero también un componente criminal y otro económico empresarial. Entonces, hasta cierto punto, Fede, esta lucha contra la opacidad militar puede tener la desventaja de que nos distrae de estos otros componentes, por reproducir una visión tradicional de los derechos humanos, que no te explica el contexto completo, incluso en la lógica de los perpetradores o victimarios, y eso es lo que nos afecta. A ver, muy seguramente hay chicos que participaron en la desaparición de los 43, que después fueron víctimas de desaparición y hoy están en una fosa en Iguala, o en el forense esperando a ser identificados, chicos de la misma edad que sus víctimas. A veces se para una mamá y dice: Mi hijo fue desaparecido en tal circunstancia, por tal grupo o tal policía, y se para otra mamá y resulta que es mamá del policía o del otro sicario. Eso es y no es el contexto de las abuelas de la Plaza de Mayo; es y no es el contexto de las mamás de Chile. Es muy difícil. Y a la vez te coloca en un desafío muy fuerte en la búsqueda por la verdad, porque son estructuras criminales, sólidas en su disciplina, pero frágiles en su permanencia a lo largo del tiempo, Fede. La red de macrocriminalidad que controló tal zona, de 2014 a 2016, ya se recompuso mucho, en fin... es diferente el ejército argentino en la desaparición de los militantes en los setenta, que permaneció a lo largo del tiempo como estructura relativamente formal burocrática, y nos coloca en otro lado también en la construcción de esperanzas y alternativa, porque todas nuestras herramientas de derechos humanos, al final, incluida la justicia transicional, se nutren de la idea de cambio de régimen político, y los regímenes de gobernanza criminal en México, Centroamérica, hoy Ecuador, están mostrando mucha resiliencia, incluso frente a los cambios de régimen político. Tienen una permanencia relativa, incluso, respecto de los cambios electorales. Está muy cabrón.

Yo estaba razonando sobre la consigna que se difundió a las pocas semanas: "Fue el Estado". Me interesa entender también cuáles son las condiciones de posibilidad por las cuales en 2014 se da una represión brutal, pero organizada de esa forma. Leyendo a Carlos Montemayor, cómo él describe la represión, a los grupos guerrilleros y a los grupos organizados, de campesinos, de guerreros de otros estados, él describe básicamente el operativo de Iguala, casi, antes de que pase, obviamente, porque murió antes. Visitando, conociendo también la forma de las organizaciones sociales de ciertos territorios de este país, su historia de resistencia, de organización armada o no, pero de choque, también de choque de sistema político-económico que se quiere, o de cambio social, la idea de que existan las condiciones de ese tipo de represión deriva también del hecho de que esos segmentos de las fuerzas de seguridad del Estado, del Estado en su conjunto, consideran o consideraban a los estudiantes de Ayotzinapa como parte de un enemigo público. Si no, no puedo entender por qué razón existe una posibilidad de que esto acabe de esa manera. Es tan articulado, el nivel de interacciones, de cooperación entre fuerzas distintas, de organización logística de un operativo de ese tipo, que yo no puedo imaginar que es extemporáneo. Se dio así, se confundieron todos. ¿Cómo que se confundieron todos? ¿En qué mundo se puede dar una situación así? En un mundo en el cual tú eres el enemigo. Entonces, yo ya sé que tú eres el enemigo. ¿Por qué eres el enemigo? ¿Qué es lo que representas? Entonces, yo provocativamente y no, propongo esto de... Es como si ellos fueran los únicos que los toman tan en serio en sus actividades, en sus luchas sociales, políticas, a los ayotzinapos, o a todo ese contexto, que te combato como si tú fueras un enemigo. Realmente, que puede inclinar o poner en discusión el sistema socioeconómico al cual yo, fuerzas armadas, yo, fuerzas de seguridad, yo, gobierno, tengo que estar protegiendo.

—Reconocemos en el "Fue el Estado", como en el "Vivos lo queremos", una suerte de agregación identitaria.

—El mito normalmente reduce al hueso la realidad, la fagocita.

—La forma en la que se creó la verdad histórica era decir: fue un grupito local, pequeño, del crimen, que estaba coludido con policías municipales, tal vez con el gobierno estatal, pero al final del día era limitarlo a algo muy concreto, muy chiquito. Y creo que el "Fue el Estado" ayudaba a decir: Bueno, no, aquí tiene que complejizarse ese entendimiento de lo que pasó, y por lo que conocemos ahora, por lo que se ha documentado en todos estos años, se puede explicar, complejizándolo y entendiendo que hay líneas muy borrosas en estas jerarquías entre el crimen organizado, que también es un sí mismo... ¿Dónde está esa línea borrosa entre las instituciones del Estado y los grupos particulares? En realidad lo que te explicaba es que era la posibilidad de que quienes controlaban esa zona tenían un negocio transnacional con impacto en ciudades de Estados Unidos, donde había colusión entre los tres niveles de gobierno, donde quienes controlaban la zona tenían la posibilidad de generar un operativo como el de esa noche. Daba para decir, bueno, no, es que esto era algo mucho más grande, pero en ese mucho más grande se tiene que explicar que no es el Estado puro y santo de las autoridades frente a una organización social como los estudiantes de Ayotzinapa, porque en medio hay otros actores —los grupos criminales de la zona, las policías municipales, etcétera— que usualmente no estaban en esa explicación, y mucho más que hay que complejizar; pero también se puede explicar que fue el Estado, con lo que se buscaba sobrepasar esa primera explicación que era la verdad histórica y que era limitarlo a algo muy pequeñito.

Pienso en lo que vi en Ayotzinapa. Vi a unos muchachos estudiando. Al final de la conversación uno de ellos, al que le dicen *Malilla*, su nombre de batalla, me dice, nomás que nos digan dónde están.

Como en una novela policiaca, donde hay que resolver un misterio y una vez que se conozca al asesino el misterio está resuelto. Pero esta fórmula desvía del entendimiento del contexto, desmorona toda la politización que se tiene, que es necesaria para entender qué está pasando en México. Sí se tiene que encontrar al asesino, pero también habría que entender los cambios de proyecto económico de nación, las estrategias de explotación de recursos naturales, las decisiones geopolíticas y geoestratégicas regionales, en lo que concierne el manejo de las fuerzas de seguridad del Estado. Claro que necesitamos encontrar al asesino y resolver el misterio, pero ya no es el misterio en sí lo único que se tiene que buscar. La búsqueda del asesino se vuelve la prestidigitación del ilusionista.

Santiago Aguirre me mira con atención detrás de sus lentes redondos mientras le explico mi teoría. El café que los tres estamos tomando ya se ha enfriado. Nuestras manos alrededor de las tazas parecen aferrarse al último baluarte de esperanza.

—Hoy sabemos de la infiltración del Ejército en la Normal. Eso bastaría para hacer un escándalo. El Ejército tenía a miembros suyos inscritos en la Normal para vigilar una escuela rural. ¡Eso es gravísimo! —no me espero un grito tan fuerte. La voz aguda del abogado me sacude con su desesperación—. Y todavía en esta administración, con decreto presidencial, cuando el subsecretario Encinas preguntó la primera vez, ¡el Ejército contestó con una serie de patrañas, Fede! El Ejército, por escrito, ya con decreto presidencial, ya en esta administración dijo: No, bueno, el normalista infiltrado entró a la Normal porque aspiraba a una mejor vida.

—¡No tienen vergüenza!

—Le dieron un equipo de telefonía, reportaba semanalmente con el mando. Bueno, todo eso te habla del Estado que describió Montemayor mejor que nadie.

Mi última pregunta es qué idea tienen de los hechos, después de tantos años acompañando a los padres de los 43. Lo piensa un poco antes de contestar.

—En nuestra interpretación actual nos sentimos más cerca de lo que describe Sergio Aguayo cuando habla de que ha habido una socialización de la violencia que va del Estado a la delincuencia. Yo digo: Ah, eso sí describe a Ayotzinapa, porque todos los perpetradores eran exjudiciales, exmilitares. Porque en el expediente hay declaraciones de que el Ejército capacitaba en el uso de armas a los sicarios, que les vendía armas. Todo eso habla de esa socialización de la violencia que va del Estado hacia la delincuencia. Veo lo que Claudio Lómnitz ha descrito, la rasgadura del tejido social. Veo lo que Guillermo Trejo y Sandra Ley describen en su libro: Esta zona gris donde hay profesionales de la violencia, del Estado, de la criminalidad organizada, que interactúan de múltiples maneras y que van gestando las condiciones de posibilidad de algo así. Ahora, a nosotros nos marcó mucho, Fede, tú estuviste allá, no es algo que no sepas, que después de que los 43 son desaparecidos y sus familias salen, aparece una multiplicidad de familiares en Iguala y sus alrededores. Y lo que aparecen ahí son 220 cuerpos en fosas. Y esos venían de antes de 2014. Había ahí ya un patrón de desaparición tolerado con la complicidad, en el mejor de los casos, tolerado; en el peor, que es en el que nosotros pensamos, con la participación activa del Estado en sus tres niveles, que generó las condiciones donde fue posible que en una noche participara esta red de macrocriminalidad en la desaparición de 43 muchachos.

—¿Entonces cuál es tu balance, Santiago?

Me mira como alguien vencido.

—Nosotros, junto con los padres de Ayotzinapa, además de buscar a los 43, pusimos todas nuestras capacidades, lo mejor que pudimos, para que eso que pasó ahí fuese un punto de inflexión y no siguiera ocurriendo —baja la voz en una reacción instintiva—. Yo creo que perdimos. Yo creo que no lo logramos. Hoy, en muchas regiones del país, las condiciones están dadas para que vuelva a haber un evento así. Ayotzinapa fue un punto de inflexión en muchas cosas. Yo creo que, sobre todo, resquebrajó el relato herencia del calderonato repetido por Peña Nieto de que en algo andaban los desaparecidos. Pero tristemente no fue un punto de inflexión en cómo estas redes de macrocriminalidad están llevándose a la juventud en México. Y hasta el día de hoy, sí, esa es la realidad.

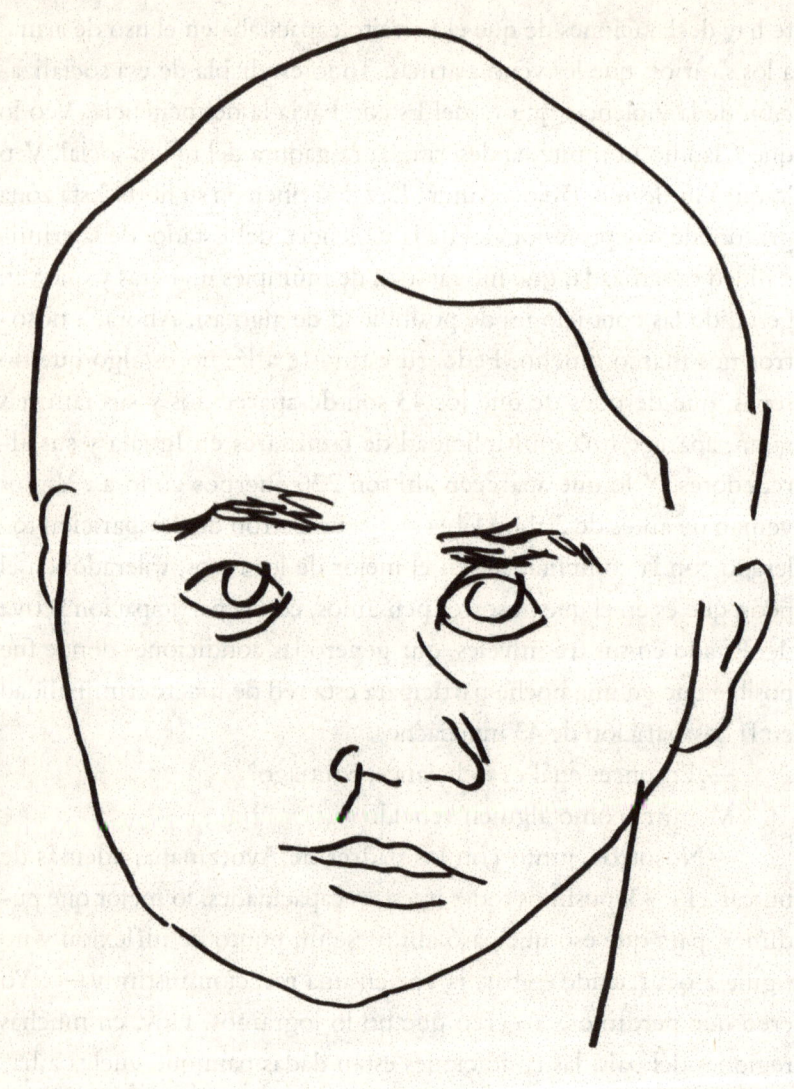

JULIO CÉSAR
LÓPEZ PATOLZIN

XII

Sí se sabe. Y es tan sencillo

—Si te propones investigar al Ejército, en México no hay modo. Ni siquiera la fiscalía… Un sistema de justicia que abdica de entrada de la posibilidad de investigar en los archivos militares está mutilado de entrada.

Blanche Petrich está sentada a una mesita de metal en un pequeño bar en medio de unas pequeñas plantas que decoran un pequeño jardín en un barrio en el centro sur de la Ciudad de México. Reportera hace décadas del periódico *La Jornada*, es una referencia de rigor periodístico. El 2 de septiembre de 2023, el *New York Times* publicó un reportaje[3] en el cual se mencionan interceptaciones telefónicas que involucran al Ejército y la Marina en el caso Ayotzinapa. En el texto los periodistas parten de la mitología del narco,

---

[3] Natalie Kitroeff y Ronen Bergman, "'Es una revelación': miles de mensajes de texto dan nuevas pistas del caso Ayotzinapa", en *The New York Times*, 2 de septiembre de 2023, disponible en https://www.nytimes.com/es/2023/09/02/espanol/ayotzinapa-mensajes-texto.html

la narración de los criminales todopoderosos, tan fuertes que le dan órdenes al Ejército, y se preguntan: "¿Cómo fue que un grupo relativamente desconocido pudo cometer una de las peores atrocidades de la historia reciente de México, con la ayuda de la policía y el ejército que veían cómo sucedía el secuestro masivo en tiempo real?".

La respuesta que se dan es:

> Un amplio conjunto de alrededor de 23 000 mensajes de texto inéditos, declaraciones de testigos y documentos de investigación obtenidos por *The New York Times* formula una respuesta: prácticamente todas las ramas de gobierno en esa zona del sur de México llevaban meses trabajando para el grupo delictivo en secreto, lo que puso la maquinaria del Estado en manos del cártel y neutralizó cualquier obstáculo que se interpuso en su camino.

Es una respuesta inquietante porque a pesar de la evidente subordinación de los grupos delictivos a las fuerzas de seguridad del Estado mexicano, los periodistas Natalie Kitroeff y Ronen Bergman no dudan ni un segundo del relato del Estado fallido e insisten en la construcción de la narración de narcotraficantes todopoderosos que tienen en jaque a las instituciones.

Su lectura sesgada los lleva a formular otra pregunta, y a dar otra respuesta, que explicaría el misterio:

> Hay otra pregunta que los mensajes de texto podrían ayudar a resolver: ¿por qué ejecutó Guerreros Unidos a un grupo de 43 estudiantes que se estaban formando para ser maestros y no tenían nada que ver con el crimen organizado?
>
> En los meses y semanas previos al secuestro, según muestran las intervenciones telefónicas, el cártel se había puesto cada vez más paranoico, asediado por luchas intestinas mortales mientras trataba de defender su territorio ante el avance de sus rivales.

Así que cuando decenas de jóvenes llegaron a la ciudad de Iguala en autobuses de pasajeros —no muy distintos a los que el cártel usaba para contrabandear drogas a Estados Unidos— los traficantes confundieron el convoy con una incursión enemiga y dieron la orden de atacar, según lo que dicen ahora los fiscales.

Los mensajes evidencian una relación estrecha entre las fuerzas de seguridad y los grupos criminales, pero siguen faltando piezas del rompecabezas.

—¿Qué es lo que falta, Blanche?

—Mira, lo que falta es este cachito que nos están escondiendo. Ese pedacito chiquitito es el que nos puede llevar a saber dónde están los muchachos. ¿Cómo puede ser tan absurdo el nivel de ocultamiento? Y sí.

—¿Qué hay en ese cachito? Lo imaginamos, pero no se sabe…

—Sí se sabe. Y es tan sencillo. Desde el primer momento, el GIEI vincula el caso de Ayotzinapa con el caso en Chicago de un narcotraficante de Iguala que está siendo juzgado ahí. Y van, se meten en el caso en Chicago, ven que hay un lote de audios y desde el principio le dicen a Murillo Karam: pidan los audios, son una pieza importante de investigación. No lo hicieron, hasta que vino Omar Gómez Trejo. Él sí pidió los audios, sí los incorporó al expediente, y son esos audios de la relación corrupta del coronel y los demás achichincles de las dos bases de infantería. Que reciben dinero, que dan los permisos, que desbloquean acá, que desbloquean allá. Y se conocía una partecita. Lo interesante del reportaje del *New York Times* es que ahora tienes muchos más audios. Esos son unos audios de otra época. Pero que te explican una parte de la trama. Los otros audios que no quieren soltar son los audios de las llamadas en tiempo real, que estuvo grabando el C-4, que estuvo controlado por el Ejército desde el principio hasta el fin entre marinos, militares y Cisen. Que estuvieron en once puntos la noche de Iguala, en donde ocurrieron los hechos, y días posteriores. Y en el horario donde hay supuestamente el hoyo de información.

—De las nueve y media de la noche hasta las ocho.

—Sí. Pero una cosa es que no estén los audios del C-4 y se perdieran los videos. Otra cosa son las llamadas telefónicas que se hacían entre ellos: "Oye, voy, estoy yendo hacia acá". Y estos desgraciados. Y no sé qué tanto —Blanche imita una voz profunda, de hombre, de militar—. Todo eso, los militares, porque son militares y son sistemáticos y disciplinados, todo lo graban, todo lo guardan, todo lo transcriben y todo lo esconden. Entonces, cuando López Obrador ordena sacar todos los archivos, se les van unos papelitos de esos y el GIEI se da cuenta de que hay información seria, foliada. Está el comunicado 95 en el que dice: "Cumpliendo las órdenes de ayer". Entonces: ¿dónde está el ayer? Ah, no. Pues, es que nos faltan. Entonces tenemos dos cachitos, pero debe faltar tanto. Y este otro tanto. Y este otro tanto. Entonces, no es una especulación. No es una sospecha. Es una evidencia que se tiene de que hay esos archivos. Son otro tipo de audios. No confundir con los audios de Iguala, que son importantes. Pero estos son los audios en los que se deja constancia de qué manera operó el Ejército, la Marina, que es un elemento nuevo, y el Cisen, que es mentira que no estuviera. Sí estuvo toda la noche. Ahí es donde está la información sobre qué se decían y qué órdenes les estaban dando ellos a los Guerreros Unidos de dónde llevar a los muchachos y qué hacer con ellos: dónde quemarlos, dónde matarlos, dónde enterrarlos.

—Y el gobierno no hace luz sobre la resolución del misterio, que sigue siendo el centro de la atención. ¿Dónde están los 43?

—Ese es el misterio, van a encontrar a algunos, ¿o no? En el relato de la Comisión de la Verdad, sigue la trama del narcotráfico, y volvemos a la trama de que el Ejército en realidad estaba resguardando un megaoperativo de opio, de importación de opio, no está en el centro del relato de qué es lo que pasó en Ayotzinapa, y eso es lo que pasó. A esos chavos los desaparecen por eso, porque había un operativo de protección, que estos chavos sin querer pusieron en riesgo. Entonces no pueden contar la verdad porque tendrían que admitir que el Ejército está metido ahí.

—Pero no metido solamente como operadores de nivel raso. Metido en el sentido de gestión de todo...

—¡Claro! ¿Cómo te explicas que hagan un despliegue de fuerza y brutalidad tan impresionante? Los narcos solos, los Guerreros Unidos, no hubieran podido. Y jamás han armado un operativo tan evidente. Se chingan a diez cuando luchan. Y los cachan, además. Al rato ya hubieran aparecido los cuerpos. A lo mejor en condiciones horribles, como Julio César Mondragón. No sé. Pero no mantienes durante diez años el misterio de dónde están y cómo estuvo o por qué.

—¿Por qué es tan importante? Entiendo el tema de no sacar la verdad de este fragmento. Tú dijiste de esa pequeña fracción. Pero ¿por qué no dejar que se sepa dónde están? ¿Cuál es el problema?

—Yo creo, puede ser, que porque la orden de a dónde llevarlos vino del Ejército. Y a lo mejor hasta la logística. Ya ves que dicen que un grupito estuvo dentro del destacamento. Se rumoró mucho que los incineraron dentro. No se sabe. Eso sí no... yo no lo he leído en los informes del GIEI.

—Un grupo criminal puede tener el soldado raso que le obedece posiblemente a un capillo de un grupo criminal, pero si uno sube la cadena de mando, ¿a dónde te lleva esa cadena de mando?

—La cadena de mando se pierde hasta arriba. Y ahí está la respuesta. ¿Qué es políticamente más costoso para ellos? Dejar trunca la investigación y pasar a la historia como Quedó impune y no cumplió una de sus principales promesas, o llegar a la cadena de mando y poner en jaque todo su alegato de la confianza y el valor que tiene para él la confianza en el Ejército para toda la Cuarta Transformación. Obviamente que quede impune, pero con una salvedad: como es muy listo el cabrón, administra y entonces da. Y entonces va a decir: Pero ¿cuál impunidad si ya lo aclaramos? No sé cómo, no sé si van a aparecer los cuerpos o van a aparecer algunos más. Ya se me hace tarde para eso.

—A mí también, porque ya es casi la fecha, faltan tres semanas.

—Sí. Pero, por otra parte, que esa parte es bien triste, si tú comparas lo que estaba pasando en las calles, en el Zócalo, en 2014, mes tras mes, que no faltábamos. Yo creo que esas manifestaciones por Ayotzinapa, por espontáneas, por la furia y todo, son de las más significativas que hemos visto en la ciudad. La fragilidad de Peña Nieto por el caso Ayotzinapa llegó a ser que de veras se dudaba de que pudiera llegar al fin del sexenio. ¿No? Ve cómo cambió, cómo logró este señor cambiar la jugada y entonces ya nadie va a los 26. Vamos a ser muy poquitos este 26. A pesar de la fecha redonda que es. Le va a salir más barato porque le apuesta y además va a ganar la apuesta al olvido, a la poca memoria, a la popularidad, al *momentum* mexicano, o lo que sea.

Me parece amargura la que trasluce de sus palabras. El entendimiento profundo de que de alguna manera, de forma silenciosa, ya se aceptó el costo. A seis meses de esta entrevista, el 1 de marzo de 2024, empezará la campaña electoral de la candidata a la presidencia por Morena, Claudia Sheinbaum Pardo. Ese día se reunirán en el Zócalo de la Ciudad de México miles de personas emocionadas por el arranque de campaña de la que probablemente será la primera mujer presidenta de la República en México. Miles de banderas, miles de sonrisas, miles de corazones.

A un lado de la enorme plaza de armas, justo debajo del Palacio Nacional, hay una carpa. Es la carpa de los padres y las madres de gran parte de los 43 normalistas desaparecidos de Ayotzinapa. Gran parte, porque en los últimos meses las familias se han separado, más bien han sido separadas, en una dinámica de división impulsada de forma directa e indirecta por el propio gobierno del presidente López Obrador. *Divide et impera* decían los antiguos romanos, divide y vencerás. Después de años se ha logrado dividir los intereses de los familiares de los 43. En su unidad consistía mucha de su fuerza.

Es impactante la imagen del Zócalo el 1 de marzo de 2024. Una enorme multitud que coexiste, que se manifiesta a un lado de una carpa cercada de padres y madres. Comparten el espacio físico de la plaza, pero sus caminos aparecen distantes de manera irreconciliable. La multitud ya escogió. Y los padres se quedan cada vez más aislados. En sus redes sociales Blanche Petrich pondrá unas fotos del plantón de los padres de los 43 frente al Palacio Nacional, acompañadas por esta frase: "Y en medio del auténtico entusiasmo no nos olvidemos de este pendiente".

Esto todavía no ha pasado, pero en la entrevista Blanche lo ve venir.

—¿Quién va a estar en contra de lo que significó el cambio de la economía, de un señor para el cual la doctrina neoliberal debía aparcarse a un ladito y generar otra dinámica? El resultado: wow. El discurso de los pobres, hacer patente toda esta mierda de clasismo y racismo que hay en las élites, y muchas otras cosas chingonas, entonces ya está ahí la transformación. Que haya militarización, que tú digas, sí, pero date cuenta, hermana, que la promesa más importante para mí era que no hubiera impunidad en el caso Ayotzinapa. Rompió su promesa de que no haya impunidad en el caso de Ayotzinapa, ya no es tan grave. Ya no vemos el horror que nos provocó 43 muchachos desaparecidos por sus huevos. Pues ya no es tan grave. Ha hecho muchas otras cosas. No lo dicen así explícitamente...

—¿La sociedad está dispuesta a tolerar este costo?

—Sí, sí, sí, definitivamente. Y ahora sí que el tema de fondo ahí es: ¡Oye, pero el Ejército! Antes nos hubiéramos escandalizado de que le regalaran el... administrar de por vida el Tren Maya, ¿por qué? ¿Por qué el aeropuerto? ¿Por qué la Guardia Nacional? ¿A poco antes hubiéramos estado de acuerdo con eso?

—Imagínate recibir ese tipo de información, pero con Calderón o Peña Nieto en la Presidencia. No se hubiera aceptado ni defendido una cosa así. Y, ¿qué pasará dentro de seis años o con un presidente con poco apoyo popular?

—Yo no sé qué va a pasar. Pero me preocupa.

GIOVANNI GALINDO
GUERRERO

XIII

Disputa por la memoria

—Esta es una pieza. Esta es otra pieza. Esta es una cara. Y esta es otra. El hombre sujeta una fotografía en la palma de una mano. Con el índice de la otra señala los detalles. En la foto se ve una estructura geométrica, la superficie lisa. Se entiende que está colocada en medio de una calle. Es roja, más alta que una persona, es un enorme número con un signo "más" que lo precede: +43.

El primer antimonumento.

—Estas son piezas. Primero se arman. Así. Se van armando las caras y luego se va recubriendo. Antes de armarlas, se le mete un antioxidante y el *primer*, si es posible, por si hay una filtración de agua. De hecho, hubo filtración de agua por aquí y estaba lleno hasta aquí de agua. Porque es vacío dentro. Si no, fuera pesadísimo. Hubo filtración en el transcurso de un año o cuando hubo lluvia. Y se tuvo que perforar por aquí para que saliera el agua. Estaba lleno. Y se tuvo que perforar acá. Abajo en la base. Porque, como metales que son vivos, tienen reacciones permanentes.

—Este proceso de armado, ¿quién lo hace? ¿Tú?

—No, yo no. Hay un equipo que lo hace.

El equipo técnico se encarga de construir el objeto a partir de la maqueta; estudiar el comportamiento del espacio, la escala; estudiar alturas, cálculo estructural y al final construcción e instalación.

—¿De cuánta gente se necesita?

—El equipo técnico pueden ser cuatro personas. El ingeniero hace el cálculo estructural, para saber cuánto pesa. Porque de acuerdo con lo que pese en un espacio, si es sísmico, tienes que hacer un cálculo estructural de anclaje sobrado que permita que no se meta en riesgo a nadie. Tienes un 43 gigante, ¿a quién le echan la culpa si se cae frente a un edificio, frente a un carro o sobre una persona?

No puedo evitar una expresión de sorpresa, mi cara debe ser un gran punto interrogativo. El hombre me asegura que todo está calculado para que el antimonumento no se caiga nunca.

—No va a suceder porque el cálculo estructural está hecho para que soporte cuatro veces más de lo que contiene arriba, pero lo tuvimos que construir pensando en que los argumentos del gobierno eran: lo vamos a quitar porque es peligroso.

Recuerdo el día en el que se colocó el antimonumento en Paseo de la Reforma. Lo recuerdo porque yo estaba ahí, junto con los que lo armaron y lo colocaron. Recuerdo también los días previos. El 26 de abril de 2015, habían pasado siete meses y los padres de los 43 decidieron colocar un antimonumento en medio del Paseo de la Reforma. El primer antimonumento.

Es un día de septiembre de 2023. Faltan unas dos semanas para la marcha del 26, en la cual vamos a participar los dos. Estoy sentado a la mesa de un café, frente a un hombre que conozco hace muchos años. Me pide que no ponga su nombre. No suelo avalar el anonimato en el periodismo. Normalmente si alguna fuente no quiere aparecer con su nombre y apellido, respeto la decisión, pero cambio de fuente. Es una cuestión de principios, en un mundo en el que nadie asume las responsabilidades de lo que hace y de lo que dice, evito el anonimato, excepto en casos reales en los cuales está en riesgo la vida y la incolumidad de la fuente.

Llevo años conociendo a este hombre y queriendo entrevistarlo sobre lo que hace. Me ha dicho siempre lo mismo: el individuo tiene que estar subordinado al colectivo. Lo entiendo. Hoy lo enfrento otra vez. Me contesta lo mismo.

—Digamos que yo me llamo Juan.

—Juan, ¿quién eres?

—Parte de la comisión que se arma y se desarma.

Lo dice sonriendo. No entiendo si se burla de mí o si es una sonrisa cómplice. Quiero interpretarlo como si fuera la segunda.

—Bueno, "Juan" —hago el gesto de las comillas, como los gringos. Me avergüenzo—. Yo me acuerdo de ese tiempo: la dinámica, esas reuniones clandestinas, en las que se iban tomando acuerdos, se planeaba la acción, recuerdo varias reuniones en bares, incluso una vez en un bar cerca del Monumento a la Revolución. Pero no recuerdo de dónde surgió la idea del antimonumento.

—Te lo puedo platicar. Pero no hables de mí.

—Voy a hablar de ti, lo que puedo hacer es no mencionar tu nombre, aunque estoy en contra de eso. Puedo fingir que es una entrevista con una persona de la cual yo ni siquiera sé el nombre, ¿me puedes contar ahora?

—Sí.

—No voy a mencionarte, ni siquiera tu cara, nada.

—Nada.

—¿Así sí?

—Sí, yo te puedo decir.

—Ok, entonces tú no vas a aparecer, tu nombre no va a aparecer, ningún nombre va a aparecer, ni Juan ni nada, me caga esto de Juan. Simplemente es una persona sin nombre y sin cara. Es más. Vas a ser un enmascarado. Te voy a poner una máscara. ¿Va? ¿Te parece bien una máscara? ¿De qué la quieres?

El hombre sin nombre me mira divertido y suelta una carcajada.

—No sé...

—¿Qué te parece El Santo?

—Está bien.

—Está bien, El Santo, pues. Ya tenemos un pacto.

—Bien.

—Puta madre qué difícil es...

—Prefiero eso...

—¡Está bien!

—Prefiero eso... Y entonces hablamos.

—Que sí...

—Entendí con toda claridad desde hace mucho... —el hombre crea un silencio dramático— que la fuerza colectiva está por encima de los proyectos individuales.

—Ya te dije que está bien.

Estoy sentado a una mesita redonda, de metal, en un restaurante en el Centro Histórico de la Ciudad de México. Frente a mí, un hombre del cual no conozco el nombre ni la identidad, que lleva puesta una máscara de El Santo. Estoy aquí con él porque lo conozco desde hace muchos años (pero no recuerdo ni su nombre ni su cara) y quiero reconstruir la historia de los antimonumentos.

El 26 de abril de 2015 participé en la instalación del antimonumento de los 43, un 43 enorme, de metal, de color rojo sangre, que fue colocado en el cruce entre el Paseo de la Reforma y avenida Juárez.

—Mira. El 20 de noviembre de 2014 hay una marcha. Había muchas. Muy intensas todas. Para esa fecha, un grupo de amigos queríamos estar en la marcha, cada quien iba a ir por su lado, pero íbamos a vernos en una casa. Ese día se dispara la violencia, llegando a la plancha. Se dispersan. Hay preocupación por algunos. Y había una casa de recontacto para volver a encontrarnos. Pudimos estar completos a la una, una y media de la mañana, todos. Después del susto, pues sale la chela, sale el mezcal, sale el coraje. Y hay un momentito, no es con toda la gente, porque estaba cada quien hablando por todos lados. Y con otros dos camaradas empezamos a hablar sobre el tema de qué hacer. No me acuerdo si fui yo, entre los tres estábamos reflexionando sobre el número, el 43 ya se había convertido en símbolo. Los muchachos lo tenían en la cara, en todos lados aparecía. Solo el 43. Dijimos que había que hacer algo sobre el tema del 43. El numeral representaba a los 43, a los muchachos, pero se estaba convirtiendo en una pesadilla para Peña Nieto y su gobierno. Se nos ocurrió poner un 43 frente al Palacio Nacional, era el fruto de la rabia, pero un compañero que acababa de dejar su trabajo en el gobierno federal nos dijo que era imposible. Se habló de materiales distintos, de papel, de plástico, hasta de lonas. Luego este compa nos dijo que Peña Nieto, todos los días cuando venía al Palacio Nacional, siempre pasaba por Paseo de la Reforma. Esa era su ruta. Siempre pasaba por ese cruce, entre Reforma, avenida Juárez y Bucareli.

El cruce de *El caballito*. Ese horrible, enorme, monumento amarillo del escultor Sebastián.

—Desde el inicio lo teníamos claro, y lo seguimos teniendo, el involucramiento del Ejército; y el GIEI nos lo viene a reconfirmar con toda claridad. Pero ya meses después se hablaba de que varios celulares de los muchachos habían aparecido en los cuarteles militares. Y también pensábamos que el Ejército pasa por esa calle en el desfile militar, e iban a ver eso, tenían que ver eso. También sabíamos que esto no se iba a hacer sin avisar y tener el visto bueno de los padres y los normalistas. Un día de finales de diciembre de 2014 los padres apoyaron el proyecto.

Así se va organizando la acción, pero la información completa la tenían muy pocas personas, era un proyecto secreto, dentro de lo posible. Lo sabía el colectivo que lo iba a realizar, los papás de los normalistas, algunos amigos periodistas, los directivos de algunas organizaciones. La gran parte de los normalistas no sabía lo que iba a pasar.

—Solo sabían que iba a haber una acción en la que se requería hacer un círculo de seguridad.

Recuerdo que dinero no había, así que se organizó una donación para juntar los recursos necesarios para comprar los materiales para la construcción y la cimentación.

—Me acuerdo de que pusieron una barra de metal abajo que se clavó en el suelo —le digo, tratando de recuperar en mi memoria los eventos de hace tantos años.

—Aquí está.

El hombre enmascarado me quita la pluma de las manos, agarra mi libreta y empieza a dibujar.

—Está el sitio… —dibuja en mi libreta—. Pero esto había que anclarlo y entonces se hace una especie de riel. Se hace así —dibuja el riel—. Y aquí se pone placa.

—Exacto, había unas placas.

—Había unas placas así, este creo que era PTR de calibre 12, o diez. Esta es una placa de media. Estas tenían placa aquí.

—Sí.

—Estas placas ya venían perforadas. Y estas se embonan aquí. Ajá.

Los rieles se colocaban en un hoyo para asegurar las placas bajo tierra, a las cuales se iba a anclar la base de metal del monumento.

—Aquí venían colados, se había colado en botes de pintura de 20 litros esta madre de cemento. Bajamos todo el material en chinga y algo se quedó en el camión.

—Es cierto. Se quedó la leyenda en el camión.

La leyenda decía, y sigue diciendo: "¡PORQUE VIVOS SE LOS LLEVARON, VIVOS LOS QUEREMOS!".

—La leyenda se quedó en el camión. El chofer habla y habla que lo detienen a seis cuadras. Y entonces vamos con él y va alguien de derechos humanos para discutir con la policía. Nosotros pensábamos que iba a ser una acción de protesta, que si duraba un día, tomamos la foto y ya está. Leemos el comunicado con los padres para pedirles si lo quieren firmar. Y los padres firman el comunicado, lo leen ellos.

Es brutal el contenido que tiene el comunicado: el antimonumento está destinado a quitarse.

La noche del 20 de noviembre se dio la discusión sobre el nombre de antimonumento. Tenía que ser algo que estimulara la discusión sobre el espacio público, algo que pudiera ser todo lo contrario de un monumento: un antimonumento.

—El tema existe desde hace mucho tiempo, pero, como estrategia dentro del circuito del arte, no salía de las galerías. Sí, ponía en discusión el mercado del arte, pero esto lo saca a la calle y le cambia el sentido. Fue hasta que ya se tenía avanzado el proceso de construcción cuando pudimos poner fecha para la acción. Tuvimos reuniones con organizaciones sociales que acompañaban. Había que hacer bola y tener una capacidad de respuesta frente a una posibilidad de violencia.

—Era muy presente este tema: qué hacer frente a una respuesta violenta.

—En Guerrero se había radicalizado mucho la situación, se planteó boicotear las elecciones, se planteó atacar al Ejército. Atacarlo en el sentido de protestar allí y apedrear. Hay una famosa foto de un padre con la honda, es muy bonita esa foto, pero muy brutal.

—En el camino decidieron poner el "más" en el antimonumento, antes del número 43. ¿Cómo fue eso?

—Es muy importante lo del "más". Había una sensación de trato diferenciado a las familias y nosotros teníamos que hacer el esfuerzo por mandar un mensaje, si no unificador, al menos, que tomara en cuenta el antes y el después. El "más" viene a poner la reflexión de que antes de los 43 había desaparecidos, después de los 43 sigue habiendo desaparecidos. Hablando con las familias fue fácil encontrar el acuerdo. El problema era más bien que tres días antes de la acción todavía no sabíamos si el piso tenía equipamiento urbano, es decir, tenía cableado, o había cemento.

—Si no me equivoco era tierra nada más, ¿no?

—Era tierra, sí.

Ahora está lleno de muchas flores, árboles, había una milpa que ya no está, pero se sembraron plantas que han crecido mucho, se ha modificado el espacio urbano y parece un pequeño jardín salvaje en un espacio completamente urbano. Si uno llega por el Paseo de la Reforma desde el Castillo de Chapultepec, el enorme +43 rojo no se ve en un principio. Se ven las plantas que crecen y esconden el antimonumento.

Pero para revisar el suelo, el hombre enmascarado fue unos días antes, en secreto, con una pequeña comisión del colectivo. Una misión nocturna.

—Teníamos que revisar. Entonces fuimos, de noche, con unas varillas y marros, nos pusimos ropa del gobierno de la ciudad para que no nos reconocieran. Varillas con punta a picar el lugar para ver qué nivel de profundidad teníamos, para ver si la resistencia del anclaje era suficiente. Habíamos conseguido camisas de barrenderos, gente que hace aseo en la ciudad. Estábamos haciendo eso, un sábado en la noche, y se acercó la policía, ahí hay mucha cámara, se acercó la policía diciendo que qué estábamos haciendo. Dijimos que estábamos haciendo un estudio de permeabilidad del suelo. ¡Una mamada! Jajaja.

Ríe fuerte al recordar la escena. Mima el gesto de cavar un hoyo en la tierra con una varilla imaginaria.

—¡Un estudio de permeabilidad del suelo! ¿Qué es eso? Entonces le dijimos: Venimos de la Delegación a hacer un estudio de permeabilidad del suelo. Eran como tres policías y una camioneta. Dijimos nada más eso, con toda claridad cavando los cuatro puntos largos que permitían tomar las medidas. Necesitábamos una profundidad de más de 50 centímetros para el anclaje. Según los cálculos toda la chamba tenía que hacerse en menos de tres horas.

La "chamba" consistía en llegar, bajar del camión el antimonumento ya hecho, cavar un hoyo en medio de la avenida más importante y más transitada de la Ciudad de México, instalar la pieza con seguridad y cubrir el hoyo. Todo en menos de tres horas, con toda la policía encima. Para cubrir la operación se necesitaba una maniobra diversiva.

—El evento no estaba contemplado. El evento que generalmente se hace cada 26… su ruta, si la checas, todavía es del Ángel de la Independencia al Zócalo. Después, por alguna razón, decidieron quedarse en el Hemiciclo a Juárez, desde hace ya mucho tiempo. Esa fue la única vez que el evento sucedió en otro lado, y se decide, como estrategia, hacer un evento de carácter cultural.

El evento cultural fue una invención pura. Se invitaron poetas, escritores, líderes sociales, teatreros, en pocas palabras: gente que hablara, denunciara sobre el tema, leyera poemas, un evento político-cultural frente a la Lotería Nacional.

—En realidad ese evento se hizo específicamente para cubrir la acción. El camión, ahora lo podemos decir, el camión llegó un día antes, estuvo en un lugar guardado, y a las siete de la mañana el camión se colocó detrás del Frontón México. Nosotros habíamos hecho el recorrido previo, habíamos hecho un mapa para saber cuál iba a ser la maniobra de llegada y cuál iba a ser la acción. Si el punto clave era aquí, y aquí tenías la Lotería Nacional, acá está el Monumento a la Revolución, aquí está el Frontón México. El camión se decidió estacionar justo aquí. Y dentro ya tenía el… —se emociona el hombre; recordando esa mañana, le brillan los ojos— dentro estaba todo, sí, todo, todo. Para cuando a las siete de la mañana llegamos y nos estacionamos, teníamos policía aquí, teníamos policía acá, entre las calles, teníamos policía acá, hicimos todo este recorrido —lo dice dibujando en mi libreta el recorrido desde el Monumento a la Revolución hasta el cruce de *El caballito*—. Como era domingo, a las dos de la tarde se iba a quitar la ciclovía. Para cuando termina, a las dos en punto, ya estaban compañeros sincronizando, enlazados para formar los círculos de protección. El camión iba a dar vuelta así —dibuja una curva que entra sobre Reforma—. Marabunta iba a estar desde aquí —coloca la punta de la pluma en un punto en un mapa imaginario, en su memoria, dado que mi libreta está casi en blanco—. Y en cuanto vieran que el camión está a punto de cruzar la calle y estacionarse aquí —frente al palacio de la Lotería Nacional— empezaba todo.

Me mira concentrado. Mueve suavemente la pluma entre los dedos. Su mente está en otro tiempo, en otro lugar, en un evento que se hace presente frente a él, y ahora frente a mí.

—Llegamos a las dos y diez. No me acuerdo quién estaba hablando, creo que Jesusa Rodríguez. La comisión de instalación ya estaba definida, la comisión de seguridad, la policía estaba en todo alrededor, los compañeros que iban a estar con mantas o tratando de saber qué sucede en las radios ya estaban instalados. Y esto sucede... tienes razón, no llega a tres horas, sucede como en dos, no más, sucede como en dos.

—¿Qué pasa después? Estaba contemplado, pero no nos daban las fuerzas de quedarnos a dormir ahí, así que alguien dice, nosotros nos quedamos, hay que quedarse, es Marabunta. Marabunta se queda hasta el día siguiente a las siete de la mañana. Recuerdo que llego yo a las siete y ya estaban a punto de irse, nos despedimos, y empieza a construirse algo que no lo teníamos pensado nadie, que es lo que tú pensabas que iba a ser, lo que uno pensaba que iba a ser un acto de protesta y que lo iban a quitar al día siguiente. Al día siguiente por una extraña razón no operan. Intento explicarlo. El fenómeno mediático hace que le pongan una especie de paraguas protector y que le midan. El gobierno midió si iba a haber una especie de afectación mayor, mediática, en la imagen de un asunto de represión, y no lo quitan. Y empiezan a pasar los días, son más o menos 15 días, me acuerdo de que si no todas las noches, muchas, muchas, al menos casi todo un mes, Jaime Avilés y yo nos veíamos ahí. Decíamos:

Vamos a ir, vamos a vernos ahí para ver qué ha pasado, si hay riesgo de que lo quiten.

Objeto que se instala en el espacio público, en la medida que pasan los días, se consolida como parte del paisaje como un objeto que se integra dentro del entorno y compite con lo que está alrededor. Pero no solo eso. Si el objeto que se instala, que puede ser una escultura o un ornamento, está bien hecho, si está con la escala y la proporción humana frente al paisaje y el entorno, cobra una fuerza simbólica que permite ser por un lado respetada y por otro adoptada como símbolo.

—No estorba a los peatones, fuimos muy cuidadosos, no agredir visualmente. El "Más 43" fue un golpe muy acertado, muy eficaz, muy contundente. Pero también hay otra cosa, hay un vacío legal que permite que se les complique a ellos. Está el derecho a la protesta, la libertad de expresión está en la Constitución.

Después de la colocación del antimonumento se da la discusión pública sobre el tema de quién tiene derecho a poner o quitar algo del espacio público. ¿Quién les dio el derecho para poner eso? Y ¿a quién le pertenece el espacio público?

—El antimonumento está anunciando un hecho de impunidad y desnudando el carácter autoritario del gobierno. Además, la misma Constitución está dando el derecho a la libertad de expresión y a la protesta. Todas las otras razones de la autoridad son mucho menores y sin sentido frente a esto. Eso ya está ahí y lo peor para el gobierno es que podemos considerarlo como un acontecimiento fundacional, porque ahora, con la toma de las dos glorietas, la gente, las organizaciones de familiares y colectivos, no simbólicamente, ya con hechos concretos, le han arrebatado la narrativa de todo lo que significa Paseo de la Reforma con sus monitos de bronce que tienen. Hay una historia paralela a la narrativa oficial. Este tipo de acciones demuestran la mala fe de la autoridad, porque no tiene voluntad para avanzar en los casos, ni mucho menos cerrarlos, pero sí quieren impedir que la gente haga acciones de memoria, y el resultado es que tiene ya todo Paseo de la Reforma tomado.

—Las acciones que se hacían en el pasado, marchar con pancartas y mantas, se acabaron, se gastaron como recurso para llamar la atención ya no solo frente a la autoridad, sino frente a la posibilidad de la comprensión de la sociedad, de la gente que está en la calle y se va a cruzar contigo. Recuerdo cuando se pintaron las fuentes de rojo en la Ciudad de México, como protesta por las masacres y los asesinatos.

Me mira concentrado. Lo recuerda también, porque también estaba ahí, este hombre sin rostro, que ha participado en gran parte de los movimientos sociales de las últimas décadas desde el arte, que concibe el arte como un trabajo social, que tiene que estar en la vida de la gente, que tiene que servir al pueblo.

—Yo he reflexionado un poquito… de preferencia una acción efímera vale la pena, pero a lo mejor la construcción de un objeto físico, incómodo, tangible, permanente, que se queda, aunque no se solucione el problema o el acontecimiento, tiene que quedar como una advertencia de un suceso. El caso de los bordados de paz, el caso de las huellas de la memoria o el caso de los antimonumentos son objetos tangibles que están permanentemente ahí y que tendrían que preservarse como patrimonio de la memoria, de la sociedad, más que ser chupados o domesticados por parte del Estado.

Detrás del hombre se entrevé una miniatura del antimonumento. El colectivo decidió hacer miniaturas en escala y venderlas para financiar en parte los proyectos, pagar los materiales. La conversación sigue. Le pregunto, como lo he hecho en otras ocasiones, si al instalarse en la calle, resignificando el espacio público, no terminan volviéndose ellos mismos parte de la narración, que con el tiempo va a ser asimilada, va a perderse en medio de las narraciones, va a ser chupada, como dice él.

—Siempre el Estado quiere domesticar la protesta. El gobierno quiso dar un premio de derechos humanos a los antimonumentos. Pero nosotros se lo devolvimos. Querían saber a quién darle la medalla. Y nosotros se la devolvimos, le dijimos, sí, van a ir las mamás de los 43 al Congreso, van a ir las madres de ABC, van a ir los mineros. Si quieren dar medallas, pues ahí están, pero ellos quieren la tribuna para hablar. Dijeron no, no. Y no se hizo. Como esto es una propuesta que cuestiona sucesos no cerrados en términos de justicia, de verdad, de memoria, incluso el reto es: hay que quitarlos en la medida en que se solucionen los problemas, está planteado desde el primer momento, está destinado a quitarse, es una protesta. Puede ser, y te doy la razón, en el sentido de que con el paso del tiempo se va a perder la conciencia social. Hasta ahorita mismo, no hay que esperar mucho tiempo. Si hacemos una encuesta y preguntamos a la gente, va a decir: ya estaba desde hace no me acuerdo cuánto, no sé qué significa o sí sé qué significa porque está ahí, "Vivos se los llevaron y vivos los queremos". Pueden dar muchas respuestas. Alguien le dijo a un periodista de *El País* que el antimonumento siempre estuvo ahí. Había sido instalado un día antes.

—Es que siempre estuvo aquí.

—No se puede hacer una ley de memoria sin solucionar primero los acontecimientos. Como lo dijeron las madres de Plaza de Mayo: si usted quiere hacer sitios de memoria, que caminen paralelos a los juicios a los perpetradores. Pero aquí en México ni el gobierno federal ni el gobierno local tienen autoridad moral para hablar sobre leyes de memoria y construir pendejadas como lo están haciendo.

Me interesa mucho el tema de la narrativa, de la mitología, cómo se construyen y se oponen los mitos. Y la pugna por el espacio público es una disputa entre narrativas distintas para que una prevalezca sobre la otra: el Estado que quiere imponer una narrativa para colocar ciertos hechos dentro de una construcción de la memoria para la ciudadanía, y las fuerzas que resisten, la rechazan y ocupan el espacio para que se construya otra narrativa. Es una disputa por la memoria.

—Sí, es cierto. Hay una disputa de la memoria, no porque se quiera disputar de manera caprichosa a ver quién tiene la razón. Es una disputa porque hay razones y porque hay un acontecimiento y porque lo que está frente a la disputa de la memoria, lo que está frente a eso, quien es el interlocutor frente al Estado, son las víctimas. Unas víctimas a las que no les han solucionado.

—La guerra por establecer quién detiene la memoria.

—Sí, esto es una guerra y la guerra la tiene que parar la población, la sociedad civil. Los esfuerzos de construcción de objetos concretos o de objetos de memoria, sí es un reclamo directo al gobierno, pero están pensados para cuestionar y apelar a la sociedad, que entienda la sociedad, que el desaparecido cualquiera... los muchachos del cine de Guadalajara, los muchachos normalistas o pongamos el hijo de Ana Enamorado, o cualquiera, es un integrante de la sociedad y que nos hace falta, que es alguien en el espacio común que habitamos. Tenemos que asumir a los desaparecidos como a alguien que forma parte de un espacio común nuestro, hay que integrarlos como parte de la familia, como alguien que nos preocupa. Si no, no vamos a salir de la guerra. Es una guerra. Al menos eso dicen los números: equivale al desastre de una guerra civil. Y a mí lo que me preocupa, lo que tú acabas de decir hace rato, me daría coraje que el gobierno chupe eso para desestructurarlo y desbaratar su potencia de denuncia.

—Pero por otra parte va disminuyendo la participación de la sociedad. Se ve en las marchas en apoyo a las familias de los 43. Se va reduciendo la participación de la gente.

—Lo más doloroso es que la sociedad no se mueve. Otro ejemplo es la marcha de las madres el 10 de mayo. En teoría si hay 100 mil desaparecidos en México, mínimo tendría que haber un representante por familia afuera en la calle. Pues no llegamos a 5 mil en la calle. No llegamos. Híjole, algo está mal. La sociedad no se está moviendo, pero tampoco las familias.

Cae un silencio entre el hombre enmascarado y yo. Todavía quiere contarme algo, para que yo entienda la magnitud de su decepción, de su falta de esperanza. Como si no lo hubiera entendido ya. Es como si se quitara esta máscara que no trae puesta.

—He tenido la mala suerte de ver a algunos padres mientras salían de un encuentro con López Obrador. Le pregunté a Cristina Bautista, una de las mamás de los 43, cómo les había ido. Me dijo: Mira, es que ya no sé qué pensar, pero salimos tristes. Le estaba diciendo yo al presidente que el Ejército no está soltando la información y, pues estábamos enojados, le dijimos con fuerza, y entonces el presidente, que tenía a su lado un militar, abraza al militar y nos dice: A ellos yo les tengo toda la confianza.

BERNARDO FLORES
ALCARAZ

XIV

La máquina del tiempo

Sigo dándole vueltas a lo que aparece y es una simple relación de hechos. La acción de un momento determinado, los hechos, que estamos desmenuzando hace diez años, se petrifican, se cristalizan, se detienen. Pertenecen solo a ese momento. Pero un momento y no los demás, un hecho, un acontecimiento, puede condicionar todo el resto de nuestra vida. Y la vida de los demás. Leo a Josefina Vicens y me habla. Justo hoy, desde el pasado profundo de una vida ajena, desde su literatura. Me habla de ese evento aislado y petrificado en el pasado justo después de haber acontecido: "Las circunstancias que lo motivan desaparecen, jamás vuelven a presentarse, todo cambia, todo va quedando atrás, todo va cayendo en la sombra, y aquel acto sigue a nuestro lado, a nuestro paso, como si lo lleváramos de la mano hasta nuestro propio entierro".

Todo va cayendo en la sombra, pero nuestras sombras aquí siguen, a nuestro lado, a nuestro paso. Como si las lleváramos de la mano hasta nuestro propio entierro.

Hace algunos años, debe haber sido antes de la pandemia que vino a revolucionar nuestras vidas, estaba yo bajando en taxi de Santa Fe, un barrio al occidente de la Ciudad de México, hacia el Centro. En Santa Fe conviven las clases más pobres y las clases más ricas de la sociedad mexicana. Hay muchas oficinas, empresas, universidades privadas, en la parte más rica. Chozas con techo de lámina o casas abusivas amontonadas, en la parte más pobre.

Venía con mi hijo, que en ese entonces tenía unos ocho o nueve años. En el taxi mi hijo leía un libro de Emilio Salgari que le gustaba mucho, un libro de piratas y aventuras, *La reina de los caribes*.

Yo le venía diciendo que a mí también me gustaba mucho Salgari, que, igual que él, también lo leía de niño, que era increíble como había podido inventar y escribir tantas novelas de aventura en tan poco tiempo sin conocer los lugares en los que ambientaba sus historias, porque nunca había viajado, pero hablaba de tierras y mares lejanos. Y eso que en su época no existían los celulares, ni Google Maps, ni el internet, porque los había escrito hace más de cien años.

Él seguía leyendo, sin hacerle mucho caso a mis palabras.

A un cierto punto, cansado de leer y aburrido por el tráfico de la hora pico, levantó la mirada y me dijo, serio: Los libros son como una máquina del tiempo. Los escritores ponen ahí sus palabras y las leemos nosotros cien años después.

Y sí. Salgari nos estaba hablando. A nosotros en persona, a él. Escribió esas palabras y las dejó ahí para nosotros, en la máquina del tiempo. Superó la muerte para entregarnos su pensamiento.

Hay personas que han dejado sus palabras en la máquina del tiempo y las quiero recuperar, porque quizás estaban hablando con nosotros.

Un día de primavera Carlos Montemayor se invitó a comer a mi casa, en Italia.

Había participado en un encuentro académico que yo había ayudado a organizar, cuando trabajaba con mi maestro, el periodista

Gianni Minà. Montemayor había dado una clase magistral, aunque se le pedía una simple ponencia. Salió al sol del patio de la facultad de Sociología de la Università La Sapienza. Se puso a platicar con la gente que estaba en el público. Entre ellos estaban mis padres, que habían querido participar sin hablar español y sin ser expertos de los temas del evento. Mi mamá quiso acercarse a felicitar a Montemayor. Él le preguntó de dónde era, porque captaba su acento y mi madre le contestó que de Venecia.

El rostro de Carlos Montemayor se iluminó y empezó a hablar de comida veneciana, aventurándose en un italiano mixto al español, con gran gusto de mi madre, la cual, después de unos minutos, le dijo que ella cocinaba los platillos que él conocía, que si quería podía invitarlo a comer. Carlos Montemayor, sin dudarlo, aceptó la invitación.

El día después el gran escritor, estudioso, académico, estaba sentado a la mesa de mi casa, comiendo con gusto pasta con frijoles a la veneciana, polenta blanca con *spezzatino*, un guisado de carne que se acompaña muy bien con la polenta, y hablando de ópera, de los pueblos de Italia, de México.

Hice esta digresión porque yo, naturalmente, no tenía idea, en 2005, de lo que representarían las palabras y los pensamientos de ese hombre jovial, coqueto, extremadamente divertido, en mi investigación de veinte años después sobre la desaparición forzada.

Pero al leer sus palabras, atrapadas en la máquina del tiempo de sus libros, supe que me estaba hablando a mí, o esto quiero creer, que su voz no se había apagado, que sus razonamientos eran parte del discurso que había empezado aquella tarde del 23 de noviembre de 2005 en Roma, comiendo polenta, tomando vino y hablando de ópera.

Las palabras que me estaba enviando, 13 años después de su muerte, son estas:

> La violencia desplegada en estos operativos suele ser innecesaria desde la perspectiva de las víctimas, no desde la perspectiva de los elementos

militares o policiacos que efectúan el cateo. Porque la violencia extrema tiene una finalidad específica más allá de enfatizar la sorpresa y la superioridad armada: tiene como propósito amedrentar de inmediato, a fin de facilitar las aprehensiones ilegales de veintenas o centenares de hombres, mujeres y niños, incluso de ancianos.

En estos operativos, particularmente en la contrainsurgencia militar, cuando no es posible aún la captura de dirigentes notorios o ya ubicados, se efectúa una peculiar selección de estas multitudes aprehendidas: los jóvenes o los hombres capaces por su edad y constitución física de luchar como guerrilleros o de participar en alzamientos regionales.

Las aprehensiones numerosas facilitan varias cosas: la penetración en todas las habitaciones de las casas para detectar rápidamente armas, equipos, pertrechos, alimentos, propaganda o dinero. A estos detalles técnicos y tácticos se debe la imposibilidad de distinguir entre el robo, el despojo, la destrucción indiscriminada y lo que esos elementos y sus jefes quisieran que víctimas y analistas llamáramos solamente "inspección". La secuela de devastación, robo y ultraje es connatural a la inspección y a la aprehensión multitudinaria.

Varias son las funciones de este tipo de aprehensiones colectivas. Primero, en la ocupación militar o policiaca contrainsurgente, amedrentar a la población ultrajada y saqueada para "disuadirla" de continuar en la "violencia" social. Segundo, ubicar combatientes. Tercero, identificar dirigentes. Cuarto, retener a familiares de combatientes o de dirigentes. Quinto, seleccionar candidatos para la tortura, la desaparición forzada, la consignación penal o la liberación por falta de pruebas. El más largo corredor en esta represión es la tortura.

Pues bien, quizás puede bastar esta descripción sucinta para situar en otros contextos el valor político y militar de tal tipo de operativos. Uno de los más visibles o evidentes deriva de su naturaleza táctica: la imposibilidad de que sea una acción improvisada. Se trata de un operativo que no puede surgir por azar, sino de un estudio, balance o planeación previa. Es importante reiterarlo: requiere de planificación anticipada.

Segundo, son resultado de una coordinación de varios sectores administrativos y políticos. O sea, requieren de la anuencia, coordinación o disposición de poderes municipales, estatales y federales, de agentes del ministerio público federal, de jueces, de servicios médicos, de fuerzas complementarias y de autoridades carcelarias. Esta coordinación multisectorial tampoco puede ser improvisada inopinadamente.

Un aspecto más deriva de los dos anteriores: no son operativos de alto riesgo militar ni policiaco, pues la sorpresa y la superioridad de armamento, más los estudios previos para su aplicación en las zonas ya vigiladas y analizadas, no suponen una resistencia peligrosa ni real. Son operativos de amedrentamiento y sometimiento inmediato. Pero lo notable de estos operativos es, en cambio, su alto riesgo político. El mensaje social que operativos así encarnan es de tal magnitud que no pueden aplicarse sin un mandato de las autoridades políticas. Es recurrente en la historia de este tipo de acciones el discurso demagógico para deslindar a la autoridad política de la autoridad policiaca o militar. Esto explica y torna necesaria una coordinación más: la de los medios. Es muy útil el silencio, la complicidad e incluso la distorsión generada por televisión, radio y prensa escrita.[4]

---

[4] Carlos Montemayor, *La guerrilla recurrente*, Debate, 2007, pp. 73-74.

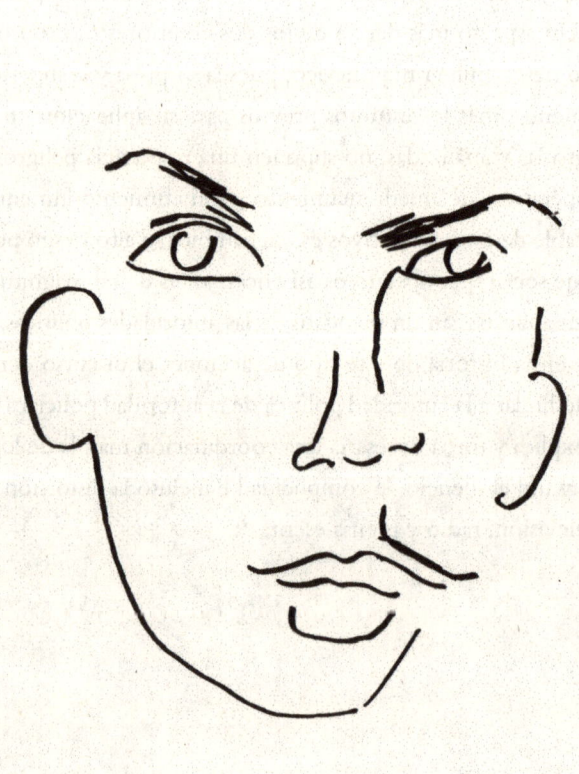

LUIS ÁNGEL
ABARCA CARRILLO

XV

Ese día el viento soplaba muy fuerte

Hay una película muy conocida que habla de desaparición de personas, pero casi nadie lo sabe. La película se llama *Sen to Chihiro no kamikakushi*, de Hayao Miyazaki. En 2003 ganó el premio Oscar como mejor película de animación. En español le pusieron *El viaje de Chihiro* y en inglés *Spirited Away*. Con esos títulos era imposible entender el verdadero significado de la historia y las referencias profundas en la cultura que la crea. Además, el mismo Hayao Miyazaki ha declarado en varias ocasiones que él, cuando escribe una historia, piensa en un público japonés, no en un público internacional.

Pero el título original quiere decir una cosa muy precisa: Sen y Chihiro hechas desaparecer por los dioses. La palabra *kamikakushi* indica la imprevista y misteriosa desaparición de individuos atribuida a la intervención de seres sobrenaturales o divinos. Literalmente significa "escondida por una deidad". Y en el folklore japonés, este acontecimiento bizarro y doloroso, está muy presente. En la mayor parte de los casos de desaparición se pensaba que la persona desaparecida hubiese sido borrada por los dioses (*kami*). Es indicativo y poderoso, sabiendo eso, que una desaparición de personas se transforme, en la narración generada por un título de película, en un simple "viaje".

Es para investigar sobre este extraño tipo de desaparición que conseguí el libro de *Leyendas de Tôno*, del antropólogo Yanagita Kunio. En este relato de hace más de un siglo, recopilado a partir de las narraciones orales de un anciano habitante de Tôno, un pequeño pueblo situado en la prefectura de Iwate, en el norte de Japón, Yanagita Kunio relata varias historias en las cuales los habitantes son víctimas de *kamikakushi*. Son historias breves, presentes todavía en las narraciones populares y en el imaginario colectivo de un pueblo del Japón rural de los primeros años del siglo XX.

Me detengo en una, la número 8. Leo:

> En muchas zonas de Japón, a la hora del crepúsculo, mujeres y niños que están jugando en el exterior desaparecen frecuentemente de forma misteriosa (*kamikakushi*). En la casa de un campesino de Samuto, en el pueblo de Matsuzaki, una joven desapareció dejando sus sandalias de paja a los pies de un peral. Un día, 30 años después, cuando familiares y vecinos se habían reunido en su casa, la joven reapareció muy avejentada y demacrada. Cuando le preguntaron cómo había vuelto por allí, ella respondió:
>
> —Solamente quería volver para ver a todos. Ahora me iré de nuevo. Adiós y que les vaya bien.
>
> Así volvió a desaparecer, sin dejar rastro alguno. Ese día el viento soplaba muy fuerte. Incluso en la actualidad, la gente de Tôno sabe que los días que sopla un viento fuerte cabe la posibilidad de que la anciana de Samuto regrese al hogar familiar.

Es frecuente que en los casos de *kamikakushi* las mujeres que desaparecen durante muchos años, cuando vuelven o son encontradas casualmente por alguien, a menudo en un bosque o en una gruta, cuenten que han tenido varios hijos del *kami* que las desapareció, pero que él se los lleva y se los come. Casi nunca vuelven, y, si lo hacen, la experiencia de la desaparición ha cambiado su vida para siempre.

Busco en los mitos una respuesta. Busco un patrón. Algo que explique. Pero el mito nunca explica nada, al contrario, deja la mente con más confusión, con incertidumbre, que levanta nuevas preguntas.

Desde hace miles de años los pueblos de Japón narran la existencia de espíritus y deidades que viven cerca de los humanos. Hay fronteras que separan el mundo de los humanos del mundo divino, *Shin'iki*, en el cual viven los dioses. Para evitar que espíritus y deidades, que pueden traer de igual manera la buena y la mala suerte, atravesaran fácilmente los confines, se erigían barreras, llamadas *kekkai*, que tenían varias formas: podían ser *kamunabi* (lugar en el que se encierra un dios), *himorogi* (cercado divino), *iwakura* (asiento de piedra), *shimenawa* (cuerda delimitante). Esas barreras volvían esos lugares unos *kinsokychi*, territorios prohibidos. Al mismo tiempo servían para mantener alejados a los humanos, para que no entraran por error en territorio divino.

Al inicio de la película de Miyazaki, Chihiro llega en auto a un bosque, su papá está manejando muy rápido, y la niña ve desde la ventanilla unas pequeñas estatuas de piedra. El auto se tiene que detener al llegar a unas columnas y a una puerta que da a una galería. Ahí es el *kekkai*, la frontera que no tienen que superar los humanos, el límite después del cual está el mundo de las deidades.

Los padres de Chihiro deciden cruzar esa frontera, a pesar de que la niña prefiere no hacerlo, y al entrar en el mundo de los espíritus, se comportan de manera irrespetuosa, comiendo de manera desconsiderada toda la comida que pueden, lo que causa que se transformen pronto en dos grandes cerdos.

Chihiro entonces empieza un viaje absurdo, que la lleva a las entrañas de ese mundo, para lograr liberar a sus padres antes de que se transformen definitivamente en cerdos.

Su desaparición acontece, pero no es percibida por sus padres, ni es recordada por ellos al final, cuando logra liberarlos después de muchas peripecias.

El significado profundo de *kamikakushi* es entonces la repentina y misteriosa desaparición de individuos, debido a su abducción por algún ser sobrenatural, a la cual se pueden agregar algunos detalles más: los secuestrados a menudo eran niños o jóvenes; solo si la persona desaparecida no era encontrada después de una búsqueda extensa por parte de vecinos y familiares y no reaparecía después de unos días, se hablaba de *kamikakushi*; el ser sobrenatural secuestrador generalmente se explicaba como algún habitante de la montaña, deidad o *tengu* —una gran criatura con apariencia humana, nariz picuda y alas frecuentemente asociada con los ascetas de las montañas—; el peligro del *kamikakushi* es particularmente alto en invierno y durante la temporada de cosecha; los lugares típicos del *kamikakushi* eran áreas donde la civilización humana colindaba con bosques deshabitados, regiones montañosas o arroyos; algunos de los secuestrados regresaban, ya sea con alguna deficiencia mental o para contar historias sobre viajes maravillosos a países extraños.

Por lo tanto, el *kamikakushi* era a menudo la creencia un tanto consoladora de que un miembro de la familia desaparecido no había sufrido un accidente terrible, sino que había sido llevado a un viaje largo e interesante y que incluso podría regresar algún día. Definir que una persona desaparecida se había reunido con *kamikakushi* tuvo el importante efecto psicológico adicional de poner fin al periodo de búsqueda ansiosa, permitiendo a los familiares lidiar con su pérdida y nombrar y culpar a un culpable.

***

No es para hablar de cine animado japonés que invité a Héctor Cerezo a mi casa. Hace tiempo le prometí que le prepararía una pasta, pero nunca mantuve mi palabra. Así que, con la excusa de cumplir mi promesa, lo invito a mi casa para platicar. Estamos sentados en la mesa de mi sala.

—Héctor, ¿me ayudas a entender qué es la desaparición forzada de personas?

—Sí.

—También quisiera que me hables del porqué es utilizada como estrategia política de represión.

Héctor se acomoda en la silla, me mira a los ojos, como suele hacer con las personas, enfrentándolas de forma directa.

—La desaparición forzada es considerada como la más grave violación a los derechos humanos, como un crimen en contra de la humanidad, porque tiene una naturaleza muy específica, a diferencia de otros tipos de desaparición. Hay desapariciones por extravío; por ausencia; desapariciones voluntarias: alguien se va y no dice adónde; por desastres naturales: el avión cayó al mar y hay desaparecidos, no los encuentran. Pero la desaparición forzada tiene una naturaleza específica y tiene un objetivo también específico, que es generar terror en la población. Ese es el principal objetivo, es un mecanismo de control, de disciplina social, que, a través del terror, lo que busca es paralizar a la sociedad, inmovilizarla, desarmarla políticamente, anímicamente, socialmente. Esa es la principal característica.

Héctor Cerezo habla con calma, con claridad. Lo interpelé para que me ayude a organizar ideas y para razonar sobre algunos conceptos que hemos discutido varias veces a lo largo de los últimos diez años. Héctor, junto con sus hermanos, es uno de los miembros del Comité Cerezo, una organización de trabajo dedicada a la defensa y promoción de los derechos humanos de víctimas de la represión por motivos políticos en México, con un carácter civil, autónomo, laico e independiente.

Héctor y yo hemos participado en muchos foros. Siempre he apreciado en él la coherencia y la precisión de su análisis político, aunque no necesariamente coincidimos en algunos aspectos. Sobre todo, su lectura del fenómeno de la desaparición forzada de personas me parece muy precisa y capaz de colocar esta práctica en un contexto político y social muy amplio.

Hemos compartido mesa en varias ocasiones, en eventos ligados a las actividades del Comité Cerezo, pero también en actividades de sensibilización sobre el tema de la desaparición forzada de personas. El libro *Vivos se los llevaron*, publicado por el Comité Cerezo en 2019, es, a mi manera de ver, uno de los mejores textos sobre desaparición forzadas de personas. Claro, puntual, completo.

Héctor sigue con su razonamiento.

—Ahora bien, la desaparición forzada nunca viene sola. Cuando se lleva a cabo es que alrededor, antes, paralelamente, hay ejecuciones extrajudiciales, hay masacres, hay tortura, hay detenciones arbitrarias, hay desplazamientos forzados, hay todo un kit, diríamos, de la represión política. Nunca va solita. Cuando se presenta tenemos ya desarrollada una política de represión. Y la desaparición forzada en otros países también, pero en México tiene varias características. Una: es generalizada; porque en la mayoría de los estados del país sucede. Dos: es sistemática; porque tiene un plan, o sea sí hay gente que planea, que se dedica a desaparecer personas, sí hay grupos especializados, de inteligencia y operativos que están desapareciendo gente. Y a diferentes sectores. Tradicionalmente como una política contrainsurgente: su origen es en contra de la disidencia política: comunistas, socialistas, guerrilleros. Y luego se va ampliando a todos aquellos que apoyan a los disidentes políticos, y luego se va a ampliar a otros sectores de la población. Para nosotros es importante el 2006 en México porque es cuando la desaparición forzada se masifica. Nunca ha dejado de existir, pero sí, sin abandonar esta clave contrainsurgente, en contra de la disidencia política armada y no armada, se empieza a utilizar como un mecanismo de control en contra de migrantes, en contra de mujeres trabajadoras, en contra de campesinos indígenas o donde se considere necesario desplazar gente, o inclusive en la misma pugna por el control y tráfico de drogas.

—¿Por ejemplo?

—Por ejemplo, cuando el Estado va a combatir a ciertos cárteles y a los otros los va a apoyar, va a utilizar la desaparición forzada en contra de lo que considere su enemigo, sea el que sea.

Para la Convención Internacional para la Protección de Todas las Personas contra las Desapariciones Forzadas de las Naciones Unidas, la desaparición forzada de personas tiene que reunir tres características: que haya una detención, legal o ilegal, eso no importa; dos: que esa sustracción o detención sea a manos de agentes del Estado, funcionarios, servidores públicos, o particulares con la aquiescencia, el consentimiento de autoridades del Estado o bajo la lógica de una política estatal; y tres: que las autoridades nieguen el hecho, o se nieguen a dar a conocer el paradero real de las personas desaparecidas. Cuando se dan estos tres elementos en una desaparición, es posible hablar de una desaparición forzada.

—¿Qué es lo que ha pasado en México y en otras partes del mundo? Que los Estados violan los derechos humanos por comisión, o sea lo ordenan directamente por acción, por omisión cuando no cumplen sus obligaciones, pero también se inventaron la violación de derechos humanos por aquiescencia, que es a través de terceros. Y esa violación de derechos humanos implica menor costo político de sus acciones. Yo no fui, fue el narco. Yo no fui, fue la delincuencia organizada. Yo no fui, fueron grupos de manifestantes.

La aquiescencia es la principal forma de violación a derechos humanos en México en el tema de la desaparición forzada y para eso se utiliza a los grupos del crimen organizado.

—Genaro García Luna[5] está ahorita preso por narcotráfico y delincuencia organizada. Lo que hizo él y a través de los grupos del crimen organizado con los cuales estaba coludido son desapariciones forzadas. El gran problema es documentar el nexo entre esos grupos, aparentemente particulares, del crimen organizado, sin nexos con el

---

[5] Fue secretario de Seguridad Pública durante el gobierno de Felipe Calderón Hinojosa (2006-2012).

Estado, con las desapariciones, demostrar la relación con el Estado. La mayoría de las desapariciones quedan como desapariciones a manos de particulares, a manos del crimen organizado.

En México, a partir del año 2006 se ha asentado una política generalizada de desaparición forzada que ha involucrado a amplios sectores de la sociedad. No se trata solamente del acto de desaparecer personas, sino no investigar los casos, no sancionar, no adecuar las mismas leyes para enfrentar el fenómeno, un fenómeno que no está reconocido en su totalidad.

Antes de avanzar me parece importante reconstruir la historia de esta práctica en la historia reciente de México, para entender cuál es su vínculo con la actualidad y con lo que ocurrió en 2014 en Iguala. Le pregunto a Héctor.

—¿Cómo se ha utilizado la desaparición forzada en la historia reciente de México después de la época que conocemos como guerra sucia?

—En la época de la llamada guerra sucia o del terrorismo de Estado, que se enmarca en las políticas de represión de toda América Latina, en contra de una disidencia armada, no armada, socialista, comunista, progresista, la desaparición forzada es un método de detención, tortura, eliminación de grupos que se consideraban enemigos del Estado. En México se da con las mismas características, la misma escuela norteamericana viene aquí a desarrollarse. Esa escuela efectivamente derrota a la mayoría de los movimientos armados en México, entonces baja la intensidad de esa práctica, porque probablemente casi exterminan a todos. A los que no exterminaron los cooptaron y entraron a ser parte del Estado. La desaparición forzada es uno, pero no es el único de los caminos. De plano al que no quiere ser cooptado, rendirse, cambiar, a ese sí. A los demás, pues siempre va a haber una opción para poder seguir viviendo. Hay un hilo conductor desde los años sesenta hasta los noventa: los generales. Mario Arturo Acosta Chaparro y Francisco Quirós Hermosillo, operadores del terrorismo de Estado en los años sesenta y setenta, vuelven a resurgir: los vuelven a llamar en el 94-96 para encabezar el combate a los grupos subversivos, con toda su experiencia. Pero, desde los sesenta hasta los noventa, ¿qué más hicieron esos generales? Ah, bueno, todos estaban metidos en el narcotráfico, el robo de autos. Como premio a la lucha contrainsurgente, les dieron el control de las rutas del narcotráfico cuando la marihuana estaba en su apogeo. En el 2006, Felipe Calderón vuelve a llamar a estos generales, ahora con la llamada guerra contra el narcotráfico. Es cuando hay un punto importante de inflexión, porque la desaparición forzada en ese momento se generaliza a otros sectores de la sociedad.

—Pero ¿por qué?

—Porque venía una etapa de profundización del neoliberalismo en México y había que imponerlo a sangre y fuego. Enrique Peña Nieto pudo aprobar las doce reformas estructurales de sus dos primeros años de gobierno sin tanta oposición ¡porque ya había ocho años de guerra contra el pueblo! Ya, golpes, golpes, golpes. La desaparición forzada, del 2006 hasta la fecha, tiene una característica bien documentada: 60 o 70 por ciento de las desapariciones forzadas en contra de luchadores sociales y activistas fueron en contra de fundadores, coordinadores, directores. Sí hay una política de descabezar al movimiento popular, social, indígena. Eso fue el objetivo específico de la desaparición forzada de 2006 a la fecha. No se utilizó, hasta Ayotzinapa, de manera masiva en contra del movimiento popular organizado, pero sí se utilizó de manera selectiva. Muchas de las organizaciones del movimiento popular fueron descabezadas. Además, hicieron que cambiaran: las muy radicales se volvieron menos radicales, las menos radicales, moderadas y las moderadas se volvieron progobierno.

—¿Quién operó esta política de desaparición forzada en contra del movimiento?

—Pues esos generales. Acosta Chaparro terminó siendo ejecutado en la Ciudad de México y fue el enlace de Calderón con el narcotráfico. Al ampliar a otros sectores de la población la desaparición forzada, al masificarla, se necesitaba una estructura operativa. Entonces, 2006, tienen la experiencia contrainsurgente, la siguen aplicando en contra de la guerrilla, la siguen aplicando de manera selectiva en contra del movimiento popular, lo descabezan, pero ahora tienen objetivos más amplios: disciplinar a la sociedad para que acepte las políticas neoliberales y para que los que luchan dejen de luchar, porque hay que profundizar un proyecto económico. Es poco estudiada la relación entre políticas neoliberales y desaparición forzada, que pasa por una política de seguridad pública, seguridad nacional, seguridad interna.

En este marco se coloca la desaparición forzada de los 43 estudiantes de Ayotzinapa. Es parte de una historia que la contiene, pero a la vez, para muchos, se ha vuelto un momento extraordinario, un parteaguas que le permitió a la sociedad, o a una parte de ella, darse cuenta de la política represiva del Estado.

Como el ataque a las Torres Gemelas de 2001 o la caída del muro de Berlín, yo recuerdo también el día en que me enteré de los hechos de Iguala. Recuerdo que estaba en casa, y la primera persona que me avisó fue una abogada del Centro Prodh que, en lágrimas, me dijo: "Algo pasó en Iguala. Algo horrible acaba de pasar. Se llevaron a unos estudiantes de Ayotzinapa".

También Héctor recuerda bien dónde estaba y qué estaba haciendo ese día.

—Nos llegó la noticia en la comunidad indígena de Santa Fe de la Laguna, Michoacán. Estábamos trabajando en la audiencia final del Tribunal Permanente de los Pueblos, cuando los compañeros normalistas de Tiripetío nos dan la noticia. Ellos son los primeros que nos dicen: acaban de desaparecer estudiantes. Fue esa misma noche. El discurso inicial fue: el narco, el narco se los llevó. Y nosotros decíamos: no fue el narco, fue el Estado.

—¿Cómo explicas esa claridad de los normalistas y de muchas organizaciones en decir inmediatamente que había sido el Estado?

—Ahí no hubo duda. Y no había muchos elementos, que después se supieron. Tiene que ver con la historia de la Normal, su articulación con las organizaciones locales y estatales. Cada Normal tiene una red de apoyo de organizaciones, que a lo mejor entre sí no se llevan, pero que apoyan a las escuelas. Afectaron a gente organizada, con unas redes estatales fuertes de movilización social. No le pegaron al más moderado, sino al movimiento más radical, articulado con organizaciones populares, indígenas, de maestros.

Se metieron con luchadores sociales. Este es un aspecto que en las narraciones se ha ido diluyendo, olvidando. Es el carácter distintivo de las Normales: jóvenes luchadores sociales por el socialismo. Como demuestran los informes del GIEI, que también el Comité Cerezo toma como referencia dentro de las muchas versiones de los hechos, se reprodujo en Iguala el mismo *modus operandi* del Estado mexicano en muchas de las desapariciones que se habían dado en las décadas anteriores: participación del Ejército, de la policía federal, de la policía estatal, municipal y grupos del crimen organizado.

—¿Por qué en primera línea estaban grupos del crimen organizado?

—Para evitar que sea el Estado quien desaparece de forma directa. Así no fue el Estado, fue el narco, fueron grupos criminales, peleas entre ellos. Ese discurso ya se venía dando, se había consolidado en la opinión pública. Así, cuando sucede lo de Ayotzinapa, inmediatamente esa maquinaria mediática y del Estado empieza a repetir: es que eran estudiantes revoltosos que molestaron a narcotraficantes porque a lo mejor traían droga... entonces los narcotraficantes se vengaron de los estudiantes... ahhh, pero aparecen también videos de la policía municipal, videos de la policía estatal... del Ejército... ah, bueno, entonces vamos con la teoría del Estado fallido.

—¿Cuál es la teoría del Estado fallido? ¿Me la explicas?

—Que el Estado está debilitado, rebasado, y el narcotráfico está infiltrado en el Estado. Esto se dijo con Ayotzinapa: el narco controla la policía municipal. Ah, pero es que también la estatal... ¡también controla la policía estatal! Pero la f... ah, también controla la policía federal. Ah, pero también el Ejército estuvo... ah, también controla al Ejército y al 27 Batallón de Infantería, el batallón especializado en contrainsurgencia en Guerrero desde los años sesenta. Tanto ha infiltrado el narcotráfico al Estado mexicano fallido, minado, rebasado, que hasta mandan a los generales. Y mandaron a los generales a que ordenaran la desaparición forzada de los 43. Siendo esta la situación, ¿qué necesitamos en México?

—¡Pues que se intervenga con más fuerza, con más seguridad!

—¡Exacto! Si tú sigues esta explicación, la consecuencia lógica es mayor seguridad, mayor militarización, mayor vigilancia. Y la gente, la academia, las organizaciones, que ya venían con ese discurso, encuentran una explicación lógica de lo que pasó: el narcotráfico es tan poderoso que ordena a los generales expertos en contrainsurgencia que desaparezcan a 43 estudiantes. Y viene a la par la criminalización de los normalistas, que tampoco era nueva. Si nosotros rastreamos en ese año, en las redes, en los periódicos, ya estaba en marcha la estigmatización de los normalistas, no solamente de Ayotzinapa: de Tiripetío, de Tenería, de Mactumatzá. Una campaña de descrédito en contra del normalismo, incluso desde ciertos sectores de la izquierda. Porque son salvajes, son rudos, radicales. En Ayotzinapa participaron todos los órdenes de las fuerzas de seguridad del Estado.

—¿Por qué?

—El móvil es la gran discusión. El porqué. Y ahí sí vamos a encontrar muchas teorías. Un elemento que hay que estudiar es la forma en que el Estado veía a la Normal. No podemos decir ni asegurar que en la Normal eran radicales, eran guerrilleros o eran del narco, porque no nos consta. Lo que sí podemos saber es cómo el Estado veía a esta Normal, a través de las mismas filtraciones que han surgido: que era radical, que tenía nexos con los grupos armados. Así los veía y los vio siempre. En consecuencia, la política hacia la Normal de Ayotzinapa vamos a meterla no en contra de la delincuencia organizada, vamos a meterla en la clave contrainsurgente. Es otra lógica. Y quien lleva la lucha contrainsurgente en México, desde los años setenta hasta la actualidad, es el Ejército, en la sección II, la sección de inteligencia y contrainsurgencia del Ejército. Los mismos que estuvieron enterados en todo momento de lo que estaba pasando. Claro, con el consentimiento del presidente de la República, no es que lo hagan solos. Una Normal que era considerada foco rojo por el Ejército mexicano. Incluso el tema de la droga se vuelve algo intrascendente. Pudo haber sido cierto o no. Porque si nada más hubiera sido eso, recuperar los camiones porque tenían droga, no se explicaría tanta exageración, la desaparición forzada e incluso lo que vino después. Que es otra de las características de la desaparición forzada.

—Y ¿qué pasa después de la desaparición?

—Pues que el Estado mexicano oculta, miente, inventa una verdad histórica, y hasta la fecha mantiene en la impunidad a los operadores, a los tomadores de decisiones. Porque en una desaparición de esa magnitud en tiempo real, ¿quién dio la orden? Inclusive si somos bien ingenuos, inocentes, y decimos que las fuerzas de seguridad del Estado no fueron, pues sí supieron. Y supieron en tiempo real. Entonces, ¿por qué no lo evitaron?

En el sexto informe del GIEI se afirma:

> **Colaboración directa: variaciones sobre la participación y complicidad de las autoridades con Guerreros Unidos**
> Mientras todo eso estaba sucediendo, las corporaciones tenían orden de investigar lo que estaba pasando desde el inicio de esos ataques mediante una orden de la Procuraduría General de Justicia del Estado de Guerrero (PGJE); mientras distintos servicios y agentes de inteligencia tenían conocimiento y estaban transmitiendo lo que sucedía a sus superiores, por lo que conocían tanto la actividad de los jóvenes como el ataque brutal de que estaban siendo objeto con disparos de armas de

fuego, detenciones violentas incluyendo las de los choferes de los camiones y destrozos de los vehículos por parte de la policía; mientras se sabía del ocultamiento de lo que estaba sucediendo en el diálogo con autoridades municipales y el comportamiento violento de las policías contra los estudiantes, siendo Policía Estatal, Ministerial y Federal testigos y partícipes en los diferentes escenarios; mientras todo eso estaba pasando, ninguna intervención de protección se dio en esas horas.

—Y si vemos la cadena de mando, va a subir hasta el presidente de la República. Ahora. El 27 Batallón militar y su historia contrainsurgente. ¿Quiénes estaban ahí? ¿Qué personas eran? No era el soldado raso. No era cualquier guarnición perdida en un desierto. Si juntamos todos estos elementos, vamos a encontrar una desaparición forzada. Ayotzinapa es el *modus operandi* de la mayoría de las desapariciones forzadas en México. Lo que desnudó fue una forma de operar que ya se venía operando, pero que no se había mostrado con esa claridad y crudeza. Eso es uno de los aspectos más importantes para entender, para seguir entendiendo, las desapariciones forzadas. Si buscamos un mapa de la República y lo ponemos por estados, división política, ¿qué encontramos? En Guerrero, ¿cuántas desapariciones? ¿Y en Michoacán? Si tú pones por zonas militares, y ligas zonas militares con desapariciones forzadas, vas a encontrar más lógica.

La investigación posterior ha mostrado que en el escenario del Palacio de Justicia estuvieron además de policías de Iguala, policías municipales de Huitzuco, policías estatales y policías federales con sede en Iguala, y otros miembros pertenecientes a otras instituciones, como Policía Ministerial y Estatal, [...]. De ese escenario, un grupo de policías municipales de Iguala se llevó a un grupo de jóvenes, mientras tres patrullas que llegaron de Huitzuco se llevaron a otro grupo.

[...] además de los municipales, policías estatales y federales participaron directamente en los hechos, observaron las agresiones a los estudiantes y al chofer, y durante años negaron haber visto u oído nada, declarando que, en sus conversaciones con policías municipales de Iguala, estos les aseguraron que "todo estaba bien". La participación de dichos policías de ambas corporaciones queda acreditada tanto por prueba técnica como testimonial en el Palacio de Justicia.

—El presidente López Obrador en campaña electoral en 2018 había prometido que se iba a resolver el caso Ayotzinapa. Al final de su mandato, en 2024, acabó defendiendo al Ejército.

—López Obrador ha sido muy claro. Hay que hacerles caso a sus palabras. Cuando él dijo "no olvido, pero sí perdono". Esa frase marca el inicio de su sexenio. No vamos a olvidar lo que se hizo, sí sucedió. Pero hay que perdonar. ¿A quién iba dirigido el perdón? A quienes perpetraron eso, fundamentalmente el Ejército. ¿Qué le está diciendo Obrador? Deja de hacer eso, o al menos no lo hagas en mi sexenio, o al menos yo no te voy a ordenar que lo hagas y ya. Estamos en paz. Hay un perdón institucional, una amnistía no oficial, *de facto*, contrario al estándar internacional, al derecho de las víctimas, para no confrontar los intereses del Ejército. López Obrador quiso reconstruir el Estado benefactor, conciliar las clases, que el rico sea rico, pero no tan rico y el pobre pues no sea tan pobre. Él sí cree que se puede reconciliar a la sociedad. Y al Ejército le dice: en lugar de ponerte a matar, matar, matar, mejor ponte a construir. Claro que a largo plazo es sumamente peligroso lo que hizo. A lo mejor López Obrador efectivamente no ordenó que el Ejército matara o desapareciera, torturara y violara. ¿Y el que viene? ¿Y el que en doce años venga? No hubo consecuencias legales, éticas, mediáticas de lo que hizo el perpetrador. Con este mensaje puede volver a hacerlo en cualquier momento. No solamente en Ayotzinapa, sino en muchos casos que estamos llevando, siempre el límite o el muro o donde ya no hay avances, es cuando llegas al Ejército. Punto. Cuando llegas al Ejército, ya no hay avance. ¿Qué es lo que se ha logrado, incluso con Ayotzinapa? Que algunos de los integrantes del Ejército, probablemente de bajo escalafón, empiecen a ser arrestados o estén siendo investigados. Hasta ahí ha llegado Ayotzinapa y todos los demás casos. Mientras no exista voluntad real del presidente, del gobierno federal, de llegar hasta las últimas consecuencias, no tendremos ni verdad, ni justicia, la memoria será la que ellos escriban, con el riesgo de que vuelva a suceder en cualquier momento.

—Para los familiares, para los sobrevivientes y luego en general para la sociedad, ¿qué sería aceptable como solución de este caso?

—Que dejaran de existir desapariciones forzadas en México. A la mejor no conseguimos todo lo demás: la verdad, la justicia, la memoria, la reparación integral. Pero si se logra que no se cometan nuevas desapariciones forzadas, creo que sería un respiro para la sociedad. La sociedad podría decir: todavía tenemos una deuda pendiente, histórica, pero al menos hemos logrado que no existan nuevas víctimas. Y eso es algo que no ha pasado en México todavía.

—La imposibilidad de resolver el enigma lleva a una especie de suspensión. Misterios de Estado que nunca se han resuelto. ¿Por qué pagar el costo político que deriva de no saber dónde están los 43? ¿Por qué es imposible encontrar siquiera los restos? Encontrarlos desactivaría esta angustia que están viviendo las familias y la misma sociedad.

—Porque el costo es mínimo. Y a nivel de votos: ¿cuál costo? ¿Cuántos votos me va a quitar esto para la elección de 2024? ¿Voy a perder las elecciones porque no resolví lo de Ayotzinapa?

—¿Cuál es la ventaja?

—Mantener el equilibrio con el Ejército. No pelearse con el Ejército. El presidente ha sopesado: ¿me voy a la verdad? Pues voy a tener que enfrentarme al Ejército y encerrar a generales por Ayotzinapa.

—Estás diciendo que incluso el decir dónde están los 43 automáticamente implica…

—Hay familiares que dicen: no queremos ni siquiera la verdad, ni la justicia, nomás que nos entreguen el cuerpo, que nos digan dónde están. Es más, nosotros vamos por ellos. Ajá, se oye bien, pero en donde te los entreguen va a haber más preguntas. En donde te digan que están, va a haber más preguntas. Quién los llevó ahí, cómo los llevaron ahí, qué les hicieron. Es lo que el presidente no quiere. Si se comprueba que quemaron e incineraron a varios normalistas en el 27 Batallón, ¿eso qué implica? Que no lo supo el comandante militar, y no lo supo la Sedena, y no lo supo ningún aparato de inteligencia nacional, internacional. Obvio que todo el mundo lo supo. Es más, hasta lo ordenaron. Entonces no es tan fácil. Sí lo intentaron cuando la identificación de los primeros dos restos y lo lograron en cierta medida. Desmovilizaron cierta parte, tal vez no directamente de los familiares, pero cierta parte de la sociedad, que dijo: bueno, ya están muertos. Y la otra gran pregunta importante que no nos hacemos es no solamente el porqué, sino ¿el Estado logró o no su objetivo al desaparecer a los normalistas? Regresamos a lo anterior: Normal, identificada como foco rojo, subversivos, rijosos, etc. ¿Cuál era el objetivo de desaparecer a 43 normalistas de una Normal de esas características? ¿Qué querían que pasara? ¿Y qué pasó? Da pa' una tesis doctoral, ¿no?

—Hay quien interpreta y dice: fue una serie de errores y de estupideces hechas. A lo mejor alguien dijo: estos son los indeseables, nadie va a defenderlos, o se nos fue de las manos la reacción en su contra.

—Te doy una pista, Fede: ¿cómo está la Normal de Ayotzinapa políticamente ahora? ¿En su discurso, en su objetivo, en su política?

—Dímelo tú, ¿cómo está?

—Jajaja, no puedo contestar porque están todavía los normalistas ahí. A ver, la lógica contrainsurgente: la desaparición forzada es para eliminar a la disidencia política. Ese es el objetivo. Generar terror a ese sector con el objetivo de desmovilizarlo, destruirlo o hacer que cambie sus objetivos. Desactivarlo, quitarle la radicalidad. Si era muy radical, que sea radical, luego medio-radical, luego moderado y luego que participe conmigo. Así, corriendo el movimiento, cercándolo. ¿Quién lleva el caso Ayotzinapa?

—Pues está Tlachinollan, el Centro Prodh.

—¿Cuál es su discurso en el caso de los 43? ¿Siguen apoyando a la Normal de los 43? Si hacemos un análisis político, hay resultados buscados de manera intencional por el Estado.

—A ver si entendí. Estás diciendo que las organizaciones, al tomar el caso, de alguna manera ayudarían a redimensionar las demandas y las estrategias políticas de los normalistas. ¿Es correcto?

Sonríe con una expresión socarrona. Luego sigue.

—Protesten, pero ya no quemen camiones. Protesten, pero ya no pinten. El énfasis no es: desaparecieron a jóvenes normalistas socialistas, campesinos, que estaban luchando, muchos de ellos, por el cambio y la transformación social en México.

—Esto me lleva a otro tema. A partir de 2006 hay un proceso de desactivación, despolitización discursiva de la desaparición forzada. Una suavización de la lucha social. Y luego la discursividad de ciertas organizaciones de derechos humanos que tiende, o *de facto* lleva, a una despolitización, y pone en el centro los derechos humanos, pero de una forma neoliberal como requiere la agenda progresista occidental.

Héctor asiente mientras hablo. Y sigue mi razonamiento

—Mira, Fede, en nuestra concepción, los derechos humanos son una herramienta. No es la única, nosotros decimos, tal vez ni sea la mejor. Es una más que tiene el pueblo. Movilizadora, jurídica, mediática. Una construcción de los derechos humanos que ya desde el inicio ha pasado por las madres de Plaza de Mayo, por cultivos de Guatemala, México... Unos derechos humanos que el pueblo se ha apropiado de ellos, los utiliza de manera distinta. Pero siguen siendo una herramienta que utiliza el pueblo, las organizaciones políticas, sociales, indígenas, es algo que le sirve para visibilizar, para parar un poco la represión. El problema es que cuando los derechos humanos dejan de ser esa herramienta del pueblo organizado para, desde los derechos humanos, agarrar al movimiento como tu herramienta, se supedita o se intenta supeditar al movimiento social, popular, indígena, etc., o a las víctimas, a tu concepción de derechos humanos, sea buena o mala, a tus intereses y vas a encajonar a ese movimiento en un discurso y en una forma. No estoy diciendo que sea buena o mala, pero tú te conviertes en la mano que utiliza esa herramienta. No es el movimiento popular que utiliza los derechos humanos. Entonces el gran riesgo, y les ha pasado a muchas organizaciones, es eso: que dan apoyo, porque sí apoyan, pero a costa de un cambio de concepción y de discurso. ¿Y eso al final a quién favorece? Pues al que cree que los derechos humanos son lo mejor. El que cree que hay que transformar a la sociedad va a decir: antes luchábamos contra el capitalismo y por el socialismo, y ahora solamente luchamos por verdad y justicia. Que no es malo, es bueno, pero eso que era un medio se convierte en un fin. Más que despolitización es adoptar una concepción política distinta. En el sentido más clásico, digamos que pierden conciencia de clase, en términos ya antiguos (se le escapa una carcajada). Pierden esa conciencia de clase, esa perspectiva revolucionaria transformadora del país, del mundo, y ahora el objetivo es el mundo de los derechos humanos.

—Unos derechos humanos neoliberales, que no rompen con el capitalismo. Desde hace años me pregunto por qué razón las grandes expresiones transnacionales del capitalismo tardío, grandes corporaciones, o grandes filántropos, empresas, fundaciones, son los que impulsan esta lectura de los derechos humanos.

—Hay corrientes que sí creen que hay que perfeccionar al Estado. Dicen: estamos en un Estado capitalista, sí, y puede ser lo mejor posible. Hay que democratizarlo más, debe haber más justicia, y sí se la creen. En eso coinciden con López Obrador: ser conciliadores, entre la víctima y el perpetrador. Así como entre el burgués y el obrero hay que conciliar, también trasladan eso a victimario y víctima. Esas concepciones sí creen que son el contrapeso al Estado. O sea, cuando el Estado capitalista se pasa de lanza o viola sus propias leyes, ahí estamos como defensores de derechos humanos para decirle: no, mira, mataste, desapareciste... no deberías de hacerlo o crea una ley, crea instituciones, crea miles de cosas para que no vuelva a suceder. Pero dentro de ese Estado y bajo esas reglas del Estado liberal capitalista. Esa es una de las concepciones mayoritarias de los derechos humanos en México y en el mundo. Cuando las organizaciones que razonan así toman cualquier caso, cualquier víctima, efectivamente van a ayudarlos, van a utilizar todos sus recursos en esta idea de conciliación, y de perfeccionamiento de un Estado, que no es perfecto porque viola derechos humanos. Nosotros decimos: si se quedan hasta ahí está bien, no hay problema. El problema es que la víctima adopte ese discurso si no lo tenía. Si ya lo tenía, tampoco hay problema, pero cuando no lo tenía, lo adopta. Porque ese es el costo. Te ayudo, ¿pero a cambio de qué?

—Del alma...

Se ríe Héctor frente a la imagen que acabo de enunciar de un pacto con el diablo.

—Pues tú lo has dicho, yo no.

—Pero eso también implica beneficios reales para las víctimas y sus familiares...

—¡Claro! Por supuesto, Fede.

—No es necesariamente un engaño en el cual yo te robo el alma y no te doy nada. Sí te doy algo tangible también que puede ser...

—... abogados, expertos, difusión... capacidad mediática, interlocución con autoridades...

—Y obtención de algún tipo de justicia en algunos casos.

—Pero ¿a cambio de qué? ¡De tu alma política! Ojo, no es que no ayuden. Sí ayudan. Es más, hasta la Iglesia ayuda, da comidas, consigue pasajes, tiene una red de psicólogos, hospedajes... ¡Claro! esto no es lo que se cuestiona. ¡Y qué bueno! Ojalá hubiera muchas más instituciones que hicieran eso. Pero no tenemos que perder de vista que la perspectiva de los derechos humanos también es un actor político. Y los derechos humanos no son neutrales.

—Me parece que muchos de los activistas no ven todo el panorama. Trabajan con buena fe y piensan incluso que están retando al Estado, no pienso que son…

—… pura maldad, ¿no? Jajaja. Esos son los límites de los derechos humanos. Incluso en su versión más noble. Porque los derechos humanos te dicen: el fin último es la verdad, que sepas qué pasó, quién lo hizo, donde están, que eso quede en la memoria, que se haga justicia, investigación, procesamiento, que haya reparación integral del daño, que el gobierno, muy perverso, siempre lo reduce a dinero. Y lo más radical a lo que puedes llegar son las medidas de no repetición: qué tiene que hacer el Estado para que eso no vuelva a ocurrir. Es necesario trascender ese discurso para efectivamente llegar a exigir al Estado la verdad. Y eso va a ser una lucha política completamente. Porque puedes tener los datos, los expertos, los hechos, pero si no tienes la fuerza política para obligar al Estado a que ceda, no lo vas a lograr. El costo político que generas es aceptable, es administrable para el Estado. Nosotros al menos no encajonamos a las víctimas en ese discurso de los derechos humanos. Decimos: los derechos humanos son una herramienta, pero, mira, hay otras, como diez más y las que tú puedas inventar. Pero ¿cuál es el objetivo final? ¿La verdad de tu familiar? ¿La verdad de tu familiar, pero con una transformación social? ¿La verdad de tu familiar, pero con una transformación revolucionaria de la sociedad? Y ahí va a cambiar el sentido de tu lucha. Se tiene que trascender el discurso de los derechos humanos y entrar a la arena política, para obligar al Estado mientras lo transformas a que ceda al menos la verdad o la justicia.

—¿Tú crees que sea posible?

—Ahorita no. Y hay varios fenómenos: por ejemplo la cooptación. Hay unos que por consciencia, organizaciones, ONG, en el amplio movimiento de la izquierda en México que sí cree en López Obrador, se subieron al barco de la 4T, algunos por buenas intenciones, otros por necesidad. Eso debilitó a la izquierda independiente, más radical, combativa, anticapitalista, socialista. Digamos que con

López Obrador tenemos más verdad que con Peña Nieto, pero no es toda la verdad. Y también hacen una operación cicatriz: van a querer cerrar, hasta cierta verdad. Y se acabó. Sigue una operación contrainsurgente contra Ayotzinapa, que no ha cesado. Ha cambiado. Siempre al Estado le va a dar mayor beneficio dar dinero y cooptar que matar. Ya hicieron lo primero y ahorita están en la otra operación. Eso no va a terminar. Va a depender de la misma fortaleza que tenga, o no, Ayotzinapa.

—¿Y tú crees que tiene esa fortaleza?

—Potencialmente sí. Y la ha tenido.

—Pero, a partir de lo que tú dices, se perdió contundencia.

—Puede recuperarse. Siempre tienen el potencial, tienen todas las condiciones para volver a su origen, pero la tienen difícil porque están en el centro de una operación de Estado a todos los niveles. Atravesada con la crisis de la izquierda. Pero no solo Ayotzinapa está así. Todos los movimientos político sociales de izquierda están así.

—Pero aquí nos metemos en otro tema, en qué se va transformando el pensamiento de izquierda. Mejor sí lo dejamos para la próxima entrevista. Vamos a comer la pasta. Gracias, Héctor.

—De nada.

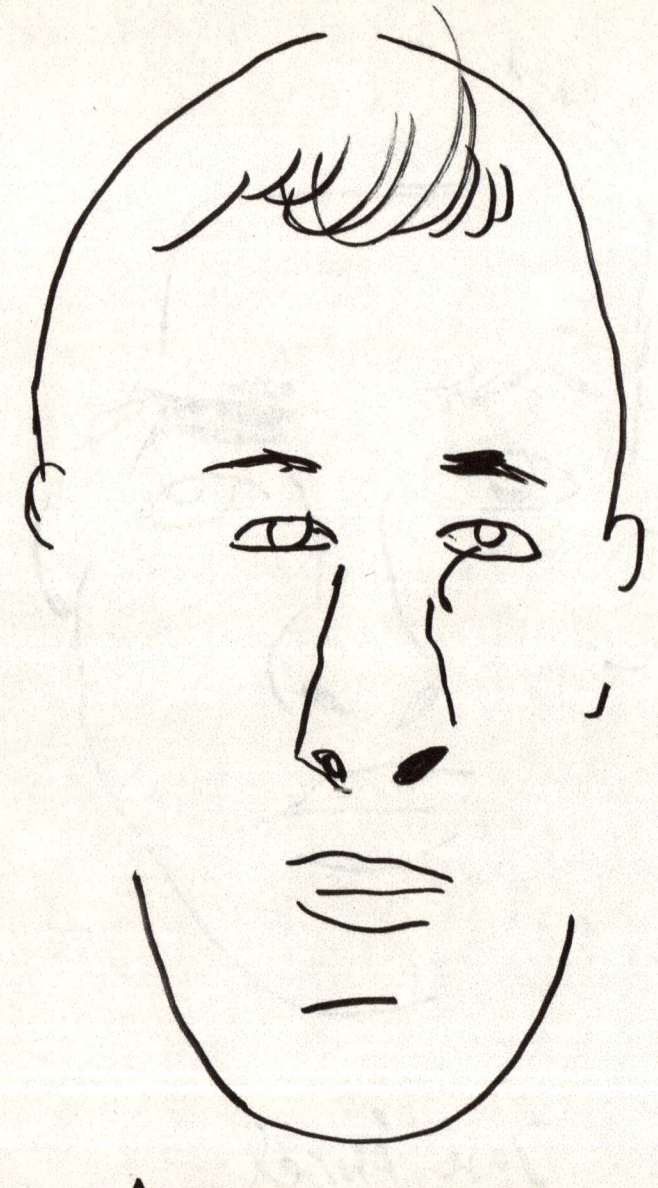

ANTONIO SANTANA
MAESTRO

XVI

Siempre los hechos

Se dieron 7 ataques con armas de alto poder de fuego en diferentes lugares durante 4 horas.[6]

En total se dieron siete ataques con armas de fueron durante un periodo de 4h en total. El primer ataque se da en la zona de calle Galeana y Juan N. Álvarez, desde la salida de la Estación de buses hasta ser obstaculizada la salida al Periférico Norte por una patrulla de la policía (de 21h30 a 22h15 pm). Mientras los jóvenes bajan a mover la patrulla para seguir su camino, la policía dispara de nuevo directamente contra ellos, dejando herido en coma a Aldo Gutiérrez. La policía detuvo e inmovilizó y posteriormente se llevó cerca de 25 jóvenes del último autobús de esa comitiva. Solamente hubo un sobreviviente de ese bus que quedó herido y fue trasladado al hospital. Participaron policías de Iguala y Cocula por lo menos.

---

[6] Todo el capítulo es una cita del último informe del GIEI.

El segundo ataque se da a las 21h40, hasta cerca de las 23h de la noche al menos, en el Palacio de Justicia contra el otro bus que se desvió para salir por Periférico Sur. La policía atacó el autobús con golpes, destrozando vidrios, usando gases lacrimógenos de uso solamente de la Policía Estatal, un testigo señaló que hubo disparos y la policía municipal golpeó y detuvo a los jóvenes que gritaron que tenían heridos. Participaron policías de Iguala y Huitzuco y otros.

Muy poco después, en esa misma zona, el 5° autobús no fue directamente atacado, pero fue detenido por la Policía Federal a unos 100m del anterior que se encontraba frente al Palacio de Justicia. Los jóvenes fueron obligados a bajar, perseguidos y durante toda la noche sufrieron disparos en su huida por varias zonas de la ciudad, tanto en la colonia Pajaritos como en la colonia 24 de febrero, en dos momentos diferentes, al menos durante 2 horas, hasta que pudieron refugiarse en casas o la montaña.

A las 22h54 en el C-4 se reportó que había personas que estaban escondiéndose, que "están detrás del anuncio que dice bienvenidos a Colonia Pajaritos", donde una señora informa de que están llegando varios jóvenes (23h09). Es decir, se trataba de los jóvenes del 5° autobús que acababan de ser bajados del camión y perseguidos por policías federales inicialmente y también ministeriales que estaban en la persecución. Más adelante, después de esconderse en una casa abandonada, los jóvenes bajaron de nuevo a la zona donde había quedado el bus del Palacio de Justicia, lo que se reportó igualmente en el C-4: "alrededor de 20 jóvenes con palos y piedras y machetes van con dirección a la colonia El Tomatal" a las 23h37, y que un grupo de jóvenes va caminando hacia el centro de Iguala a las 23h.

A las 23h20 de la noche, otro ataque se dio contra el autobús del equipo de fútbol de los Avispones que salía de la ciudad en el lugar conocido como Santa Teresa. El ataque se dio a unos 15 minutos de Iguala, por lo que el bus pasó por donde se había dado la agresión al autobús de los jóvenes de Ayotzinapa en el Palacio de Justicia, que se encontraba a la salida. El chofer y un joven futbolista murieron, varios fueron heridos, uno de ellos de extrema gravedad, y una mujer resultó muerta en el ataque a varios taxis que pasaban por la zona, así como otras personas heridas. Este ataque fue llevado a cabo por miembros de la policía de Iguala, Huitzuco y Tepecoacuilco, entre otros probablemente, y la participación de miembros de Guerreros Unidos. Las ambulancias llegaron a atender a los heridos a las 01:38 horas, es decir cerca de 2 horas después del ataque, y trasladaron a los heridos al hospital. Uno de los jóvenes, gravemente herido, sobrevivió gracias a que fue evacuado por su familia y buscaron de forma desesperada ayuda médica para ser operado, regresando a la zona después de estar ya de camino hacia Chilpancingo.

Todos los ataques fueron conocidos en tiempo real o unos minutos después de iniciarse a través del 066 y el C-4. El ejército tenía el control de las cámaras del C-4 esa noche. Las cámaras estaban manipuladas por personal de inteligencia del 27 Batallón de Infantería del ejército, que reportaba inmediatamente al teniente J.C.G. y al comandante del 27BI J.R. A pesar de conocer que eran jóvenes de Ayotzinapa, atacados con armas de fuego y luego detenidos en dos zonas de la ciudad, y perseguidos durante la noche, ninguna intervención de protección a los jóvenes se dio durante esa noche por parte del 27BI.

Por último, hubo un ataque con arma de fuego contra un policía estatal que pasaba por un bloqueo de carreteras en Mezcala llevado a cabo por miembros de Guerreros Unidos, aproximadamente a las 01 am. En ese lugar se instaló un último anillo de seguridad y para evitar que salieran buses de Iguala camino de Chilpancingo o aislar la zona de Iguala.

Los jóvenes fueron llevados en patrullas de varias policías municipales. Más adelante, a las 23h20 se produjo el ataque a varios taxis y el bus del equipo de fútbol de los Avispones, que regresaban de Iguala a Chilpancingo después de terminar su partido de fútbol en Iguala. Dicho autobús fue confundido por los agresores con un bus de los normalistas, murieron una mujer que viajaba en un taxi, el chofer y un menor de edad miembro del equipo de fútbol y fueron heridos de bala de gravedad varios miembros del equipo. En dicho ataque intervinieron además de policías de Iguala, policía de Huitzuco y de Tepecoacuilco, junto con líderes de Guerreros Unidos.

Según un testigo protegido, D., la orden dada al comandante de esas patrullas de Huitzuco fue disparar al bus de los jóvenes de Ayotzinapa, y por tanto teniendo conciencia de quien se trataba, aunque la agresión se dio contra Los Avispones. Los policías que participaron llegaron a la comandancia de Huitzuco con los uniformes mojados y sucios de barro, siendo descritos por un testigo como que hubieran estado cuerpo a tierra. El jefe de GU de la zona de Huitzuco era alias *Cholo*, con relación directa con la policía municipal de Huitzuco. Un cargador de la policía de Huitzuco se extravió durante el ataque, y según un testigo protegido, fue repuesto por parte de alguien del ejército.

Tanto los reportes de SEDENA como del CISEN muestran que se tenía un control minucioso de la movilización de los jóvenes hasta las 20h30 de la noche, con reportes cada poco tiempo de sus acciones. Incluso se reporta de manera constante hasta las 21:30. Sin embargo, existe un apagón informativo después. Cuando los jóvenes entran en la ciudad, no se ha accedido a ninguna tarjeta informativa o información de inteligencia de SEDENA, CISEN o del estado de Guerrero que den cuenta de lo que sucedió después de las 21:30. Si los jóvenes tenían un seguimiento exhaustivo antes de entrar, también debieron de tenerlo después. Más aún, porque, como se señala en el apartado de SEDENA, existía una orden del DN1 de monitorear todos los movimientos de los estudiantes de Ayotzinapa, dado que la conmemoración del 2 de octubre estaba cercana.

Si bien todas las corporaciones tenían antes detalles precisos sobre los movimientos de los jóvenes, horas y lugares, dicha información no aparece a partir de su entrada en Iguala. Todo ello muestra un comportamiento coordinado, de ocultar los hechos o, en su caso, de no proporcionar la información existente.

Agentes del CISEN, de Policía Estatal, así como de Policía Ministerial y Policía Federal, junto con al menos tres OBI del ejército, estaban presentes en los diferentes lugares cuando se dieron los hechos, según testimonios contrastados de tres testigos directos, así como por las pruebas de telefonía [...]. Tomaron fotos y se comunicaron con sus superiores, según dichos testigos.

Las autoridades estatales y federales tuvieron conocimiento de ello a través de sus agentes de inteligencia y ministeriales, así como la información fue conocida y transmitida por el C-4 en tiempo real, incluso por llamadas ciudadanas que daban cuenta de los disparos. Sin embargo, las versiones dadas por diferentes corporaciones fueron que no se conocían los disparos, que no se sabía de los hechos, que en el caso de la Policía Estatal se dedicaron a proteger instalaciones, que no tenían órdenes de actuar o que consultaron con el jefe de policía municipal de Iguala, que les indicó que todo estaba bajo control y por ello no habrían actuado. Ninguna de esas explicaciones corresponde a la verdad. Todas las corporaciones conocían en tiempo real lo que estaba sucediendo y ninguna intervino para proteger a los jóvenes o verificar qué había pasado con ellos.

Testigos locales señalaron al GIEI que en el mismo lugar había un agente del CISEN, "F", quien estuvo observando y reportando lo que sucedía a sus superiores, así como que a 200 metros del escenario del Palacio de Justicia se encontraba la sede del CISEN.

¿Cómo un operativo de estas dimensiones pudo suceder dentro de una ciudad pequeña como Iguala, con dos batallones y todas las corporaciones de seguridad presentes? ¿Cómo es posible que desaparezcan 43 jóvenes en medio de toda esa presencia, sin el conocimiento o la colaboración de las mismas? Para el GIEI es evidente que se dio una actuación conjunta de autoridades en el ámbito estatal y federal durante la llegada al centro de Iguala y el ataque a los estudiantes.

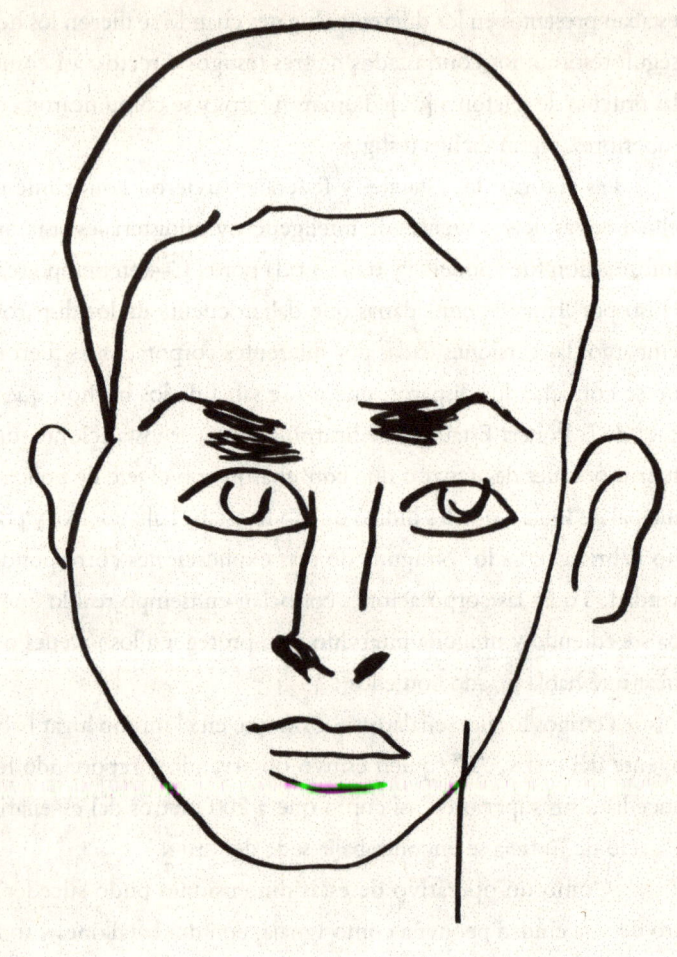

Felipe
Arnulfo
Rosa

XVII
Víctimas buenas, víctimas malas

La cita con Nadin Reyes es en una churrería de Avenida de los Insurgentes, en el sur de la Ciudad de México. Nos encontramos en la parada del Metrobús y caminamos media cuadra para llegar al restaurante. La ciudad está bajo el agua, llevamos días sin ver el sol. Afortunadamente mi amigo Ricardo me prestó su poncho impermeable al último momento, porque si no estaría completamente empapado. La lluvia no es imprevista en los días de verano en la Ciudad de México, te la esperas cada día, pero llega de una manera repentina, fuerte, y no deja mucho escape.

Nadin es una joven mujer de menos de 40 años. Diminuta, con una cabellera espesa de rizos, los ojos claros, una sonrisa que con frecuencia habita su rostro y alivia las conversaciones más duras, más dolorosas. Es una maestra de preescolar, y su padre, Edmundo Reyes Amaya, fue un guerrillero del Ejército Popular Revolucionario, el EPR.

Entramos en la churrería y nos sentamos a una mesa blanca, de metal. El restaurante está semivacío. En las paredes blancas hay algunas frases pintadas de negro. Cuatro personas están sentadas en la mesita de al lado. De vez en cuando voltean hacia nosotros sus miradas, que se hicieron más frecuentes desde que saqué de mi mochila la grabadora y la libreta y las coloqué en la mesita. Me imagino qué están pensando: ¿De qué hablan esos dos? ¿Qué tiene que decir ella tan importante en un micrófono?

Igual nadie se fija, nadie se entera, a nadie le importa.

Nadin Reyes habla segura. Debe haber contado muchas veces esta historia, la historia de su padre Edmundo Reyes Amaya, desaparecido el 25 de mayo de 2007, junto con Gabriel Alberto Cruz Sánchez en la ciudad de Oaxaca. Nadin es la coordinadora del Comité de Familiares de Detenidos Desaparecidos "Hasta Encontrarlos".[7] Desde junio de 2007 busca a su padre Edmundo.

Los hechos: El 24 de mayo de 2007, elementos del Ejército mexicano adscritos a la Octava Región castrense en Ixcotel, Oaxaca, junto con agentes de la Dirección General de Seguridad Pública, la policía ministerial y la Dirección de Seguridad Pública del Municipio de Oaxaca de Juárez, realizaron un operativo conjunto en las inmediaciones del hotel Del Árbol, ubicado en la ciudad de Oaxaca, en el que detuvieron a Edmundo Reyes Amaya o Andrés Reyes Amaya y Gabriel Alberto Cruz Sánchez o Raymundo Rivera Bravo o Antonio Montaño Torres. A la fecha se desconoce su paradero.

En 2006 el conflicto de la APPO, la Asamblea Popular de los Pueblos de Oaxaca, ocupaba las primeras planas de los periódicos y colocaba

---

[7] En la página hastaencontrarlos.org se lee: "El Comité de Familiares de Detenidos Desaparecidos Hasta Encontrarlos es una organización de defensa y promoción de los Derechos Humanos, dedicada a realizar actividades de denuncia y documentación tendientes a demostrar la Sistematicidad de las desapariciones forzadas y a la exigencia de la presentación con vida de todos los detenidos desaparecidos en México, así como a la sensibilización sobre este crimen de lesa humanidad".

las demandas del movimiento magisterial en el centro del debate público. En medio de las protestas, se instalaba el gobierno de Felipe Calderón Hinojosa con fuertes críticas por la sospecha de un fraude electoral. Fue al principio de 2007 cuando su política de seguridad, basada en la militarización masiva y el uso del ejército en las calles en operativos conjuntos con la policía federal, fue causa de un incremento considerable de delitos violentos, asesinatos, desapariciones forzadas, ejecuciones extrajudiciales. Y en medio de la violencia empezaron a registrarse cada vez más casos de asesinatos o desapariciones de profesores, de disidentes políticos, de líderes comunitarios, que se oponían a las políticas neoliberales de explotación masiva de recursos naturales en el territorio mexicano.

En ese contexto de represión se dio la desaparición de Edmundo Reyes Amaya y Gabriel Cruz Sánchez.

Nadin cuenta que fue solo muchos años después cuando ella y su familia se enteraron de que su padre y Gabriel habían tenido una participación política en el movimiento de la APPO.

—Todavía no nos queda claro exactamente qué función tenían. Sin embargo, ellos hacían un activismo político dentro del movimiento popular y eso confirma que cuando se da una desaparición asociada a motivos políticos, necesariamente tiene que haber un plan, una estrategia, algo pensado, que lleve a vigilar, a criminalizar, a hostigar e investigar a quienes participan en ese movimiento tan grande como la APPO.

Es lo que llevó a Nadin y a su familia a determinar que la desaparición de Edmundo y Gabriel fue por motivos políticos. Además, los dos hombres militaban en una organización armada revolucionaria, en la guerrilla, en el Ejército Popular Revolucionario.

Oaxaca es uno de los estados más pobres de México, más bien es de los estados con mayor injusticia social, con mayor distancia entre las minorías de las élites ricas y la mayoría de la ciudadanía, perteneciente a clases sociales muy bajas. Sin embargo, al igual que otros estados del sur del país en las mismas condiciones, como Michoacán,

Guerrero, Chiapas o Veracruz, es también un estado muy rico en recursos naturales, mineros, energéticos.

Oaxaca ha sido foco de movilizaciones populares a lo largo del siglo XX, que han tomado la forma de movimientos guerrilleros clandestinos.

—La organización en la que militaban mi papá y el señor Gabriel viene de todas esas guerrillas históricas —me dice seria Nadin Reyes, mirándome a los ojos a través de los lentes de sus anteojos redondeados de colores—. El EPR es producto de PROCUP, que sucesivamente se volvió PROCUP-PDLP,[8] después Partido de los Pobres, con Lucio Cabañas, y después se convierte en PDP-EPR. Toda esa trayectoria de lucha histórica el Estado la conoce. Gabriel Cruz es el hermano del hombre que el Estado identifica como jefe del EPR, por lo tanto, tenían que desaparecerlo para desarticular a la guerrilla y, en el caso de mi padre, pues también. El Estado ha tratado de coartar toda solidaridad con las guerrillas, los movimientos, y aunque los familiares no pertenezcan, siempre los criminalizan. Es lo que ha pasado en el caso de nuestros familiares. Mi padre y el señor Gabriel fueron identificados como sujetos que hacían trabajo político en Oaxaca desde los años setenta y ochenta. Su desaparición forzada sin duda fue por su militancia política, por su lucha social, por tener estos ideales. Esta fue la principal motivación, y luego ha sido enmascarada como un ajuste de cuentas.

Edmundo Reyes Amaya nació en 1949. Tenía 55 años en 2007. En su familia no saben exactamente cuánto tiempo tenía en la guerrilla. Considerando los comunicados que ha sacado el EPR, que Nadin llama casi siempre "el grupo", parece que su trayectoria política y guerrillera llevaba muchos años.

---

[8] Partido Revolucionario Obrero Clandestino Unión del Pueblo, organización armada guerrillera que se formó de la Unión del Pueblo a principios de la década de 1970 en Oaxaca.

—¿Nunca lo has descubierto?

—Nunca hemos querido indagar más allá nosotros como familiares, hasta recién que pedimos información pública al grupo, porque hemos sido muy criminalizados por eso. Es decir, el Estado nunca ha creído que nuestra familia no tenga una relación con el grupo. Desde que mi papá fue desaparecido, el Estado siempre nos ha vigilado: en la casa, con mis abuelos, a los hermanos de mi papá... todo nuestro contexto familiar ha estado vigilado porque, en su lógica, el Estado piensa que en algún momento alguien del grupo nos va a buscar o no sé. Y eso a nosotros nos ha impedido querer buscar, o querer tener más información sobre su trabajo... lo que sabemos ha sido por los comunicados, lo que han publicado ellos, lo que han narrado que hacían mi papá y Gabriel. Pero más allá de eso no tenemos claro ni en qué momento ni cuánto tiempo él tenía dentro de la guerrilla.

Fue a través de un comunicado del EPR, dado a conocer a los medios el 5 de junio de 2007, cuando Nadin y su familia se enteraron de que Edmundo había sido desaparecido, y, contextualmente, que formaba parte del Ejército Popular Revolucionario. Así arrancaba el comunicado:

> El Comité Central del Partido Democrático Popular Revolucionario y la Comandancia militar del Ejército Popular Revolucionario PDPR-EPR
> INFORMA:
> Que el día 25 de mayo del año en curso, entre las 20 y 22 horas, en la ciudad de Oaxaca, fueron detenidos los compañeros Raymundo Rivera Bravo y Edmundo Reyes Amaya.
> Esta información ya fue dada a conocer por el Comité estatal del estado de Oaxaca y la Comandancia regional de zona, teniendo como respuesta de las corporaciones de seguridad nacionales y estatales el silencio y la negación a reconocer dicha aprehensión, razón por la cual

insistimos por medio del presente comunicado para que el gobierno del ilegítimo Felipe Calderón Hinojosa los presente de inmediato e informe a los medios de comunicación, a las organizaciones no gubernamentales de Derechos Humanos, a las organizaciones sociales y políticas de oposición y al pueblo en general el estado físico y psíquico en que están y el lugar en donde se encuentran detenidos nuestros militantes.

—Sí, fue muy complejo, porque nosotros nos enteramos de la desaparición forzada de ellos por el grupo. El EPR saca un comunicado en la prensa donde denuncia la desaparición de ellos dos, y nosotros no conocíamos la militancia política de nuestros familiares. Afortunadamente teníamos la costumbre de leer el periódico por el hábito de leer que nos inculcó mi papá. Así nos enteramos de que estaban desaparecidos. Yo leía y veía el nombre y decía, no pues, es un homónimo, ¿cómo va a ser mi papá? Ni nos imaginábamos. Fue algo muy fuerte porque el grupo hizo la denuncia de inmediato de la desaparición, pero nadie hizo nada. Ninguna organización de derechos humanos se movilizó, nadie alzó la voz. Días después el grupo se ve obligado a publicar las fotos de mi papá y del señor Gabriel. Me acuerdo de las fotos en televisión, en el periódico, publicadas, y es cuando ahora sí tenemos la certeza de que son ellos. Fue una situación muy complicada en la familia porque nos empezó a dar miedo, empezamos a tener hostigamiento en la casa. Empezaron a tener visitas mis abuelos, los hermanos de mi papá. Fue muy difícil hacer las denuncias y que organizaciones quisieran acompañarnos. Lo que el Estado hizo cuando se dio esta información fue señalarlos como terroristas, afirmar que seguramente alguna otra organización guerrillera los había desaparecido por un ajuste de cuentas.

Me doy cuenta de que cada vez que Nadin Reyes menciona al Estado lo hace como si fuera una persona, una entidad humana, individual, específica. No es el presidente, como la señora Tlatempa, no es el gobierno, no es un jefe de la policía. Es la persona-Estado.

Sigue contando.

—Esto orilló a que la mayoría de los grupos de la guerrilla del país se pronunciaran y dijeran, no, nosotros no fuimos, nosotros no manejamos esto así, empezaron a deslindarse. Fue bueno porque quedó claro que así no actúa la guerrilla. Pero tampoco el Estado quiso hacer nada. Nosotros no pudimos levantar las denuncias de manera inmediata, porque decían que no eran competentes.

Entre las 01:15 y las 2:20 del 5 de julio de 2007 varias explosiones hacen estallar las válvulas del gasoducto de Petróleos Mexicanos (Pemex) Guanajuato-Guadalajara, en las ciudades de Salamanca y Celaya, en el estado de Guanajuato. A causa de las fugas se tiene que desalojar a 5 mil personas pertenecientes a 20 comunidades entre Celaya, Cortázar, Pueblo Nuevo, Salamanca, Valle de Santiago.

El 10 de julio, alrededor de las 01:00 horas, una explosión en un gasoducto cercano a la carretera Querétaro-Coroneo, provoca llamas de 300 metros de altura. Varias familias están obligadas a abandonar sus casas y refugiarse durante algunas horas lejos del lugar de la explosión.

Las instituciones hablan de accidentes, de casualidades. Sin embargo, el mismo 10 de julio, a través de un comunicado, el EPR manda a los medios un comunicado en el que asume la autoría de los ataques. En el comunicado se lee lo siguiente:

> En el norte del país la naturaleza ha sido muy benevolente con nosotros; en Cadereyta un rayo incendió un depósito de combustible propiedad de Pemex; aquí en Guanajuato los viejos ductos, su falta de mantenimiento, la ordeña múltiple de estos y un "pinchazo" para extraer gas generaron una pérdida de presión en la red, lo que ocasionó varias explosiones; podría quedarse así, quedarnos callados, guardar silencio y seguir escuchando los absurdos de las autoridades, pero el pueblo merece conocer la verdad. Y esta es nuestra verdad y nuestros motivos.

En cumplimiento de la orden del comité central de nuestro partido y de la comandancia general de nuestro ejército rendimos el siguiente parte militar:

—La orden de iniciar la campaña nacional de hostigamiento contra los intereses de la oligarquía y de este gobierno ilegítimo ha sido puesta en marcha.

—Tres pelotones mixtos conformados por unidades urbanas y rurales pertenecientes al destacamento Francisco Javier Mina, y contando con el apoyo de milicias populares de todo el estado, han realizado acciones quirúrgicas de hostigamiento poniendo ocho cargas explosivas en los ductos de Pemex ubicados en Celaya, Salamanca, Valle de Santiago, Guanajuato, y en la válvula de seccionamiento de Coroneo (Querétaro), activadas simultáneamente a la una de la mañana de los días 5 y 10 de julio.

A nuestro pueblo le informamos que las acciones de hostigamiento no pararán hasta que el gobierno de Felipe Calderón y el de Ulises Ruiz presenten con vida a nuestros compañeros Edmundo Reyes Amaya y Raymundo Rivera Bravo o Gabriel Alberto Cruz Sánchez, detenidos-desaparecidos desde el 25 de mayo en Oaxaca.

—Es cuando el Estado entonces sí voltea a vernos y empieza según a hacer acciones de levantar la denuncia, a hacer alguna acción de investigación. Y lo primero que hizo, como en todos los casos, fue criminalizar a Edmundo y a Gabriel. Y esto sí causó un efecto, porque los primeros dos o tres años a nosotros nadie nos quería brindar la solidaridad. La gente nos veía y nos decía: "No, no te juntes con ellos porque son familiares de guerrilleros y te puede pasar lo mismo". Todo el mundo nos veía y les daba miedo. Yo me acuerdo de que éramos cinco, diez personas marchando con los rostros de mi papá y de Gabriel y nadie quería agarrar la manta, nadie quería agarrar un volante. Incluso cuando salíamos a querer pegar carteles con los rostros de ellos, la gente nos seguía, y decía: "No, es que son delincuentes, terroristas" y le hablaban a las patrullas y nos mandaban las patrullas para tratar de impedir que siguiéramos haciendo las pegas. Fue un contexto bastante complicado, pero originado por esta estrategia del Estado, de manipular la opinión pública y mandar un mensaje de que eran delincuentes, y que, efectivamente, si eras solidario te podía pasar lo mismo.

Todavía no hemos llegado al tema por el cual le pedí una entrevista, el caso Ayotzinapa, pero su historia es un pasaje decisivo para entender lo que pasó después. Es algo que Nadin ha aprendido durante los 16 años desde que desaparecieron a su padre en los que tuvo que unirse con otros familiares para volverse agentes políticos.

—Los familiares tienen que adquirir una consciencia política e ideológica sin tener que dejarse manipular o convencer o llevar por las organizaciones que los acompañan. Porque desafortunadamente, y nosotros lo vivimos, lo han vivido otros colectivos, y se ha dado también en el movimiento de Ayotzinapa, eso con el tiempo empieza a dividir. Nadie más que nosotros como familiares tenemos como principal objetivo el buscarlos, encontrarlos, y el castigo a los responsables. Los demás, desafortunadamente, tienen otros intereses, que no son los propios que tú tienes como familiar.

—¿Por ejemplo?

—Nosotros hemos visto muchas cosas... Y te lo voy a contar, te lo voy a contar, porque nosotros fuimos a Ayotzinapa cuando pasó todo, fuimos a dar la solidaridad, y los familiares se acercaron muy bien con nosotros, empezamos a diseñar qué es lo que se podía hacer como medida de presión política en ese momento, que era muy importante. Los papás ya estaban convencidos de hacerlo. Regresamos después para ver cómo se iba a ejecutar y los papás ya no quisieron hablar con nosotros. Porque les dijeron quienes éramos, que yo era hija de un guerrillero, que Gabriel no sé qué, que nuestros familiares eran guerrilleros y sus hijos no. Y eso se lo dijeron organizaciones que los acompañaban...

—¿Quiénes?

—En ese momento estaba Tlachinollan, estaba el Prodh. Nosotros entonces respetamos su decisión y dejamos de ir a las asambleas enormes que hacían porque empezaron a meterles cizaña a los papás sobre nosotros. Que nosotros éramos organizaciones bien radicales, que éramos familiares de guerrilleros y que lo que nosotros estábamos proponiendo era entorpecer más que ayudar. Las acciones que ellos empezaron a hacer después, tomas de casetas, hacer presión en los campos militares, nosotros las sugerimos desde el principio: ¡Este es el momento!, les dijimos. Basado un poco en lo que nosotros ya habíamos vivido. Pero no se pudo, porque empezaron a meter este tipo de cizaña con ellos. Y nosotros dijimos: Si no vamos a ayudar, si no nos quieren, mejor nos vamos. Y dejamos de ir. Pero no es fortuito. En el caso de Ayotzinapa esto es lo que amoló el movimiento de los padres. Que se empezaron a dividir...

Es un tema delicado, doloroso. No tiene rencor Nadin, por lo menos no lo aparenta, no es visible. Narra hechos que están en el pasado, una historia que ha transformado para siempre su vida de maestra de preescolar, trabajo que sigue haciendo.

Con el caso Ayotzinapa se hace patente lo que siempre se ha dicho, que siempre se ha comentado, que en México, como en otros países de Latinoamérica, la desaparición forzada es una política de Estado, una práctica de represión continua. A partir de 2007 se dio un *boom* de desapariciones generalizadas, quizá con características algo distintas que en el pasado: ya no operaban directamente las fuerzas de seguridad, las fuerzas armadas, sino grupos identificados como el crimen organizado, como "el narco". El caso Ayotzinapa pone nuevamente en el escenario la desaparición forzada con todas sus características de contrainsurgencia. La desaparición forzada por motivos políticos: 43 jóvenes estudiantes, pertenecientes a una escuela Normal rural, la más politizada, la más combativa, la más organizada. No se podía ocultar.

La desaparición forzada de los 43 de Ayotzinapa volvió a poner en el escenario la importancia que sigue teniendo la motivación política de una desaparición forzada. Llegó a evidenciar lo que ya se había venido denunciando, pero que se iba olvidando.

—En el caso de la desaparición de mi padre y del señor Gabriel también se trató de ocultar. Ellos siempre han dicho que las desapariciones políticas ya fueron cosa del pasado —ya me queda claro que cuando dice "ellos", Nadin entiende en general los representantes de las instituciones, ese Estado personificado que casi tiene rostro—, que incluso en el caso de mi papá y del señor Gabriel decían que también había sido un ajuste de cuentas, que habían sido los mismos grupos que se los habían llevado y nunca reconocieron o han querido reconocer que se trata de una desaparición por motivos políticos. En el caso de la desaparición de los 43 de Ayotzinapa también. Nunca se ha querido reconocer que es una desaparición forzada, primero, y que esta también tiene una motivación política.

Tengo la fuerte sospecha de que dentro de un año no se habrá avanzado más y que no se va a avanzar más durante mucho tiempo.

—Hay muchos sectores del pueblo mexicano que apoyan mucho al gobierno de López Obrador. Si ven una manifestación de los familiares, nos ven a nosotros, haciendo denuncias al gobierno de López Obrador, pues te tachan de loco, ¿no? Te dicen que no, que este gobierno es diferente y que si ya hablaste directamente con el presidente, porque seguramente no sabe y sus mandos inferiores no le han dicho, que esto está pasando en el país. La gente piensa que él es muy bueno y que los malos son sus achichincles, que no le informan al presidente lo que está pasando. Y nosotros decimos: no es algo de una persona, desafortunadamente. Es un problema estructural y que obedece a muchos otros factores. Siento que la condena social no ha tenido la magnitud que debería de tener, como en otros países. Me sorprende cómo en países como Chile, Argentina, que ya no tienen casos de desapariciones forzadas recientes, las marchas son masivas. Sigue habiendo esa consciencia política en la gente, algo que aquí en México no se ha podido dar. A pesar de que tenemos más de 112 mil desaparecidos. Creo que mientras no exista esa condena social tan fuerte, no vamos a poder cambiar las cosas en el país.

No me había dado cuenta, pero los otros clientes ya se fueron. Hace un buen rato que nos hemos quedados solos en este restaurante. Afuera el diluvio es acompañado por truenos y rayos que iluminan el cielo negro de la tarde.

—Se está apostando al desgaste y al olvido para que ya después... ¿cuántas mamás no se han muerto sin saber de sus hijos? Te dan largas para que luego con el tiempo se te olvide o pase esto... las enfermedades... porque además esto te provoca un chingo de cosas. Depresiones, enfermedades, problemas económicos. Entonces sí le apuestan a esto. A que ya no haya nadie al rato que esté peleando por el caso de Ayotzinapa, por el caso de mi papá, y así. Es muy complicado. La única forma es seguir organizándose y luchando, porque no queda de otra.

—Esto no te hace ganar amistades...

Se ilumina su rostro en una carcajada fuerte, franca.

—¡Jajaja! ¿Por qué crees que nadie nos quiere? Porque siempre decimos lo que pensamos.

—Ustedes son los únicos que me quieren a mí...

—¿Por qué crees que te queremos? Porque tú eres...

—Como ustedes. Digo lo que pienso.

—Esto es lo que pasa: cuando uno dice la verdad nadie lo quiere. Hemos salido del proceso de la ley de desaparición forzada, dijimos: No, esta ley no es la que queremos, nos salimos. Ahora todo mundo se está dando de topes porque les dijimos: esto va a pasar. Nadie nos creyó y ahora nos creen. Con las organizaciones, con todas, con Tlachi, con el Pro, con la Comisión mexicana... pero hay cosas que tú no puedes...

Su voz sutil se vuelve grave. Se desvanece la sonrisa que había quedado ahí unos segundos y toma su lugar una mirada seria, ardiente.

—No puedes estar de acuerdo con algo que no está bien, que va en contra de lo que tú piensas y de cómo eres. Por eso no nos quieren. Y es la forma en como ellos muchas veces manipulan a las familias. Del movimiento de familiares a mí no me quieren porque dicen que yo todo lo politizo. Dicen: Es que tú todo lo politizas y todo lo haces político e ideológico. Pues es que así es, la desaparición forzada es una política de Estado y es ideológica. Y nos peleábamos mucho con ellos porque decíamos que las familias tienen que concientizarse políticamente. Tienen que saber de dónde viene esto, cómo se da, cómo surgió... y ellos: ¡nah! Y nada más los traen ahí, buscando en las fosas, jalando dinero... porque no les interesa que hagan conciencia de otro tipo.

Los churros que pedimos ya se acabaron, y también nuestras bebidas. Tenemos que aprovechar que el aguacero se ha ido calmando para lograr salir de aquí. Así vamos cerrando la entrevista.

—Última pregunta, te lo juro. ¿Por qué crees que en México sigue dándose este tipo de estrategia represiva de Estado?

—Porque ha sido una estrategia que le ha venido bien. Es una estrategia que ha funcionado para continuar con la implementación de otras políticas, y que no ha sido lo suficientemente condenada por el resto de la población. Esto permite que el Estado lo siga haciendo. Como sociedad, como pueblo en general, no hemos sabido responder o condenar esta situación y por eso se sigue cometiendo. Se sigue sin castigar a los responsables, se sigue sin conocer el paradero de las personas desaparecidas. Esto permite todo lo demás: política de terror, de miedo, de incertidumbre, de no saber qué está pasando. Ha faltado elevarle el costo político al Estado para que lo piense dos veces antes de volverlo a hacer, pero creo que todavía no hemos llegado a ese punto y que por eso sigue siendo una estrategia perfecta.

—Dices que cuando desaparecieron a tu papá te trataron como apestada...

—Pero fíjate cómo es la sintonía, y esto te lo digo aquí... Nosotros... ¡Yo! A la primera organización a la que me acerqué para buscar apoyo fue el Prodh. Y me dijeron que no. Pues porque soy hija de un guerrillero. Y casualmente es la misma organización que les dijo a los papás que no se junten con nosotros por lo mismo. Yo no sabía por ejemplo que ellos están acompañando el caso de Alicia de los Ríos. Y yo decía, ajá, ¿entonces por qué el caso de 2007 no lo tomaban? Porque ella es un caso del pasado, la guerrilla ya no existe. Aquí sí. El grupo sí existe. Y tú dices... ¡ay!... después de muchos años, la chica que me recibió, que trabajaba en el Pro, por azares del destino llegó a la oficina de la ONU, Luisa se llamaba, una chaparrita de cabello corto. Ella estaba en el área de defensa en el Pro cuando yo fui. Años después llegué a la ONU y la vi, te lo juro que ella no alzaba la vista para verme. Hasta que un día me dijo: Nadin, perdóname, porque yo no te ayudé en el momento que tú más lo necesitabas. Así. Que no me podía ver a la cara, le daba pena. Le dije: Sí, no te preocupes, yo sé que a lo mejor no dependía de ti, pero pues qué mala onda, ¿no? Porque se perdieron días, en los que nadie quiso hacer nada. Y esos días eran muy importantes. Y ahora lo entendemos, que, en el primer momento, cuando te enteras, es cuando tienes que hacer cosas, si no ya. Es muy difícil después. Pero así pasa.

—Te agradezco mucho, Nadin.

—Gracias a ti por considerarme.

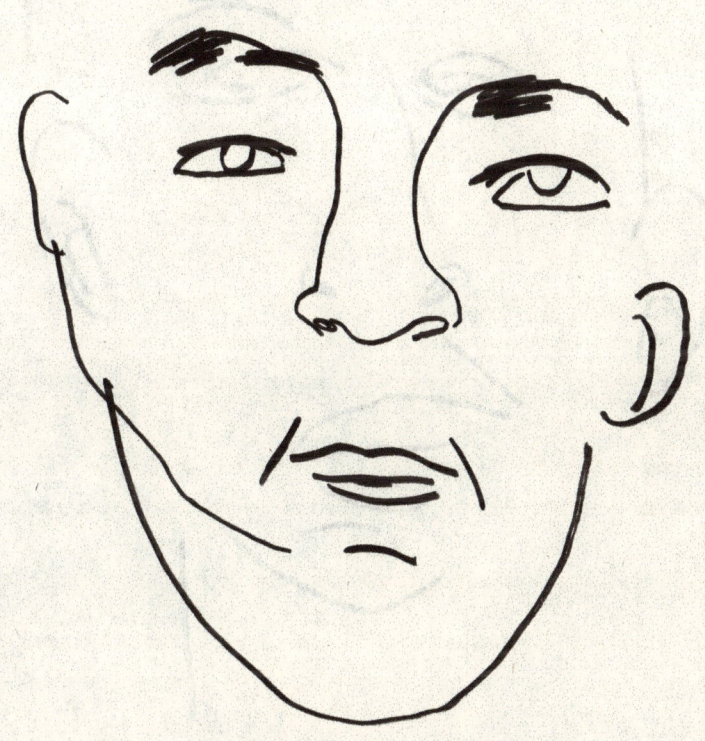

BENJAMÍN
ASCENCIO BAUTISTA

Doriam González Parral

XVIII

Enemigas de Estado

En las historias de desaparecidos en México siempre hay una madre. Una madre que cuenta una historia. Una madre que enseña una fotografía de su hijo. A menudo una madre que lleva chanclas o huaraches.

Habla de un hijo que quería ser algo y no pudo ser, que quería hacer contentos a sus padres. Que tenía la vida por delante, porque era joven.

Esta historia no es diferente. Madres con huaraches, madres de hijos jóvenes que querían hacer algo importante en su vida y que no pudo ser.

***

Nicanora García

Al campamento ha llegado la madera para hacer el fuego. Se empiezan a acumular las grandes bolsas negras para la basura.

Es el 24 de septiembre de 2023 y mañana habrá un encuentro con el presidente Andrés Manuel López Obrador.

Hay esperanza. Hay desilusión.

La señora dice que no cree que llegarán buenas noticias.

—Ya saben la verdad, pero se la guardan para ellos. El presidente sabe, ¡pues si fueron ellos mismos! ¿Cómo no va a saber?

¿Entonces? Entonces se espera. Y mañana se decidirá qué hacer. Dependiendo de las respuestas del presidente se desmonta todo o se mantiene el plantón aquí.

Aquí es enfrente del Campo Militar número 1 del Ejército mexicano, en la zona noroeste de la Ciudad de México.

La entrada al Campo Militar número 1 está cerrada. Tras las rejas se ven decenas de soldados formados, en uniforme antimotín, a unos 50 metros del campamento, listos para intervenir, amenazantes. Detrás de ellos hay camiones antidisturbios. No se mueven, están ahí. Llego caminando desde el boulevard Manuel Ávila Camacho porque el pedazo de avenida del Conscripto que pasa frente a la puerta 1 está cerrado. Hay una ambulancia, hay policías que desvían el tráfico. A lo largo de la orilla del Campo Militar están formados los soldados. Esperan.

La señora está sentada en una colchoneta de plástico azul, que a su vez está encima de una tarima de madera, como todas las demás colchonetas azules debajo de esta carpa. Está bordando unos manteles con motivos florales. Acabó el borde, amarillo oscuro, casi anaranjado. Ahora trabaja el dibujo floral central.

—No le hago nudo, nada más amarro atrás. No me gusta hacerle nudo.

—¿Cómo se llama, señora?

—Mi nombre es Nicanora García. Mi hijo es Saúl Bruno García.

—¿Me puede explicar cómo se ha llevado a cabo el plantón en estos primeros dos días?

—Pues esto, que estamos aquí plantados porque no nos han dado ni una solución. Y luego, en primer lugar, hay documentos que no nos han dejado ver los militares. Los expertos independientes dejaron las líneas de investigación y en el informe está una parte que dice que no nos entregaron todo el documento que debían entregar para dar con la verdad de los muchachos.

Hay un volante que distribuyen los padres y madres de los 43. En él se lee:

Información que el Ejército se niega a entregar sobre el paradero de los 43

1. La comunicación que habla que 17 estudiantes fueron trasladados a la Brecha de los Lobos.
2. El dispositivo donde fue almacenada la comunicación intervenida.
3. La identidad del militar que hizo la intervención telefónica a fin de que aporte más datos.
4. Los números de teléfonos que fueron intervenidos a fin de hacerles estudios y análisis para que aporten una red de vínculos más amplia.
5. Las últimas comunicaciones de Julio César López Patolzin, agente militar encubierto en Ayotzinapa, hoy desaparecido.
6. Los últimos reportes de los agentes de inteligencia militar que dieron seguimiento a los estudiantes en Iguala.
7. Los últimos reportes del C-4 que corresponden al momento de la desaparición de los estudiantes.
8. La información negada es relevante para dar con el paradero de los estudiantes desaparecidos.

¡PORQUE VIVOS SE LOS LLEVARON,
VIVOS LOS QUEREMOS!
Padres y Madres de los 43

—¿Por qué cree que no quieren entregar los documentos?
—Porque no quieren que se sepa la verdad.

—¿Qué hay en esos documentos?

—Ahí está la verdad para saber qué pasó con los chamacos o qué les hicieron o dónde están. Por eso no quieren entregar esos documentos, porque ahí está la verdad.

—¿Hasta cuándo se van a quedar en el plantón?

—Pues... hasta que den una información. Que si van a rescatar los documentos o no. O si los van a entregar o no. El presidente, pues, supuestamente él nos dijo que ya él dio el... Ya tiene todos los documentos en mano y que ya no hay nada que esconder. Entonces, nosotros queremos saber la verdad.

—¿La idea es quedarse hasta el 26 o más?

—Pues no sabemos ahorita hasta para qué día.

—¿Cuántas personas han llegado y se están quedando?

—Somos muchos. Sí. Hay como 300 personas. Está la otra carpa ahí atrás.

—Ah, ¿hay una carpa más?

—Sí. Sí. Está otra carpa más allá. Sí. Son muchos. Las organizaciones, los padres, los estudiantes, pues, son muchos los que vienen.

En la otra carpa están los muchachos. Los muchachos de las Normales, los de primer año, lo sé porque están casi todos rapados, menos algunos que tienen el pelo largo. Pero todos llevan puesto un pañuelo, una mascarilla, un pasamontañas para cubrir el rostro. No quieren ser identificados, están enfrente del Campo Militar número 1, enfrente de los soldados colegas de los que hace nueve años estuvieron involucrados en la desaparición forzada de sus compañeros.

Todavía no lo sé, pero en medio de las decenas de muchachos de todas las Normales del país que vinieron a escoltar a los papás y las mamás de los 43, también está Malilla. Me lo dirá él dentro de un mes, cuando lo vea en Ayotzinapa. Sí te vi, güero. Vi que viniste a entrevistar a las mamás, me dirá. Nomás que tú no me viste a mí. Si lo vi no me di cuenta.

También están presentes las organizaciones. Tlachinollan, el Prodh. Ayer vinieron, hoy están acompañando una actividad en el Hemiciclo a Juárez, en el Centro Histórico, con casi todos los papás. Por eso Nicanora está aquí sola con los muchachos que se quedaron a presidiar el plantón.

—¿Usted cree que el Ejército va a entregar esta información? Si no lo han hecho ni siquiera cuando estaba el grupo de investigadores independientes…

—Pues, no sé. Dice el gobierno que sí. López Obrador se comprometió a que sí va a sacar esos documentos.

—Ustedes hablaron con el presidente, ¿verdad?

—Sí, apenas. Tuvimos una reunión.

—¿Y qué les dijo?

—Pues dijo que él ya tiene toda la información, que hasta por eso nos dio el informe del caso. Para que leamos, dice, y ahí que veamos. Yo creo que ahí no está la verdad todavía.

—¿Pero ya les dio los documentos el presidente?

—No, pues, sí dio, pero no está la verdad de nuestros hijos. Nosotros queremos saber dónde están, qué pasó, dónde se los llevaron. A nueve años no hemos tenido respuesta. Ya están todos los análisis que les hicieron. Han hallado muchos cuerpos, pero que no son ellos.

—Pero dónde están no lo dicen…

—Pues, no. ¿Dónde están? Por eso, decimos que nosotros queremos saber dónde están. Que digan dónde los tienen, o qué les hicieron, o dónde los llevaron, o dónde los tienen guardados, porque no quieren decir dónde los tienen. Pues, yo como madre, como le digo, yo quiero a mi hijo con vida. Y si ya le hicieron algo, pues, que me entreguen a mi hijo, pero no voy a querer un pedacito nomás que me vayan a entregar, que ese es su hijo. ¡No! Yo quiero que me entreguen a mi hijo, porque mi hijo no era un delincuente, mi chamaco era un chamaco inocente. Pues, como digo yo, que así como era mi hijo, así eran todos los muchachos, porque eran unos jovencitos. Por ejemplo, unos chamacos jovencitos, el mío tenía 18 años cumplidos, apenas había cumplido sus 18 años, imagínense. Somos gente pobre. ¡Gente humilde!

—¿De dónde es usted?

—Tecuanapa. Imagínense. Nosotros allá, él lo que quería es tener un futuro mejor. Dice, mami, pues yo me quiero ir a estudiar, quiero que usted me apoye, porque quiero hacer algo en la vida. Y yo inclusive le dije, digo, ay, hijo, yo no quiero que te vayas, porque está lejos, pero ya se quería ir. Y mejor le digo, lo que puedes hacer, digo, ya estudiaste tu bachiller, ya estudiaste computación. ¿Qué te parece? Te buscamos un trabajo más cerca para que trabajes, mejor. Y como dices tú, si te quieres casar, pues ya te casas. Pero yo no quiero. Dice, no, pues yo ya saqué mi ficha, yo me voy a la Normal y se vino. ¿Y para qué? ¿Para que le quitara ese sueño este maldito gobierno? Porque fue el gobierno, no fue otra gente. Fueron policías uniformados, ellos se los llevaron, ellos los atacaron, les hicieron peor que a un delincuente. Los delincuentes allá andan libres, allá andan, no les hacen nada. Porque son puros ellos. Los delincuentes son mismos ellos.

—Pero siguen diciendo que fueron los Guerreros Unidos.

—Lo agarraron los policías. Y ya si a ellos los entregaron con el crimen organizado, ya es cosa de ellos que lo entregaron allá. Nosotros no tenemos que estar escuchando eso.

—Y entonces, el presidente sigue sin dar la información completa, según lo que me está diciendo.

—No, pues no da la información completa. Imagínate. Qué bonito sería, como dijo él cuando andaba en su campaña, que él sí iba a dar, iba a dar con la verdad, con los chamacos. Ya son cinco años, ya va para los seis, de que él entró. Y ¿dónde está la verdad? Incluso se puso la playera con 43. Ajá, y luego imagínese. Si él fuera su hijo, ya lo hubiera encontrado, no estuviera todavía como nosotros que aquí andamos haciendo plantones para que digan la verdad. Ellos nos pusieron aquí. Porque ellos se llevaron a nuestros hijos. Fueron los militares, tuvieron mucho que ver, todo el mando del presidente, de Peña Nieto, porque él es el alto mando, él manda. Como dice López Obrador, que él no supo eso. Pues no sabría, pero él se comprometió a dar con la verdad. Hasta nos dijo una palabra, que caiga quien caiga, le pese quien le pese. Él firmó un oficio... el decreto, donde se comprometía a dar con el paradero de los muchachos. ¿Y qué ha hecho? Sí, nos dijo que no, ha trabajado, ha avanzado, pero no ha dado con la verdad.

—Y además ya el próximo año se va.

—Pues sí, ya se va. Sí, imagínense. Eso es lo que yo pido, como madre, pues a mi hijo, a sus hijos de mis compañeras. Como les digo, que a mí me quitaron uno, pero como ya somos una familia, son 43 hijos que andamos buscando. No nada más uno, y aparte miles de desaparecidos que están apareciendo. Otras familias están encontrando a sus seres queridos ya muertos. Y nosotros, ¿qué? ¿Dónde están los hijos?

—¿Cuántos años tiene usted, señora?

—Yo tengo 63 años.

—¿Y tiene más hijos?

—Sí, pero ahí ya cada quien tiene su familia.

—¿Dónde viven?

—Ellos viven allá, en el pueblo. Así que no nos podemos quedar callados por nuestros hijos.

Cae el silencio unos minutos. Luego indico la puerta número uno, enfrente de nosotros.

—Estaba viendo cómo los militares se han puesto acá con barricadas, como si estuvieran en guerra.

—Ah, no, pues imagínense, cuando veníamos entrando los autobuses, parecía que veníamos con hartas armas. Ellos corren para acá, corren para allá con sus armas, con sus escudos, con sus perros, pensando que nosotros les vamos a echar no sé qué. Nosotros la única arma que tenemos es la foto de nuestros hijos. Los muchachos vienen con nosotros, pero ellos vienen pacíficamente. Nos vienen apoyando. Otros estudiantes de distintas Normales rurales nos apoyan a nosotros para que podamos llegar a la verdad. Exigimos nuestro derecho de saber la verdad de nuestros hijos.

—¿Pusieron estas barricadas después de que llegaron aquí?

—Sí, después de que llegamos. Se la pasan vigilándonos noche y día, y están parados. Pues digo yo que está bien que están parados. Yo aquí sentada y ellos parados.

—¿Dónde están los demás padres ahora?

—Por el Hemiciclo a Juárez, por allá. Y pues imagínate nosotros nos quedamos aquí para estar con los muchachos porque no nos quieran venir a sacar. Porque, como le digo, yo soy mujer, pero aunque sea... tengo mis manos, aunque sea vieja como estoy, pero me puedo defender todavía... pues sí. Sí porque yo mi hijo... me duele mi hijo. No lo voy a dejar de buscar porque es mi hijo, es sangre de mi sangre y a mi hijo lo quiero mucho, lo amo, por eso ando aquí buscándolo.

—Parecía que López Obrador iba a dar la respuesta principal sobre dónde están.

—¡Pues según eso dice!, pero hasta ahorita no ha pasado. Esperemos que pase porque él dijo que se comprometió que sí lo va a hacer. No dijo cuándo. Dijo que hace lo posible para dar la verdad, pero...

Sus manos no han dejado de bordar, sus ojos no se despegan de su trabajo.

—No sé. Como no son sus hijos, ahí están con toda la calma, pero uno como madre ya quiere saber dónde está su hijo.

—¿Cuál fue la reacción de los militares cuando ustedes llegaron?

—No, pues todos andaban corriendo ahí. Le digo que nos veían como si fuéramos delincuentes. Pero delincuentes son ellos, porque ellos son los que se llevaron a nuestros hijos.

Es impresionante la imagen. Ver al Ejército armado, amontonado en defensa de su propia fuerza, de su propia celebración. Ver a los soldados desplegados como si estuvieran enfrentando a un enemigo poderoso.

—Imagínense, ni a los delincuentes les hacen esto, porque a los delincuentes los dejan libres. Si fueran buenos fueran a ver allá donde la gente se está matando, allá fueran ellos a defenderla. Pero no. Quieren matar a la gente inocente.

—¿Cómo es la situación en Guerrero?

—Pues la verdad no ha cambiado. Siguen haciendo masacres dondequiera. Mucha gente se muere, mucha gente los desaparece. No porque pasó lo de los muchachos, ¿usted cree que ya no siguen desapareciendo? Siguen desapareciendo gente, jovencitas que las agarran, chamacos jóvenes, señoras, señores, se los llevan, la familia completa. A ver, y el gobierno dice que va a hacer cambio. ¿Cambio de qué? Pasaron cinco años y no se ve su trabajo, que se dé la verdad de nuestros hijos. Nosotros queremos los chamacos. A mí no me importa que pueda llenar la cárcel de tantos delincuentes y qué tiene. No tiene caso que llenen la cárcel de tanto militar o policía o lo que sea si no dicen dónde están nuestros muchachos. Nosotros queremos saber dónde están los muchachos. No queremos saber que está la cárcel llena.

***

María de Jesús Tlatempa Bello

—A. me dijo: Tienes que entrevistar a doña María de Jesús, porque ella es la que calló al presidente.

Me mira sonriendo.

—¿Quién le dijo?

—A. me lo acaba de decir. ¿Es verdad?

Mientras digo esto se da cuenta de que el objeto que estoy sujetando es una grabadora. Me pregunta:

—¿Está prendida?

—Todavía no. Ahora la prendo.

Su tono cambia, desaparece la sonrisa de su rostro.

—A ver, este...

—Ya. Cuando quiera. Ya estoy grabando.

Y empieza una letanía preparada que María de Jesús Tlatempa Bello suelta como los rezos, como las plegarias aprendidas de memoria de niños.

Como cada construcción mnemónica tiene carácter circular, así vuelve varias veces a los mismos puntos, con las mismas palabras: "Basta violaciones ya", "Hasta encontrarlos".

A un cierto punto, durante la entrevista-monólogo, empieza a nombrar al "señor presidente AndrésManuelLópezObrador" y se dirige directamente a él. Le habla a él a través de mí.

Es la primera vez en diez años de carrera periodística que me doy cuenta a nivel concreto del significado profundo de la expresión "medios de comunicación". El micrófono negro y plateado que sujeto en la mano izquierda a 30 centímetros de la boca de María de Jesús Tlatempa Bello es un puente entre sus labios y los oídos del presidente. Durante su monólogo, su mirada se va a un punto lejano detrás de mí, detrás de los camiones estacionados a mi espalda, detrás de los postes de luz, después del concreto del segundo piso. Quizás está mirando directamente el Palacio Nacional.

—Vivos se los llevaron, vivos los queremos. Mi nombre es María de Jesús Tlatempa Bello, madre de José Eduardo Bartolo Tlatempa y estamos aquí en el batallón, en el Campo número uno de los militares del Ejército mexicano, y pues nosotros estamos aquí con la única intención de que el gobierno mexicano de Andrés Manuel López Obrador, el presidente, nosotros le hemos exigido en esta reunión del 20 de este mes de septiembre, que agilice a que el Ejército mexicano entregue toda la documentación, pero hasta el día de hoy no la ha entregado y nosotros hemos insistido una y otra vez desde que pasó, desde aquel día 26 y 27 de septiembre de 2014 nuestros hijos fueron monitoreados por el C-4 y gracias al Grupo Interdisciplinario de Expertos Independientes en el sexto informe, pues nosotros tenemos las evidencias donde hubo participación del Ejército en el hospital Cristina y hubo un informante en el Palacio de Justicia, y para nosotros nos queda claro que hubo participación porque hubo infiltrados en la Escuela Normal de Ayotzinapa y ya con anterioridad también el Ejército entró a la Escuela Normal de Ayotzinapa, supuestamente que se habían equivocado. ¿Cómo el Ejército se va a equivocar y entrar a un lugar en la Escuela Normal de Ayotzinapa? Pues para nosotros nos queda claro y es evidente que el Ejército está siendo protegido por el presidente Andrés Manuel López Obrador, por eso, señor presidente, quiero decirle que nosotros estamos esperando la respuesta de que... porque usted le dijo al Ejército que entregara toda la documentación, toda, toda la documentación, y es por eso que nosotros estamos aquí insistiendo que es su deber, usted como presidente y máxima autoridad, y usted tiene el poder de resolver este tema como se lo hemos mencionado. A casi nueve años nosotros seguimos en la exigencia, no podemos permitir que otra madre, que otro padre, siga sufriendo lo que nosotros estamos sufriendo. Hacemos plantones, hacemos mitin dejando a nuestras familias en nuestras casas, también nuestras familias nos necesitan como madres de familia, tenemos más hijos también y tenemos que trabajar para sostener los gastos que se generan en la casa y usted, señor presidente, piensa que nosotros estamos aquí porque nos gusta. Usted sabe, usted viene de una lucha social y es por eso que nosotros estamos aquí desde que usted se sentó en la silla presidencial, usted ya sabía que había la desaparición de nuestros hijos y usted se comprometió en esa silla presidencial a esclarecer el caso y usted brindó ese compromiso de esclarecer este caso. Ya va a terminar su sexenio y nosotros aún no hay justicia, la seguimos esperando. La verdad y la justicia, ¿dónde están?

Es difícil interrumpir el flujo, no hay pausas, no hay descanso. Es una letanía repetida una y otra vez, una y otra vez, que casi se pronuncia sola. Me impongo un segundo y le pregunto qué dijo el presidente en su encuentro anterior.

—Él dijo que ya había entregado toda la información. Toda, toda la información que ya le había entregado el Ejército, y pues él claramente no ha considerado el informe, el sexto informe del Grupo Internacional de Expertos Independientes, por eso ellos se fueron, porque pues hubo obstáculos, ya no se investigó como debía de ser y es por eso, pues si ya no había para seguir la línea de investigación se tuvieron que ir porque pues no entregaron lo que ellos estaban pidiendo, todos los expedientes que estaban en esos archivos, toda la información que tienen oculta ahí y pues el grupo internacional de expertos se fue, pero nosotros vamos a seguir exigiendo que entreguen toda esa documentación, que no podemos permitir que siga habiendo más impunidad, que basta de proteger a los militares, que nosotros no podemos permitir seguir aquí pasando, estar aquí, en este plantón lo hicimos porque fuimos obligados por Andrés Manuel López Obrador de estar aquí, porque el Ejército no ha entregado toda la documentación. Nosotros estamos esperando que nos dé solución a la investigación del Grupo Interdisciplinario de Expertos Independientes, GIEI, y en ese sexto informe pues se considera el CRFI, que ahí está toda la documentación para llegar a la verdad y para tener la justicia.

—¿Qué piensa que hay en esas partes faltantes tan importantes? ¿Qué es tan escandaloso para el gobierno y para el Ejército, qué es tan grave como para que no se lo quieran entregar de ninguna manera?

—Están ocultando la información y sabemos que el Ejército mexicano es responsable de la desaparición de nuestros hijos. De antemano pues nosotros como madres y padres de familia sabemos y en ese momento sabíamos que el Ejército participó, pero no teníamos una evidencia, como nos hacía creer el gobierno que mientras no hubiera una evidencia pues no había credibilidad, y ahorita el gobierno dio un informe, en este informe que dio el gobierno pues se avasaron a unas hojas que entregó el batallón de Iguala de una, dos, tres hojas, y es más, en manuscrita la entregaron y no tiene ni sello ni firma, entonces no tiene credibilidad, no tiene un soporte que lo avale que vino de ese lugar, entonces ¿de dónde vino esas hojas? Por eso decimos nosotros que hacen falta más hojas, que no podemos permitir que no entreguen toda la documentación. Es por eso que Andrés Manuel López Obrador dijo que entregara toda la documentación, toda la información que tenía el Ejército mexicano y el Ejército mexicano no ha entregado nada; es por eso que yo le digo a Andrés Manuel López Obrador ¿quién manda aquí? ¿Manda el Ejército o manda él? Y como el presidente le dijo que entregara toda la información y como ellos no han entregado la información entonces se debe de castigar a las personas que tienen oculta toda esa información y que no lo quieren entregar. Es una responsabilidad, es un delito de 43 estudiantes que están desaparecidos 43 hogares que estamos sufriendo sin saber a dónde están nuestros hijos. Andamos en plantón pero somos obligados porque el gobierno aún no esclarece este caso y es por eso que nosotros vamos a seguir insistiendo, una y otra vez hasta llegar a la verdad y hasta encontrar la justicia.

Le pregunto qué intención tienen, qué piensan hacer si la respuesta es negativa. En ese momento todavía no se sabe. Se sabrá meses después. Pero es imaginable, es lo que muchos se esperan, que la respuesta sea negativa. María de Jesús retoma su discurso.

—Nosotros seguimos exigiendo la información que tiene oculta el Ejército y nosotros no vamos a dejar esta lucha porque nosotros el amor de nuestros hijos nos mueve para seguir en pie de lucha y para seguir exigiendo verdad y para seguir exigiendo justicia y que ya basta la impunidad, basta de violar nuestros derechos como él dijo en esa reunión, que él dijo ya casi al terminar la reunión, porque él insistía con su informe y nos distraía y volvió a insistir, nos distraía y volvió a insistir con su informe, y hasta nos puso a estudiar dos veces, nos puso a estudiar y pues nosotros decimos que nosotros tenemos al Grupo Interdisciplinario de Expertos, que ellos ya tienen las evidencias y que ellos tienen la credibilidad y tienen un soporte de la investigación de por qué hacen falta las hojas, es por eso que le digo al gobierno mexicano de Andrés Manuel López Obrador que considere las hojas faltantes que hacen falta del CRFI,[9] porque para nosotros si no investiga, pues nosotros no vamos a perder nada, porque nosotros vamos a seguir aquí en pie de lucha hasta llegar a encontrar la verdad y hasta encontrar la justicia, que aún hasta el día de hoy siguen violando nuestros derechos porque el tema central para él, él dijo que su convicción para él, ya casi al terminar la reunión, que era el humanismo, entonces nosotros como madres y padres de familia pues nos agarramos de ahí del humanismo, qué humanismo si ya va a terminar su sexenio y aún no ha esclarecido el caso, que él se comprometió a resolver este problema y ya va a terminar su sexenio y no solamente a nosotros nos está mintiendo sino que también al pueblo, la gente pregunta ¿qué les dice Andrés Manuel López Obrador? ¿Qué les dice Alejandro Encinas? Pues les digo, les digo lo mismo de su informe que él quiere agarrar, les explico de las hojas de manuscrita que entregó el batallón de Iguala y pues siempre se agarra de ahí y él le da credibilidad a eso pero como yo les digo no hay una fuente, no hay un soporte que lo avale que de ahí viene la información, entonces hace falta más información y pues nosotros vamos a seguir en la exigencia, hasta llegar a la verdad y hasta encontrar la justicia.

—Cuando se encontraron con él, ¿estaba solo o había algún militar?

—No, de hecho Cresencio no estaba ahí, porque pues él es el encargado de la Defensa Nacional, ¿verdad? Y pues nosotros como Cienfuegos, en aquel entonces estaba Cienfuegos y pues quiera o no Cienfuegos tiene responsabilidad. Ángel Aguirre, Tomás Zerón de Lucio, Iñaki Blanco, todos los funcionarios de aquel entonces porque fueron aliados, por todo esto, fueron monitoreados por el C-4 y hubo participación de la policía municipal tanto de Iguala tanto de Cocula y ahí en el Palacio de Justicia, pues ahí participó, hubo

---

[9] Centro Regional de Fusión de Inteligencia.

un informante también que tomó algunas fotografías y ahí también la policía de Iguala, y la policía se los entregó a la policía de Cocula y se los llevaron rumbo a Huitzuco. ¿Dónde están los estudiantes? Nosotros como madres y padres de familia, el día 26 y 27 de septiembre estábamos esperando a nuestros hijos ahí en la escuela porque yo marqué a su celular de mi hijo y contestaron y dijeron que no contestó mi hijo, contestó otra persona que no era mi hijo, quiero entender que era un policía o era alguien que ya los habían detenido a nuestros hijos, y que me dijeron que eran detenidos y que pronto iban a ser liberados. Quiere decir qué orden recibió después que no los liberaron, por eso para nosotros duele y es muy doloroso cómo dejaron a Julio César Mondragón desollado en vida, y yo miré cómo estaba tirado en la foto y yo dije, lo vinieron a acomodar bien así, como un muñeco, como un títere. Dije, lo acomodaron así para meternos miedo, pero ellos no quieren asumir su responsabilidad, su error de desaparecer a nuestros hijos ¿y todo por qué? Porque están coludidos con… Es muy delicado esto, pero pues lo tengo que decir porque en el sexto informe ya hay evidencias claras y pues ahí nos basamos nosotros, en los informes que hay y que hasta el día de hoy el gobierno mexicano no ha considerado los informes de nuestros expertos que son respaldados por la Comisión Interamericana de Derechos Humanos, aquí el presidente tiene el poder para resolver el caso y es por eso que nosotros a él le exigimos que entreguen toda la documentación que aún no han entregado, y nosotros pues vamos a seguir exigiendo la información porque ahí estamos estancados, desde que se tocó el Ejército pues ahí estamos estancados, ahí estamos, ahí estamos. No podemos salir de ese tema.

—Pero ahí en el informe decía que están coludidos con los grupos delincuenciales…

—Sí, nada más que pues ahora yo casi no me gusta tocar este tema, pero ahí está, está ahí sí, pero yo casi por lo regular siempre toco, porque digo yo, siempre digo, lo que dicen los informes, por ejemplo ahorita el gobierno de lo que entregó ahorita: si en verdad quiere que sea verídico, entonces que entregue la demás información que hace falta porque, como le vuelvo a decir, no sabemos de dónde vino ese papel manuscrito, si en verdad vino de ahí de ese batallón de Iguala, pero de ese falta más documentación, porque no se le puede dar credibilidad, porque no sabemos de dónde vino ese informe, es más, como le vuelvo a repetir, no tiene credibilidad porque no tiene una fuente de dónde salió esa información, o sea, no hay nada y es por eso que no hay una respuesta clara que el gobierno esté dando a la ciudadanía que diga que este es un informe de gobierno, ¿no? Pues él prácticamente se va a lavar las manos ¿Por qué?, porque no va a querer tocar a su Ejército que está protegido y más él que es el comandante de las Fuerzas Armadas, entonces yo lo que sí le digo a Andrés Manuel López Obrador es que está en sus manos resolver este problema y yo he mencionado que si él no lo resuelve ¿quién nos va a ayudar? Entonces no es un gobierno democrático, no tiene la convicción del humanismo, como tema que él trató ese día. Si en verdad fuera su convicción de humanismo ya tuviéramos nuestros hijos a nuestro lado, ya supiéramos la verdad, ya hubiera visto justicia y aún seguimos aquí y él no tiene humanismo porque no tiene corazón, nosotros estamos en un plantón, pero somos obligados por él porque no nos da todavía la verdad.

—Si fuera cierto que les dieron toda la información, sabrían dónde están sus hijos.

—Y que paguen los responsables, porque así nosotros no hubiéramos de estar aquí en este plantón, pero si el gobierno mexicano nos dijera ¿saben qué?, aquí está la verdad, aquí está la justicia, pues nosotros íbamos a dejar de hacer los plantones, dejar de hacer los mítines, ya no íbamos a andar marchando, nosotros somos madres y padres de gente indígena, gente campesina que vivimos en diferentes lugares de los lugares más apartados de la ciudad, y pues nuestros hijos ahorita ya fueran maestros, estuvieran impartiendo clases a los lugares más apartados de la ciudad. A los niños les robaron 43 maestros, a nuestros hijos les robaron una vida plena de un futuro mejor, les han violado sus derechos y todo por qué, porque los desaparecieron por seguir sus estudios, yo quería que mi hijo estudiara, que fuera alguien en la vida, que fuera un profesionista, le decía yo échale ganas, yo era hasta su maestra porque yo le decía mira, hijo, te vas a parar así, así vas a hablar derechito y así vas a agarrar el micrófono, y mi hijo pues era este era un niño muy, aunque es mi hijo, pero yo no... cómo le dijera, mi hijo, aunque es mi hijo yo siempre le enseñé lo mejor, le di siempre lo mejor, o sea, desde chiquito le empecé a decir sabes qué, hijo, mira los errores, trata de no cometer errores, cuando tenía un error yo le llamaba la atención: mira, hijo, ponte a trabajar; mira, hijo, hazme, ya hiciste tu tarea, desde chiquitito yo le revisaba la tarea, porque le decía: yo quiero que estudies; si tu papá es albañil, tú tienes que ser ingeniero, porque así le había dicho un director de la escuela de bachilleres; le dijo, dice, mira, si tu papá es albañil, tú tienes que superar y tienes que ser ingeniero, o tienes que ser otro... tienes que estudiar más.

—¿Tiene otros hijos?

—Sí, tengo otros hijos, ahorita yo ya tuve dos maestros, ya mi hijo terminó el año pasado, ya es maestro también de telesecundaria, pero pues todavía no tiene plaza, terminó el año pasado, no les han dado sus títulos, no solamente a él, a todos no les han dado sus títulos.

—¿En dónde?

—Allá en Chilpancingo. Mucha gente piensa que nosotros tenemos dinero, pero prácticamente nosotros dinero no tenemos, quienes nos apoyan gracias a Dios son los plantones que se hacen y que pues todas las organizaciones que nos apoyan pues llegan aquí a un plantón y pues se solidarizan con el apoyo que ellos pueden, que por ejemplo traen un café, que traen un almuerzo, que traen nosotros de aquí almorzamos, comemos y siempre agradecemos lo poco, lo mucho que nos traen, siempre vamos a estar agradecidos nosotros los padres y madres porque pues gracias a ellos seguimos en un plantón y estamos en pie de lucha y en busca de la verdad y en busca de la justicia, y ya basta de violaciones de derechos humanos, que ya no queremos que sigan desapareciendo más gente porque es muy difícil y muy complicado vivir con esta preocupación y con este dolor.

—En un país donde hay 110 mil personas desaparecidas es una cosa inaceptable...

—Sí, de hecho, cuando me nombran así que hay muchos desaparecidos, tengo un escalofrío desde la punta de los pies hasta la cabeza y digo: ¿por qué vivimos en este mundo de corrupción?, ¿por qué hay tantos desaparecidos?, ¿por qué tantos muertos?, ¿tantos asesinados?, ¿por qué vivimos en esta vida tan inhumana que subió la canasta básica? Por ejemplo, nosotros ahorita somos campesinos, nosotros no tenemos un trabajo de gobierno: si cosechamos, comemos, si no cosechamos, no comemos, tenemos que buscar un ingreso para poder alimentar y poder apoyar a nuestros hijos para que sigan estudiando. Nosotros pues ahora sí que a veces quisiéramos como partirnos en dos porque quisiéramos estar en casa y quisiéramos estar aquí, a veces estamos aquí, a veces estamos en casa, estamos aquí, nuestra mente está en casa y estamos en casa, nuestra mente está acá con los papás y mamás, pues no podemos estar, no tenemos una dirección sino que la prioridad para nosotros, y él agarró el tema de la convicción del humanismo y de ahí nos agarramos nosotros que dónde está su humanismo, que nosotros no nos importa la política, no queremos un puesto político, no queremos nosotros por ejemplo una plaza, no queremos por ejemplo. Nosotros no pedimos cosas, de política ni puestos, lo único que queremos es saber la verdad, dónde están nuestros hijos y que se haga justicia y que paguen los responsables tanto materiales e intelectuales que fueron coludidos con el narcotráfico y pues es muy difícil esclarecer el caso porque el gobierno mexicano de Andrés Manuel López Obrador no quiere tocar este tema, llegó al Ejército y con el Ejército topamos pared y de ahí no pasamos, no pasamos y no pasamos, ahí estamos patinando un solo lugar, con el Ejército mexicano pero pues el que va a quedar mal va a ser él, porque él se va a ir como el peor asesino y como el peor inhumano porque no hay justicia, no hay verdad, no hay justicia y pues nosotros aún seguimos vamos a hacer una marcha el día 26 de septiembre de este mes, 2023, que nunca imaginamos llegar a este mes, para nosotros es muy, tenemos ahora sí un corazón muy sensible y estamos a flor de piel, que a veces pues tenemos ganas de llorar, pero lo aguantamos y vamos a seguir fortaleciéndonos a través de la fe, y la esperanza en Dios mueve montañas, es como un granito de mostaza y ahí vamos a seguir hasta llegar a la verdad y hasta encontrar justicia.

Voltea a verme solo cuando, después de varios minutos, decido interrumpir el flujo de conciencia y le hago una pregunta directa, sobre lo que piensa, sobre lo que siente. Fuera de las consignas que ha repetido, imagino, cientos de veces en estos nueve años. Incansable.

Se lo digo. Debe de estar muy cansada, las vi bajar de los autobuses muy cansadas.

—Estoy cansada de pedir justicia al gobierno —me contesta—. Este cansancio físico no importa. Importa que estamos cansadas de no saber dónde están nuestros hijos. ¿Dónde están?

Respira profundo, toma aire para el último fragmento de entrevista, está exhausta.

—Ahora sí queremos la justicia, pero pues no nos dicen nada, por ejemplo, Tomás Zerón de Lucio está en Israel, Iñaki Blanco anda ahí dando información, que no entrega toda la información como debía de ser. Por ejemplo, Lambertina no sabemos nada de ella, no sé si la agarraron o no la agarraron, si entregó esos videos, esas cámaras de seguridad, no sabemos nada de Ángel Aguirre, ahí anda suelto ni siquiera lo tocan. Cienfuegos también, ¿quién le dio la orden para atacar cobardemente a nuestros hijos, de dónde vino? Y sabemos quién es Cienfuegos. Cienfuegos lo extraditaron de Estados Unidos para acá. ¿Cómo lo extraditaron? Pues el presidente Andrés López Obrador movió sus intereses políticos, sus negociaciones que hacen con quién, pues con Estados Unidos, y aquí también con este se llama Alejandro Gertz Manero con Marcelo Ebrard, ellos trajeron para acá, extraditaron a Cienfuegos y ahora no quieren extraditar al otro, al policía Ulises no lo quieren extraditar para acá, pero bueno nosotros ahí vamos a seguir en pie de lucha hasta llegar a la verdad y hasta encontrar la justicia, porque todo lo que está en la oscuridad algún día va a salir a la luz tarde o temprano, tengo la fe y la esperanza de Dios y así como lo estoy mirando pienso saber de mi fatalidad. Eso me mueve para seguir adelante.

Se acabó. Se acabó su discurso. Se relaja un poco, respira, se queda callada, me mira. Le digo que es importante lo que están haciendo, que se lo agradezco. Que las voy a acompañar mañana. Con una voz dulce, más calma, me dice:

—Sí, de hecho, aquí vamos a seguir mañana. Yo me acuesto ahí en la carpa y sigo mirando allá el Campo Militar número uno. Me destapo así con la cobija y veo ahí el Campo Militar número uno y pues ahí empiezo a leer lo que dice y digo, la puerta uno, y siempre me voy a acostar y siempre estoy viendo hacia el campo militar, ¿a dónde están nuestros hijos?, ¿a dónde se los llevaron?, y pues estoy ahí pensando por qué no entregan toda la información si ya el mundo entero sabe que ellos saben a dónde están nuestros hijos y que tal vez el gobierno de Andrés Manuel López Obrador sepa dónde están y es por eso que no nos quiera decir dónde están nuestros hijos, que no nos quiera decir la verdad y no nos quiera decir la justicia.

—Nueve años así está muy difícil.

—Sí, está bien difícil. Mire la gente se está solidarizando.

—¿Ha tomado un café? ¿Va a tomar algo?

—Eso es lo que tengo ganas, de un cafecito, ya tiene rato, ya tiene rato, pero no hay todavía.

—¿Ese no es café?

—Yo creo que sí, tienes razón. Están tomando café, ¿te traigo uno?

—No, yo no, gracias. Pero, por favor, usted vaya.

—Sí, gracias, yo sí necesito tomarme uno para dormir, yo creo que sí porque aquí no tengo seguridad, aquí estamos en guerra porque tenemos que callar a los militares armados y aquí contra el pueblo. Digo contra el pueblo porque nosotros somos los padres de los 43 y pues ahora sí, si no estamos en guerra, como le digo para que pongan allá sus fuerzas armadas no nos intimiden.

—Como si ustedes fueran una amenaza.

—Ajá. Nosotros no tenemos armas, nuestras armas son nuestras lonas. Nosotros exigimos la verdad.

—Les tienen miedo.

No contesta, mira la puerta del Campo Militar. Luego me dice.

—Me acuesto como a las 12 con la cobija y estoy mirando, todo esto lo estoy mirando, ya hasta me lo grabé, las letras.

Las letras. Lo que lee. Dice: CAMPO MILITAR Nº 1-A GRAL. DIV. ÁLVARO OBREGÓN - PUERTA 1

—Creo que también hay pastel.

Cristina Bustamante

Cristina Bautista está cansada. Intentó acostarse un rato, pero después de una media hora dando vueltas en la colchoneta azul, se levanta y va a platicar con los compañeros, a organizar, a planear las acciones de mañana. Lleva puesta una playera roja con el número 43 y un par de aretes metálicos, redondos, que si miras bien también tienen grabado un 43, y una letra chiquita que dice VIVOS LOS QUEREMOS.

Mientras habla se ven y se escuchan los camiones en el Periférico que pasa encima de nosotros. Es oscura la noche, se ven las linternas, los muchachos encapuchados que van siempre en pareja a los baños químicos posicionados más abajo.

Se sirvió la cena, había comida para todos, me la ofrecieron a mí también. La llevaron compañeros solidarios.

—¿Usted piensa que mañana el presidente les va a decir algo útil y la verdad?

—No, pues eso no sabemos. No sabemos si nos van a dar algo, respuestas buenas para nosotros como madres y padres. Hasta que nos reunamos, vemos qué nos van a dar.

—Pero ya se reunieron.

—Sí, nos hemos reunido, tuvimos reunión con el presidente el 20, entonces le dijimos en palabra nuestra petición, pero también escrita y ya nos van a dar respuesta en escrito también. Entonces a eso hemos ido [a pedir] la respuesta. No sabemos qué nos van a responder.

—Pero ¿qué opinan?

—Nada por el momento, nada. No quiero opinar, no quiero pensar. Ver el momento cuando nos entreguen.

—Pero estar acá es simbólicamente, y también políticamente, muy fuerte, estar enfrente del Campo Militar número 1. Es como... todos sabemos o todos imaginamos que las responsabilidades del Ejército fueron mayores de las que se han asumido por parte del gobierno.

—Estamos aquí porque creemos, como madres y padres, que aquí están los documentos que hacen falta para esclarecer el caso Ayotzinapa. Por eso nos venimos a plantar. Esa es nuestra exigencia. No porque queremos estar aquí, sino que nos sentimos obligados hacia el gobierno porque sí queremos saber de nuestros hijos, qué pasó con ellos. Y son, van a ser nueve años. Nueve años se dice fácil, pero de caminar, de luchar... nueve años de sufrimiento.

—Pero por qué no están esos documentos en el... ¿Qué hay en esos documentos que no se puede...?

—El Ejército no quiere entregar.

—¿Por qué?

—Eso es lo que queremos saber. ¿Por qué? Esa es nuestra pregunta. ¿Por qué no quieren entregar? ¿Por qué esconden? Si hay transcritas en su archivo que entregó la Sedena, la Marina que entregó. Ahí encontraron esas transcritas. Entonces, ¿por qué no quieren entregar completo? ¿Qué esconden?

—Yo me imagino que eso lo esconden.

—Eso es lo que nosotros le decimos. Nosotros le decimos al Ejército, le decimos al presidente. Pero dice el presidente que ya se entregó todo. No, en el informe del GIEI dice que hace falta, hasta tiene el número. Desde que empezó, en 2014, nos mintieron, dijeron que ellos no supieron nada, que fue la delincuencia organizada quien se los llevó a nuestros hijos. Ellos fueron a borrar evidencias en el basurero de Cocula. Desde las seis de la mañana, ahí estaba el Ejército. Ahí estaba la Marina, los carros, el dron, ahí está, a sembrar evidencias para construir su mentira histórica. Y ahorita nos están diciendo que no hay documentos y que no hay. ¿Y qué va a pasar cuando los encuentren? Ya le dijimos al presidente. A nosotros no nos importa... sea lo que sea, pero que entreguen esos documentos que hacen falta. Queremos saber la verdad, por más dolorosa que sea. Esa es nuestra exigencia como madres y padres. Queremos la verdad.

—Pero a mí, yo tengo muchas preguntas, obviamente no son para usted, serían para ellos. Pero una es, si fuera cierto el hecho de que entregaron todo, que esa es toda la verdad, ¿dónde están los 43? ¿Por qué no se logra saber dónde están? Si las instituciones entregaron todo y todo está aclarado, deberían también decirles donde están.

—Pues eso es lo que se le dijo al presidente.

—¿Qué contestó?

—Su palabra fue que ya se entregó todos los documentos, que ya no hay nada. Entonces, le digo yo, entonces, si no hay nada, ¿cómo vamos a saber de nuestros hijos? ¿Cómo? Y ya al final dijo que va a revisar. Va a revisar de nuevo. Pues por eso venimos a hacer plantón aquí, porque no nos dio buenas respuestas en esa reunión y ya se decidió estar en el plantón.

—Además, con todo lo que él ha declarado en estos años sobre lo mucho que él tiene confianza en el Ejército, y que son de toda confianza, todo el tiempo se la pasa repitiendo esto. ¿Y cómo va a renegar de todo ese apoyo que le ha dado y ese poder que le ha dado al Ejército en estos años ahora?

—Pues sí.

—¿Y qué pasa si no les dan una respuesta definitiva?

—Pues vamos a seguir manifestando todo lo que hemos logrado, los avances, todo lo que se descubrió de la Marina... Gracias a nosotros, pues como madres, que ahí estamos, ahí estamos exigiendo, ahí estamos invitando a las organizaciones, a las universidades, a las Normales rurales para que nos acompañen. Todo lo que hemos logrado no ha sido gratis. Nosotros hemos sufrido. Nosotros hemos salido haciendo caravanas, invitando organizaciones, las Normales rurales. Hace un evento, nosotros ahí estamos, como madres, padres, allá estamos, para que nos acompañen cada mes el 26, que siempre marchamos en la Ciudad de México. El 27 siempre llevando una ofrenda floral en Iguala. Y entonces, no ha sido, digamos, así de gratis, todo lo que se ha avanzado. Pero no tenemos los resultados todavía.

—Me parece que a nivel social ha disminuido la participación, el apoyo de la sociedad. Se moviliza menos gente. ¿No siente que los están dejando un poco solos?

—Claro que, al principio, pues, levantó la voz el pueblo de México, sí. Pero vino la represión y todo. Encarcelaron a los estudiantes. Los empezaron a hostigar. Pues claro que los intimidaron a todos y ya nos dejaron como madres. Por eso ahí salió lo de salir en caravana, de invitar, de llevar la información, de decirles aquí estamos las madres, aquí estamos los padres, en busca de nuestros hijos, les pedimos que nos acompañen y todo. Y ya ahí hacen la invitación. Un evento que va a tener cada organización. Ya ellos nos ayudan con los pasajes. Ya vamos para dar información de dónde estamos y cómo vamos. Por eso no se ha cerrado el caso Ayotzinapa. Porque si nosotras como madres y padres estuviéramos con los brazos cruzados, pues ya, caso cerrado. Igual como los demás casos que han pasado porque los intimidaron y ya no salieron. Entonces... Con nosotros no pasó eso. No pasó porque nosotros salimos.

—¿Por qué? ¿Qué tienen ustedes diferente?

—No, no tenemos nada. Nosotros, por el amor que le tenemos a cada uno de nuestros hijos, nos mantenemos de pie, nos mantenemos unidos.

—A lo mejor estar unidos es la clave.

—Por eso estamos aquí. Porque cada madre, cada padre que llegó, vino por su hijo. Por su hijo. Entonces tenemos que luchar juntos. Porque esa misma noche los desaparecieron juntos. Esa noche asesinaron a tres normalistas, a uno lo dejaron en coma, más heridos, y los 43, ¿dónde están? Se los llevaron. Es que no se desaparecieron, es que se los llevaron. Porque los sobrevivientes, ellos miraron cómo los subieron a las patrullas, cómo los bajaron del autobús, golpeándolos. Y los subieron a las patrullas diciendo: Huitzuco, Cocula, Iguala. Ya no los llevaron todos porque ya no cupieron. Ya no cupieron.

Pasa un coche que pita "chinga tu madre".

—Esto que estaba pasando, pitando, ¿era en contra de ustedes?

—Eso —levanta la voz— no sabemos si está en contra, si nos felicitan o nos insultan, no sabemos. Solamente él sabe y Dios sabe qué nos dice.

—Ayer también lo escuché.

—Sí, desde que llegamos.

—¿Por qué insultar?

—Sí, pasó una señora ayer y nos dice: ¿Para cuándo van a levantar las lonas? Es que nos están afectando. Le digo: Nosotros no afectamos. Afecta el Ejército porque no se suma y que le digan al Ejército que entreguen los documentos que hacen falta para no estar aquí. Estamos aquí por los documentos, porque queremos saber de nuestros hijos. Ella se enojó, se fue. Y así. Y no sabemos si nos felicitan o nos insultan. Porque así es desde que llegamos.

—Yo creo que es un tema que debería ser parte de la preocupación de todos los ciudadanos de este país, me parece.

—Sí, pues sí. Pero les decimos a las personas cuando nos insultan que solo esperamos que siempre estén juntos con su familia.

Porque si un día desapareciera su hijo como nuestros hijos, aquí estuvieras. Aquí estuvieras de revoltoso. Y pues hemos sufrido nueve años. Son nueve años de sufrimiento.

—¿Cómo va con los chavos, los muchachos de las Normales que ahora tienen más o menos la edad de sus hijos cuando fueron desaparecidos? ¿Cómo es la relación con ellos?

—Pues ellos llegaron a la Normal, así como nuestros hijos. Llegaron a la Normal de Ayotzinapa por un sueño de ser alguien en la vida. A la Normal le hacen falta 43 estudiantes. A ellos cuando entran les dicen que deben de luchar. Y por eso están acá. Pues ellos están apoyándonos, están dispuestos a luchar con nosotros.

—¿Por qué les dicen tía y tío?

—Así es la Normal. Para ellos todo el mundo "tíos", todo el mundo "tías".

—Son amables los muchachos.

—Son amables. Sí.

—Gracias, Cristina. Buenas noches.

★★★

Veo la película *Family Romance, LLC*, de Werner Herzog. El protagonista, Ishii Yuichi, es un hombre que dirige una empresa que se especializa en poner en alquiler sustitutos de familiares, de amigos, o lo que prefieren los clientes. Ofrecen personas que cumplan los deseos de los clientes.

Ishii Yuichi en su trabajo interpreta varios roles, pero el más recurrente en la película es el de padre de una niña de doce años, cuyo verdadero padre no ve desde que tenía tres años. Ishii Yuichi la lleva al parque, platica con ella, explora la ciudad de Tokio, donde está ambientada la historia, le cuenta detalles de su infancia. Hacia el final de la película, la niña desarrolla un verdadero cariño hacia el sustituto de su papá y expresa la voluntad de quedarse con él los fines de semana. Ishii Yuichi entonces convoca a la madre de la niña, una mujer rica que paga los servicios de *Family Romance* para que su hija tenga una relación con una figura paterna ausente, y el hombre le plantea el problema.

—Mahiro dijo que quiere estar conmigo por siempre —le dice preocupado—. Quiere quedarse conmigo los fines de semana. Dice que ocuparía apenas un poco de espacio.

La madre de Mahiro reacciona con una sonrisa contenta a las palabras de Ishii. Él continúa.

—Tenemos que enfrentar la realidad. Esto está yendo demasiado lejos, ¿no crees? Si seguimos con esto... En Family Romance... no se nos permite amar, o ser amados. Entonces... Tengo que ser más cuidadoso.

Es entonces que la madre, con una sonrisa tierna, le propone ir a vivir con ellas. Le enseña la casa, que tiene alberca interna, la cocina, los cuartos. Él, al contrario, le propone que su personaje muera.

—Me puedes rentar para que muera esta vez.

La realidad que tienen que enfrentar es que un sustituto puede cumplir con ciertas tareas, puede funcionar como descarga, como consuelo, como figura catártica, pero nadie puede sustituir realmente a otra persona.

Mientras veía la película me imaginaba qué pasaría si las familias de los desaparecidos pudieran contratar a una agencia como Family Romance. ¿Qué escenas veríamos? Imagino la posibilidad de decir palabras no dichas y que toda mamá o papá quisiera decirle a su hijo todo el tiempo. Te queremos. Te extrañamos. No te hemos olvidado, hijo mío.

Las palabras tienen que ser enunciadas, las cosas tienen que ser dichas, aunque todos las sepan. Hay que expresarlas en voz alta, para que salgan al aire, para que den alivio, a quien las escucha y a quien las pronuncia.

Visualizo esos abrazos dulces y fuertes, imaginados. Y pienso en otra imagen, en una sesión de constelaciones familiares colectiva.

Las constelaciones familiares. Hace años hice un reportaje sobre el islam en México y entrevisté a Amina Edlín Ortiz Graham, conocida como Amina Teslima al Yerráhi, sheija de la Orden Sufí Nur Ashki Jerrahi. Me enteré de que es terapeuta de constelaciones familiares y decidí participar en una en el centro sufí.

Una sesión de constelaciones familiares se lleva a cabo por lo general en grupo, entre personas que no se conocen o por lo menos que no forman parte de la familia.

La persona que busca la resolución de un problema, o el terapeuta, escoge en el grupo a las personas que pueden representar a los miembros de la familia, escogiendo también a alguien que represente al constelador, para completar la dinámica familiar.

Los participantes, que representan a los miembros de la familia de la persona que está haciendo la constelación, son posicionados en el espacio de una habitación con base en el sentimiento del constelador en aquel momento. De esta forma se crea un modelo vivo de la familia. Los participantes normalmente no saben nada de la familia del constelador, ni saben a quién están representando. Sin embargo, la potencia de las constelaciones hace que los sujetos vayan moviéndose en el espacio, interactúen, cambien de lugar, a partir de las sensaciones profundas de los mismos participantes.

Es una constante que quien participa en una constelación familiar y representa a los miembros de una familia ajena sin saber nada de ella, empieza a experimentar sentimientos y emociones muy similares a aquella de los verdaderos miembros de la familia.

Recuerdo que cuando hice mi constelación tenía cierta difidencia, pero también curiosidad. Primero participé como familiar de otra persona, que me colocó en un lugar en la enorme sala con piso de madera del centro sufí en la colonia Roma de la Ciudad de México. Con gran sorpresa de mi parte, empecé a sentir sensaciones no mías. Necesitaba moverme en el espacio, alejarme de algunos participantes, acercarme a otros, dejar el lugar en el que el constelador me había colocado. Sin saber nada, estaba experimentando sensaciones ajenas a mí.

Lo mismo vi cuando me tocó constelar. Después de posicionar a los demás participantes en el espacio, sin decirles nada, ellos empezaron a moverse, a actuar, fuera de su propia voluntad, las sensaciones de mis personajes, de mis familiares.

Fue una experiencia terapéutica muy poderosa que me hizo entender con inmediatez problemas muy profundos.

Me imagino una gran constelación familiar, en la que participan los familiares de los 43 estudiantes desaparecidos de Ayotzinapa. Llevo días imaginando esa sesión de constelaciones, en la cual las madres, los padres, los familiares, puedan entender, sanar, encontrar un poco de paz.

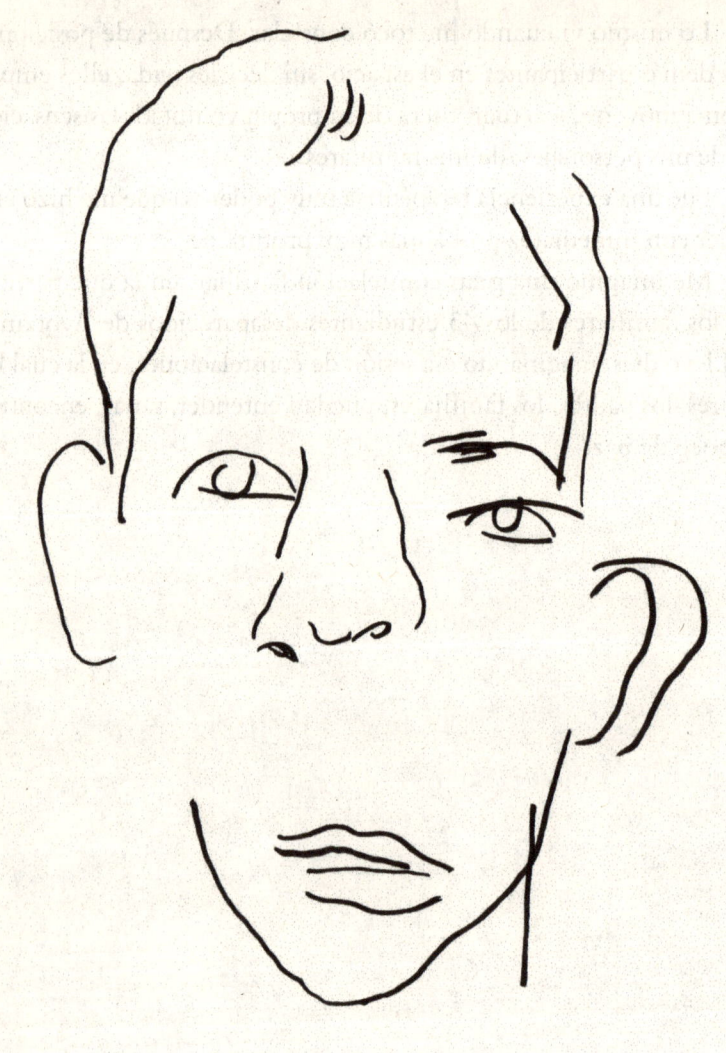

José Luis
Luna Torres

XIX

Derecho al olvido

He visto muchas veces *The Act of Killing*. En esa película documental de 2012, el director, Joshua Oppenheimer, entrevista a los perpetradores de una masacre que se llevó a cabo en los años sesenta en Indonesia por parte de grupos paramilitares financiados por el gobierno y la CIA en la cual fueron torturadas y asesinadas más de un millón de personas, acusadas de ser comunistas.

Oppenheimer finge que está realizando una película de ficción y les pide a los torturadores y asesinos, ya ancianos, que participen en el proyecto, que relaten lo que han hecho y actúen interpretando a los verdugos. En un vértigo de recuerdos y representaciones, se reconstruye un momento de la historia de Indonesia y de la Guerra Fría con un tono grotesco cargado de humor negro e ironía, que aumenta en el espectador la sensación de angustia. Es una película que ha cambiado mi vida y la forma de ver mi trabajo. Viendo *The Act of Killing* he imaginado muchas veces que se realizara una película en la cual los soldados escenifican la noche de Iguala, guiados por un director mexicano, quizás Everardo González, el autor, entre otras, de las películas *Los ladrones viejos*, *La libertad del diablo*, *Una jauría llamada Ernesto*. Me imagino que los generales del Ejército trabajan la puesta en escena y bailan vestidos de rosa, como en la película de Oppenheimer. Y confiesan sus delitos, sin esconderlos, reivindicando su crueldad, justificada porque los estudiantes eran unos revoltosos, porque eran comunistas, porque eran una amenaza para el sistema.

Everardo González me recibe en su casa, en el sur de la Ciudad de México. El piso de su sala está levantado. Lo acababa de arreglar hace una semana, por el mismo problema, pero se volvió a levantar. Como si la tierra se rebelara a ser pisada. Como si las almas estuvieran queriendo comunicar algo, su inconformidad quizás.

—Es humedad —me dice a secas.

Será humedad. Pero no puedo evitar pensar que los espíritus habitan en nuestros hogares, o dentro de nosotros que nos dedicamos a investigar las tragedias, las entrañas oscuras de los seres humanos, de su dolor. Una vez Everardo y yo compartimos el escenario en una feria del libro en la Alameda de la Ciudad de México para hablar de cómo se cuenta el horror, de cómo se relata la oscuridad en los trabajos documentales, de no ficción.

—Si tuvieras que hacer un documental sobre esta historia, sobre los 43 de Ayotzinapa, sobre aquella noche, ¿cómo lo harías? ¿Qué piensas que podrías contar?

Me mira a través de los lentes de sus gafas redondas y del humo de la pipa que está fumando.

—México está todavía en el momento en el que la ola lo está revolcando. No es un tema del pasado remoto. Estamos todavía en una ola que nos revuelca, porque primero los cineastas, pienso que venimos de burbujas, que nuestra cotidianidad está muy alejada de aquellos que desaparecen, o por lo menos de quienes nos han contado que desaparecen. Quizás estamos más cerca, por ejemplo, al tema del secuestro, pero no al hecho de que...

Se interrumpe. Al hecho de que seamos víctimas de desaparición forzada. Tiene razón. Los datos lo confirman. Es muy poco probable que los que tienen la tarea de representar en la pantalla los casos de violencia brutal, de asesinato, de desaparición forzada, tengan experiencia directa de ello, tengan vivencias.

—Aunque se nos diga que somos potenciales víctimas de desaparición, no es cierto. No lo somos. No conozco un caso. En el presente. Sí de asesinato, por supuesto, pero no de desaparición forzada. Entonces, ¿qué ocurre?, que siento que al cineasta de este país, que viene de por sí de burbujas, venimos de burbujas, con mucho privilegio social, a mí no me da que no... O sea, sí creo en el mérito, pero no dejamos de vivir en burbujas que están normalmente abstraídas de la cotidianidad del 80 por ciento de la población, creo que nos está costando trabajo todavía entender qué ocurre con la representación de la desaparición forzada, más allá de la anécdota. Seguimos un poco detenidos en la anécdota. Por supuesto, hay excepciones. Por ejemplo, pienso en la película de nuestra amiga Daniela Rea, *No sucumbió la eternidad*. De las cosas que a mí me llamaron la atención era la posición de la esposa de un desaparecido, que lo que le pide a la sociedad es el derecho a olvidar. Fantástico. El derecho a olvidar al desaparecido. Porque olvidar es lo único que le permite seguir adelante. Cuando no se olvida el desaparecido, pues... es las madres de Plaza de Mayo. Entonces se vive la vida en la lucha. No hablo yo si las razones son justas o no, pero creo que el derecho a olvidar también debería ser un derecho, sin que se juzgue a la víctima.

Hay otra película que se llama *Tiempo suspendido*, de Natalia Bruschtein Erenberg. La familia de Natalia fue una de las más golpeadas durante la dictadura argentina y la directora es nieta de Laura Bonaparte, fundadora de las Madres de Plaza de Mayo. Es otra de las referencias de Everardo sobre el tema.

—El retrato que hace en el presente, de su abuela con principio de Alzheimer, es muy complejo y ahí creo que nos hemos aventurado poco por la cercanía de la convulsión en el tiempo. Laura Bonaparte es una mujer que perdió tres de cuatro hijos por desaparición, y al exesposo, vivió la vida entera luchando porque la sociedad no olvidara y entra en un proceso de Alzheimer. Y cuando entra en el proceso de Alzheimer se convierte por primera vez en una mujer que disfruta a sus nietos. Pues sí, la vida, ¿no? Se vuelve una abuela común. Esto abre una discusión compleja. Yo creo que en México no nos hemos atrevido a contar la desaparición desde opiniones que podrían ser paradójicas. Como la película de Daniela Rea. Una mujer que pelea por su derecho a olvidar, o una anciana que luchó toda la vida por preservar la memoria y que encuentra la felicidad y el disfrute de la vida en el momento en que es ella quien olvida.

Veo la película. Escucho la voz de Laura Bonaparte, la voz de una mujer anciana. Pienso en cómo hablaba mi madre, enferma de Alzheimer los últimos ocho años de su vida. No podía hablar de manera tan clara, se entendía que la enfermedad le había afectado el habla. Mi madre no solo olvidaba las cosas, las personas, sino también las palabras para expresar lo que pensaba, lo que sentía. Así se volvieron todavía más importantes sus expresiones faciales, corporales. Buscaba en los gestos lo que no encontraba en las palabras: actuaba, hacía mímica, hacía gestos que pudieran permitirle perseguir esas palabras que ya se le habían escapado para siempre.

"Conforme pasa el tiempo lo bueno y lo malo se confunden y se terminan borrando, si ya no te acordás de una cosa, la inventás o se perdió para siempre", dice Laura Bonaparte en la película de su nieta Natalia. Es una mujer anciana, que juega bingo en un asilo, con principio de Alzheimer. Su mirada la reconozco, me es familiar, es la mirada seria de mi madre en sus años de Alzheimer. Así como su sonrisa, infantil, hermosa, que busca el amor, busca la ternura.

En otro momento, en una de las conversaciones con su nieta, mirando unas fotos de familia en la cual aparecen sus hijos, de repente pregunta:

—Pero Víctor no desapareció, ¿no?

—Sí.

El encuadre es un *close up* de su cara, de su mirada. La pupila se dilata, sobre las cejas pasa una pequeña ola apenas perceptible, de dolor, como si un velo se corriera inesperadamente en su memoria y su rostro lo registrara involuntariamente. Dura una fracción de segundo. Luego la calma vuelve.

—Bueno, después de todo la memoria... la desmemoria no está mal.

—¿Por?

—Claro, porque nosotros hemos tenido una... una... para hacerlo más fácil... aventura. Desde que nacimos hasta ahora. Vivirlo todo como una aventura. Y la aventura lleva a la esperanza del rearmado. Siempre hemos esperado que las cosas van a ser de manera diferente. Y no son. Son todas igualitas.

—Es complejísimo. Todavía eso no ocurre en México. No es que esté mal, siento que tiene que ver con la cercanía a los hechos. Por ejemplo, yo en *La libertad del diablo*, Rosa María Vázquez, que es quien cierra la película, una mujer que desenterró a sus hijos, logró encontrar los cadáveres de sus hijos y se pudo carear con sus perpetradores, pues hay algo que molesta a muchos, pero que a mí me hace todo sentido, que es el derecho a cerrar la historia. Y eso, pues, también es una situación que no hemos podido discutir, porque incluso podría ser tratada de políticamente incorrecto o que abona poco a la necesidad de construcción de memoria histórica. Yo creo que eso es el caso también de Ayotzinapa. Ayotzinapa no creo que le vaya a regalar a la sociedad ni una sola respuesta satisfactoria. Venga de quien venga el espacio de enunciación. Nunca habrá una verdad para Ayotzinapa que satisfaga a cierto sector de la sociedad, ya sea el que cree en la verdad histórica y el que no cree en la verdad histórica. Es un asunto que no tendrá solución. Y ese no tener solución tiene que ver también, me parece, con el tipo de sociedad que somos en México. Una sociedad un poco binaria, que considera que en este país hay buenos y malos. Eso me genera mucho conflicto, y por eso mi trabajo en el tema de la desaparición no se fundamenta en la anécdota, sino en la reacción que detona.

Con Everardo González he trabajado a lo largo de 2022 en la realización de *Anatomía del mal*, una serie documental para el canal Vix. Los cuatro episodios de la serie reconstruyen la historia de la desaparición forzada de Héctor Rangel, ocurrida el 10 de noviembre de 2009 en la ciudad de Monclova, Coahuila, llevada a cabo por agentes de la policía municipal. A lo largo de un año estuvimos trabajando juntos para desmenuzar el fenómeno en todas sus dimensiones.

—Acercarse a este tema con un crisol de los buenos contra los malos es un error. Mucha parte de mi trabajo se ha dedicado a eso. También dentro de este espectro que congrega a los malos hay manipulación y control y miedo, como lo hubo en los muchachos del primer semestre, donde hubo alguien que los controló, los manipuló y les infligió miedo. Porque no solo es con la promesa de un mundo mejor. También los porros existen, también los controles políticos de las instituciones educativas existen y no pasan solamente por crisoles ideológicos, sino de control, por relaciones de poder, de la misma manera en que en el espectro del malo hay manipulados y los malos obligados, coercionados y aterrados. Si en el caso Ayotzinapa nos enfocamos solo en lo que hicieron los malos contra los jóvenes buenos, difícilmente vamos a encontrar una verdad. Como tú dices, no se puede despolitizar a la víctima, lo dice también Susan Sontag. Hay soldados ucranianos buenos que mueren en la guerra y hay soldados rusos buenos que mueren en la guerra, hay palestinos buenos que mueren en la invasión y hay israelíes buenos que también creen en lo que están haciendo. El ejercicio del acto violento, eso es lo terrible, no necesariamente pasa por lo moral. Quizá la acción moral es la que puede contener a la ejecución de la violencia, pero la necesidad por el acto violento no pasa por las violencias morales. Yo siempre me pregunté por qué Ayotzinapa y no Allende.

Allende. Entre el 18 y el 20 de marzo de 2011, se llevó a cabo una masacre en la comunidad de Allende, en el norte del estado de Coahuila, en la cual miembros del grupo criminal conocido como los Zetas, en conjunto con elementos de las fuerzas de policía local, desaparecieron a 42 personas, aunque los testimonios de los sobrevivientes reportaron que las víctimas, entre asesinadas y desaparecidas, podrían ser más de 300. Hasta la fecha no se ha esclarecido el Acontecimiento.

—Ayotzinapa tiene elementos que juegan con la representación. Allende no. Allende son los sarracenos, son los bárbaros que arrasan la villa. Aquí hay dos fuerzas que se encuentran. Eso es lo que realmente genera las construcciones épicas de su representación y lo hacen carteles, lo hacen manifestaciones populares, lo hacen música, películas, literatura, poesía, movilización, etc. Si no tuviera esos componentes de dos fuerzas que chocan, no habría trascendido como trascendió.

—En la narración mítica, que absorbe la realidad, es indispensable representar de forma muy clara cuál es el bien, cuál es el mal y sobre todo cuál es la pugna épica que vuelve a aparecer en historias diferentes. En nuestro trabajo hay que decidir si se quiere optar por la narración mítica o por la narración compleja de la realidad.

—Nosotros dependemos de las construcciones míticas para poder narrar. No hay manera de ver la realidad con su crudeza. Necesitamos acomodar el cuento. Por eso se depende tanto de la anécdota, de la persona: el muchacho que iba caminando por la calle, llegaron unos malos militares, lo levantaron de la nada, por existir, por respirar, se lo llevaron, le dieron unos chingadazos, no supieron qué hacer y lo desaparecieron. Sin complejizar en quiénes son los perpetradores detrás de eso, de dónde viene la víctima, cuáles son los errores que cometieron mutuamente, qué lo expuso a una situación en la que hay que tomar la decisión de desaparecer a un ser humano. Si mis proyectos solamente fueran portavoces de las víctimas, como se conciben socialmente, estarían despolitizados. Y no tendríamos capacidad de reflexión. Mi trabajo es la necesidad de darle voz y de escuchar al otro lado de la moneda.

En *La libertad del diablo*, Everardo González construye una narración en la cual víctimas y victimarios cuentan su segmento de la historia. Todos llevan puesta una máscara color crema, inquietante, de forma que no se pueda conocer su identidad, pero también de que no quede claro, en un primer momento, quién es quién. Es un ejercicio arriesgado que permite plantear que todos forman parte de una sociedad y de un contexto de violencia, y se rehúsa a leerlo de manera binaria. Lo más frecuente es una narración cinematográfica mítica en la cual los autores deciden dividir el mundo en buenos y malos. Como siempre Everardo no usa eufemismos.

—Lo que estamos viviendo son consecuencias de una guerra civil. Son pobres. Los pobres lastimando a los pobres. Y burgueses contándolo.

—Es un punto impactante. Los que cuentan casi siempre no están en ninguno de los lados. Deciden cuál es el lado que se tiene que asumir como bueno y ahí se colocan. Recientemente vi una película de David Fincher, se llama *The Killer*...

—¿Te gustó?

—Sí y no.

—A mí sí me gustó.

—Esa película me hizo pensar en algo. Hay una escena donde el protagonista, si te acuerdas, vuelve a buscar a su jefe, el abogado que le asignaba los encargos. Y está su secretaria ahí. Y la secretaria ni siquiera le dice que no la mate. Le pide que no desaparezca su cuerpo, porque sus hijos necesitan el seguro. Dice: Por favor, no desaparezcas mi cuerpo. Porque por lo menos mis hijos van a cobrar el seguro. Y él la convence de que así lo hará. Y al final la mata, pero no la desaparece. Ahora, se decide en las narraciones cinematográficas, sobre todo, qué es justificable y qué no. Una misma acción, si la comete el *killer* que nos cae bien, nosotros estamos de su lado, aunque sea terrible.

—Es la construcción de la hiperviolencia hollywoodesca. El famoso galán villano.

—Pero si tú piensas en esa cosa, es completamente aberrante. El personaje de la secretaria es el de una mujer que no tiene nada que ver, y que no merece ese tipo de brutalidad, pero no solo la recibe, sino que el espectador está del lado del asesino.

—Eso es interesante también en la representación. Porque entonces, a quien lo piensa después de haber estado del lado del asesino, y reflexiona por qué, se da cuenta qué tanto de eso lo seduce. Por eso la apología es tan compleja. Yo he hablado mucho con los gringos de eso. Que no es lo mismo en Estados Unidos que en México, donde todavía estamos discutiendo las cifras del presente. No creo que tengamos todavía capacidad de hacer una construcción como un *The Killer*, en donde alguien así tiene todo el cliché de la belleza física, de la fuerza masculina, de la ligereza con la que se quita la vida del otro. Porque esta realidad sigue siendo una realidad que se está dando en el presente.

—¿Qué es lo esencial que el cine tiene que contar hoy?

—Pienso mucho que el momento que se tiene que contar es el momento decisivo. El momento en donde desaparece un cuerpo, no quitar la vida. ¿Quién decide? ¿Quién ejecuta? ¿Por qué decide uno y por qué ejecuta el otro? Yo creo que ahí podríamos encontrar un montón de respuestas. Ahora, por supuesto que, si esto solo ocurre desde la imaginación de la creación literaria o la creación cinematográfica, vamos a depender tanto de que esa construcción viene de burbujas elitistas, que no vamos a encontrar nada. Por eso es importante escuchar lo que tienen que decirnos aquellos que tuvieron que ejecutar la instrucción de alguien más. Porque si no escuchamos esa decisión, no hay manera de generar el nuevo relato. De verdad. Si no, seguiremos en la anécdota. Seguiremos pensando que en el 68 eran puros estudiantes buenos y puros soldados malos.

Hay que mirar el mal a los ojos para entender sus razones. Pero acercarnos al mal asusta demasiado. Es más fácil juzgar a la distancia, sentirnos del lado correcto, el del bien. Es más seguro mantenerse alejados y creer que somos buenos. Porque al acercarnos al mal corremos el riesgo de darnos cuenta de que nos parecemos. A cada paso se van borrando las diferencias y, al mirar a los ojos el mal, podemos enloquecer, al ver que se parece a nosotros.

—Es tan duro este tiempo en términos de esa representación, porque le hablamos a una sociedad que no está indignada por el hecho, está indignada por el espacio de enunciación. ¿Quién cometió el hecho violento? Solo el humor salvaría la representación de la violencia. A la gente no le indigna la desigualdad, le indigna quién se la cuenta. Y por eso no habrá, en verdad, en la narrativa de Ayotzinapa, posibilidades de que nosotros quedemos como sociedad satisfechos, porque siempre va a depender de quién nos la cuenta.

—¿Piensas que, para hacer una película sobre Ayotzinapa, además de la calidad necesaria del realizador, se necesita que la narración tenga cierta colocación?

—Sí y no. Me interesa mucho preguntarme de qué se nutría un joven soldado de 1968. ¿Cuál era el cuento que le contaron? ¿Y cuál era el cuento que le contaron al estudiante en plena Guerra Fría que venía nutrido de Bakunin, que venía nutrido de marxismo, que venía nutrido de ideas? Venía nutrido de un montón de cosas que le hacían sentir que lo que hacía era justo. Del otro lado también. Yo creo que lo importante es... no escuchar el cuento, sino escuchar quién le contó el cuento a sus actores, a sus ejecutantes. Sí creo que hay maneras de contarlo, por lo menos que sea más complejo. No sé si va a ser muy popular. Porque va en contra de toda la narrativa occidental. No sé si vaya a ser muy popular. Es como querer justificar a Edipo. Pero si nosotros lo miramos con cuidado, está hablando de lo que somos nosotros en el exceso.

—En las producciones narrativas de Japón, de Corea, de China, en general de Asia, la perspectiva es diferente a las narraciones occidentales. Se da un desencuentro enorme entre el bien y el mal. Está clarísimo dónde está el bien y dónde está el mal. Pero en el momento final, cuando el bien le gana al mal, casi siempre se revela la historia y las razones y la humanidad del mal.

—Brillante.

—En el momento de la derrota, cuando enemigo malo es derrotado, el bueno tiene piedad, lo que no quiere decir que no lo mata. Lo mata. Pero hay un acercamiento humano donde el otro se manifiesta como nosotros, donde el mal tiene cercanía con el bien, tiene sus razones. Eso lo hace Hayao Miyazaki en todas sus películas. En *Mononoke Hime* (*La Princesa Mononoke*), la mala es muy mala, es la que persigue y envenena la tierra, es ávida, despiadada, cruel. Cuando es derrotada, cambia la narración. Y Miyazaki logra colocar la maldad dentro de la humanidad. Es humana, es entendible. Es muy zen, si quieres. Estas dos fuerzas tienen su colocación dentro de la vida, porque el mal está presente en cada uno de nosotros. Claro que el bien gana sobre el mal, de alguna manera. Pero en este ganar del bien se incluye en el mismo espacio el mal, que encuentra su lugar. Y que tiene sus razones. Y que no es ajeno a nosotros. Es igual, pero por toda una serie de coincidencias está del lado equivocado. Y tiene que sucumbir. Esto falta completamente dentro de nuestras narraciones. Y yo siento que esta forma de tu parte, de mi parte, de algunos otros, de tratar de ir a entender esas cosas, no tiene que ver solamente con: quiero entender por qué pasó. Sino que el otro podría ser yo.

—Eso es.

—O el otro soy yo.

—El otro soy yo. Qué tanto de esa maldad tengo también yo. Qué me detiene a mí como ser humano. Pues sí, como dices, humanizar la maldad. El humanizarla hace que te veas en un espejo. Qué tanto de ese muchacho, ese policía corrupto, de ese militar hijo de puta, tengo yo también. Porque también del otro lado es más fácil que me pongan qué tanto de idealismo puedo tener, por ejemplo, para que la sociedad cambie. Y entonces es más fácil identificarte con el dolor del estudiante. No veo hoy que se esté asumiendo el riesgo de la representación de lo que significa la desaparición forzada, de la transgresión del cuerpo. De una cosa superperversa que es el hecho de que sin cuerpo no hay delito, solo eso, a veces no hay una construcción tan elaborada en aquel que desaparece al otro, sino que se zafa rápido del problema, güey. El famoso chíngatelos. Yo sí creo que puede haber pasado así. Una instrucción que dice: Chíngatelos, en un aparato que es un polvorín, y el otro ejecuta. Porque detrás de ese "chíngatelos" está todo lo que no se nos ha contado: ¿Qué implica que el jefe de esa plaza diga chíngatelos? ¿Qué implica que no lo hagan? Que no te los chingas. A mí qué me interesa en qué momento el "chíngatelos" se convirtió en lo que se convirtió. ¿Es la fuente ovejuna o no? ¿Alguien dio la orden y la horda ejecutó?

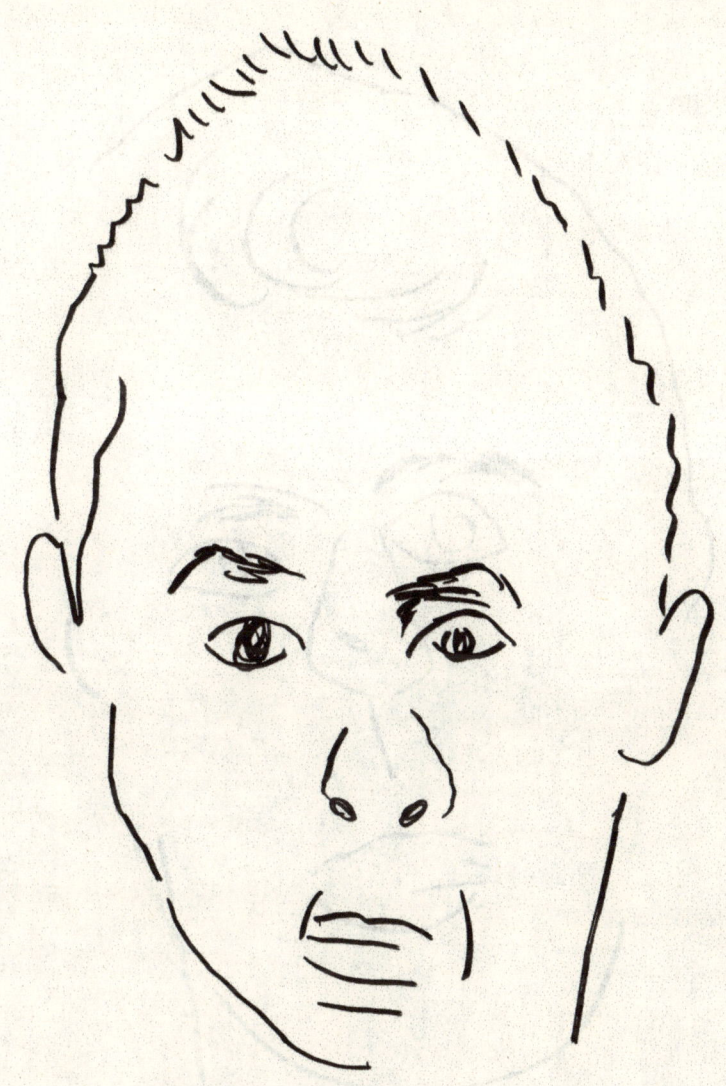

EMILIANO Alen
GASPAR DE LA CRUZ

XX

Perdidos en la noche

¿Se puede hacer un *thriller* en el marco de la desaparición forzada en México?

Si te llamas Amat Escalante, sí.

Perdidos en la noche es un *thriller* que logra una visión compleja de la violencia en México, sin banalización ni atajos.

Y empieza con el rojo.

—Siempre usas ese rojón inicial en tus películas.

—No siempre. En *Sangre* es más bien blanco.

Es verdad. *Sangre* empieza con la pantalla blanca. *Heli* también. *La región salvaje* con la más clásica pantalla negra.

Pero *Perdidos en la noche*, así como *Los bastardos*, empieza con la pantalla roja.

—No está en el guion ese rojo, es para dar una sensación, un sentimiento. Jugar con los colores un poco. En vez de corte negro, pues un corte rojo.

Amat Escalante está sentado en una mesita en el segundo piso de la Cineteca Nacional. Acaba de comer rápidamente una ensalada. La semana previa al estreno es un vértigo de entrevistas.

Desde donde estamos se domina la entrada de la Cineteca, el único lugar en el que se puede ver algo que no sean producciones comerciales de Hollywood. Se siente natural hablar de cine.

Y Amat Escalante me habla de cine. Habla despacio, razona, no levanta la voz. El proyecto original de *Perdidos en la noche* iba a ser sobre el caso de Ayotzinapa. Lo escribió con la guionista colombiana Camila Arias, que trabajó la historia de *Pájaros de verano*. Trabajaron muy bien, a partir de reportajes periodísticos. Pero en un cierto punto Amat decidió dejar el proyecto.

—¿Quizás no había pasado suficiente tiempo?

—No sé. Lo reescribí por completo con mi hermano Martín. Y eso es *Perdidos en la noche*. Tiene muy poco que ver con Ayotzinapa, pero de alguna manera está ahí, la raíz es eso.

Para el guion fue importante *Investigación sobre un ciudadano libre de toda sospecha*, una película de 1970 de Elio Petri. Es la historia de un policía que comete un delito e intenta de todo para que se sepa que fue él, pero su posición de poder lo exime de cualquier sospecha.

—En México si tienes el poder suficiente, resultas inocente.

Este núcleo está presente también en *Perdidos en la noche*, donde una pareja de clase alta ejerce su poder y esto genera un conflicto con Emiliano, el protagonista, joven obrero que busca a su madre desaparecida.

Los personajes de Amat Escalante tienen defectos y contradicciones, cometen errores, tienen sentido del humor, amor y violencia.

—La tienen como la tenemos todos los humanos. Todos somos muy similares. Las necesidades básicas de una persona de clase alta y de clase baja son las mismas. Es lo mismo, nada más uno le tocó suerte de estar en un lugar y al otro le tocó mala suerte de estar en el otro, en un país desigual como México.

Así, el hombre que ha ganado en su carrera el premio a mejor director en Cannes con *Heli*, el León de plata en Venecia con *La región salvaje*, dos Arieles como mejor director, de joven ha trabajado codo a codo con los subalternos. Un güero crecido en una familia donde dinero no había mucho, pero sí conciencia de clase, en una ciudad conservadora como Guanajuato que ayudó a radicalizar su pensamiento.

—Guanajuato es un lugar bastante conservador, activa lados míos de ir en contra.

Es en ese entorno de belleza donde Amat ha colocado la casa en la cual se desarrolla el drama de *Perdidos en la noche*.

—La casa choca violentamente con el paisaje. Pareciera que aterrizó ahí, como que golpeó el lugar. Y tal vez el estilo brutalista de concreto y estructuras aparentes es el que iba más con eso.

En ese escenario chocan las clases sociales de *Perdidos en la noche*, en un encuentro violento que pone al desnudo un conflicto inevitable, y que a la vez muestra el contexto de las relaciones perversas entre la alta burguesía mexicana, empresas transnacionales y fuerzas de seguridad corruptas.

—En *Perdidos en la noche* está presente la estructura de macrocriminalidad política: los empresarios, las transnacionales, los intereses extractivos que chocan y se unen con las fuerzas de seguridad, en el caso de tu película de policías, para cometer una desaparición forzada. En ese entramado, poco a poco se va conformando el mal. Tomados individualmente no serían monstruos, pero en conjunto acaban cometiendo actos aberrantes. En este sentido, aunque de forma no tan consciente, *Perdidos en la noche* tiene mucho que ver con Ayotzinapa, ¿no?

—Sí, de ahí viene. Esa era la estructura que fue gran parte de la inspiración. Pero luego las semillas están muy atrás a veces. No diría que es inconsciente, pues la forma en que yo trabajo normalmente es muy intuitiva. Esa pareja, los Abarca, fueron parte muy importante de la inspiración inicial, que luego ya en ese otro guion ni siquiera estaban mucho realmente. Y luego aparecieron de alguna manera en *Perdidos en la noche*, como parte de ese sistema que al final vemos: la militarización, los policías haciendo esas cosas, pero no es porque ellos tienen un gusto por desaparecer gente o matar gente. Era un deseo de buscar, de rascar y tratar de inventar, a través de cierta lógica intuitiva, nacional, digamos, de ver de dónde vienen esas cosas.

La hipocresía es creer que puede haber absolución. Como los personajes de *Perdidos en la noche*, que quieren creer no ser responsables de un delito horrendo.

Desde sus primeras obras Amat ha decidido explorar los abismos del ánimo humano. La necesidad de indagar lo que más asusta, lo que más inquieta.

—¿En qué tipo de público piensas cuando filmas?

—En alguien como yo, que le guste el cine de terror y el cine social también. Hay mucha gente así. Me gusta llegar a públicos nuevos que no sepan qué están empezando a ver. Pero me importa que mis películas se vean en México porque aquí entienden las idiosincrasias de mis historias o las palabras, incluso.

—¿Cómo se traduce el "crotolamo" en inglés?

Primero ríen sus ojos, luego se abre en una sonrisa. Es uno de los chistes que están en su película, contado por el protagonista Emiliano (Juan Daniel García Treviño), un joven que busca a su madre, que fue desaparecida por policías locales al defender el territorio de la explotación minera.

—Difícil esa traducción.

Emiliano es una víctima, pero tiene dimensiones, es contradictorio, y tiene humor.

—Me gusta mucho el humor. Siento que es un contrapeso a cierta pesadez. Quise incluir lo más posible momentos irónicos o chistosos incluso en este drama de suspenso. Lo hace más real, más humano.

En la gran mayoría de las narraciones las víctimas solo son buenas y solo tienen una dimensión.

—Tus personajes tienen la posibilidad o la capacidad de hacer el mal, igual que los demás. Una víctima también puede cometer actos negativos.

—¡O decir chistes! La realidad es que la mayoría de los jóvenes... muchos de mis personajes son jóvenes, son muy llenos de vida y graciosos y les gusta hacer bromas. No importa dónde estén.

Por eso tienen ironía, contradicciones, porque así es la vida.

A Amat le molestan las películas en las que las víctimas son representadas de manera solemne, unidimensional.

—Las víctimas para mí son, antes que nada, humanos, que tienen todo tipo de sentimientos, no solo miseria.

Esto, al parecer, es lo más obsceno, lo que tiene que quedar fuera de la escena, esconderse en las narraciones.

La risa está prohibida en el rostro de Cristo. Es una vieja herencia del catolicismo, que siempre ha desconfiado de la ironía. La risa es peligrosa si no es condescendiente, si no es del bufón, si no es farsa, que es tolerada por el poder.

Pero en Amat Escalante no encontramos la farsa. No hay codazos que avisen al público que está a salvo, que es una broma. El realismo de Amat está impregnado de ironía, sutil, como su cuerpo esbelto, y que impone al público la capacidad de descifrarla.

Ironía que nunca llega a ser una farsa. Una farsa es *La naranja mecánica*, de Stanley Kubrick.

Que empieza con la pantalla roja.

Amat estaba obsesionado con *La naranja mecánica*, la veía una y otra vez. Le encantaba cómo está filmada, editada, las actuaciones, la mezcla de violencia y sexualidad.

—Me impresionó mucho. Es la historia de un joven que sufría y que se sentía aislado y que tenía un gran sentimiento de rebeldía contra el mundo. Y el mundo lo trata de arreglar a él.

Y como Alex, también sus personajes principales tienen sentimientos de rebeldía. No encajan.

—Mis personajes principales al final son el mismo personaje. Aunque a veces es hombre, a veces mujer. Y ese personaje exactamente no sé quién sea, pero es muy cercano a mí, probablemente.

—¿Cómo es ese personaje que no sabemos quién es?

—Trata de no reaccionar hasta que tiene que hacerlo. Cree que todo va a estar bien si sigues las reglas. Y cuando no, tiene que pensar en qué hacer. Pero en principio cree que si sigue las reglas va a estar bien el mundo, la vida. Si hace lo que se supone que se espera de él. Si hace lo que dicen los anuncios de las empresas. Dice, bueno, ellos dicen que si trabajo en esta empresa va a estar bien mi vida. Es parte del plan general. Yo creo en esos planes.

—¿De verdad?

—Bueno, me gustaría creer. Pero luego ya en la acción siento que siempre soy defraudado. Siempre sale mal el plan. No el plan, el sistema. Porque el sistema, en papel, funciona bien. La idea del plan es buena. Hay muchas leyes muy buenas en México. Hay muchas ideas muy buenas. Pero hay tantos obstáculos y accidentes. Y esas ideas y leyes colapsan en sí mismas. Y todo es un caos. Entonces, aunque tú quisieras llevar el plan y hacer lo que debes de hacer para estar bien, no puedes. Un poco todos mis personajes están metidos en esa situación. Y creo que yo me siento a veces así en México.

Y sus personajes aguantan hasta que ya no. Y explotan. Entonces la *ultraviolence* de Alex. Y de Heli.

Pero lo que vemos en la pantalla no es la realidad, es arte. Está hecho de la misma materia de los sueños. Y el arte es para la sociedad lo que los sueños son para el individuo.

—¿De qué forma te imaginabas visualmente la película que ibas a hacer sobre Ayotzinapa?

—Al guion todavía le faltaba aterrizar lo visual, pero me viene a la mente *The Zone of Interest*, de Jonathan Glazer.

En *The Zone of Interest* el protagonista es Rudolf Höss (Christian Friedel), comandante en el campo de concentración nazi de Auschwitz, y de su esposa Hedwig (Sandra Hüller). Se enfocan en vivir una vida feliz, en familia, en una casa que está a un lado del campo de concentración, desde la cual es posible escuchar lo que pasa adentro.

—Gran parte de esa película tiene que ver con lo que el espectador ya sabe, en ese caso del Holocausto. Visualmente ya no tienen que mostrar nada porque ya se ha visto, ya se sabe. Sentía yo alguna frustración subconsciente sobre cómo mostrar o no mostrar los hechos de Ayotzinapa. Lo que me interesaba era obviamente el corazón, pero la forma de representarlo, no verlo, tal vez no funcionaba tanto aún por la conciencia colectiva. Todavía necesitábamos ver o entender visualmente el hecho, el crimen, y tal vez todavía no podíamos irnos a ver el postcrimen y ver toda la burocracia que existía, que existe, después de algo así. Pero me interesaba ver eso, ver ese lado medio torpe, medio violento y manipulador de un evento así, la cultura y burocracia del sistema mexicano. Era un poco eso el guion que yo hice hace años, adentrarnos y de alguna manera humanizar, que no quiere decir favorecer, sino ver a los humanos y no a los monstruos imaginarios, que no existen. A veces eso es una forma de alejar las narraciones de la realidad, pensar que los que cometen esos actos son monstruos, cuando realmente son los tíos, son los amigos, son los papás, son personas normales. Entonces se vuelve bien raro y peligroso. Es incómodo más bien. Y en *The Zone of Interest* eso es lo que hicieron.

—¿Por qué al final no hiciste la película?

—En parte se me fue. Leyendo entrevistas de Jonathan Glazer, él iba a dejar el proyecto muchas veces, por ser demasiado desgarrador y fuerte y agotador para él. No era exactamente lo mismo para mí, pero sí. Yo estaba haciendo *Narcos*, la serie. Ya tenía el guion y me fui a filmar *Narcos*. Llegó la pandemia, e hice dos temporadas de *Narcos*. Era muy diferente mi idea de película a esa serie, pero me agoté un poco y tuve un cierto rechazo a seguir tratando con policías, militares, detectives y narcotraficantes. Y sí se me apagó un poco el fuego. Me desanimé. Entonces decidí ir por otro lado y desarrollar *Perdidos en la noche*, que es un filme que me ha gustado mucho. Igual tiene rastros naturales que ahí estaban, que luego identifiqué, que también venían de ese libro, *La noche de Iguala*, como esta pareja del presidente municipal y su esposa.

Los Abarca. El expresidente municipal de Iguala, José Luis Abarca, y su esposa, María de los Ángeles Pineda.

—Regresando a *The Zone of Interest* —le digo—, los nazis pudieron llegar a hacer ciertas cosas porque había condiciones de posibilidad de que una orden sencilla eventualmente se transformara en una masacre. ¿Por qué? Porque había ya una construcción del enemigo, una deshumanización de cierto segmento de la sociedad: los judíos o los adversarios políticos, los comunistas, etc. Pienso que ha pasado algo parecido y que a lo mejor sigue pasando. La condición de posibilidad es que veníamos de seis décadas de represión militar en Guerrero, de décadas en las cuales los maestros rurales, los estudiantes de las Normales eran considerados terroristas, décadas en las cuales había un contubernio entre grupos criminales y militares. Cuando están las condiciones, una orden sencilla puede volverse una masacre. Ya está documentado que esa noche la intención inicial no era la desaparición forzada de todos estos muchachos, a un cierto punto los iban llevando al hospital. Sí era una agresión como había habido otras, pero a un cierto punto llega una orden de altos mandos: ya llévenselos. Es lo que los padres de los 43 siguen buscando: quién dio la orden, y qué fue lo que se ordenó. Lo que sí es evidente es que todo lo que pasó no hubiera sido posible en otro contexto. Y esto me parece importante, tratar también de delinear cuáles son estas condiciones de posibilidad y de qué forma se puede contar una historia así en el cine.

Amat se queda escuchando. Escucha siempre con mucha atención. Y construye su discurso de forma incierta, cuidadosa, no parece alguien que tiene respuestas, más bien alguien que constantemente se hace preguntas y capta los estímulos que le llegan de afuera.

—Sí, sí. creo que está todo muy acertado eso, ese punto de vista que tienes. Para mí el cine tiene algo muy particular, puede ser tantas cosas. Y el lenguaje cinematográfico como tal, pues no existe exactamente para mí. Hay unas formas de comunicar cosas visualmente, eso sí, pero hay tantas formas realmente de comunicarlas que es un infinito, ¿no? Eso es algo del hacer películas que a mí me vuelve loco, porque no es... los márgenes son impuestos por uno mismo y sigues ciertas líneas, pero realmente, pues es muy... Aún siento que el cine está muy en sus inicios y que las posibilidades son muy grandes. Tampoco creo que haya una forma correcta o incorrecta. Hay unas formas tal vez morales, sí, de contar cosas, unas formas que tal vez podrían ser cuestionables de mostrar y eso tiene que ver con el buen o mal gusto. Que yo no creo tanto en el buen y mal gusto, pero esa es otra forma, ¿no? Yo también he puesto a veces retos: mostrar más de lo que creemos que tenemos que ver. Lo he hecho para experimentar qué se siente ver los hechos crudamente, sin cortar, sin usar cine para cortar. A la vez, lo opuesto también es muy poderoso. El saber que está pasando algo y no verlo. Es curioso porque puedes crear formas opuestas cinematográficamente y llegar a una sensación, a un punto muy similar, ¿no? Y sí, eso es lo increíble para mí del cine. Y también lo frustrante porque puedes escoger tantas formas. Es un infinito de posibilidades. No creo que haya nunca una forma correcta o incorrecta. Específicamente con lo del Holocausto, de cómo mostrarlo y no mostrarlo y todo eso. Qué bueno, como que no me interesa tanto. Se ha hecho bien de las dos formas que se han mencionado, pero creo que hay más todavía. Yo creo que aquí en México... pues es muy difícil, comparar cosas. Y comparar tragedias. Es un ejercicio un poco inútil y tonto, porque una sola vida para alguien es una tragedia inmensa. Claro que cuando hay cosas así gigantescas es mucho más conmovedor para todo el mundo, pero para una persona... y cuando hacemos cosas es para afectar a una persona. El cine, la literatura, el arte, pues es para que una persona lo lea, para que una persona lo vea. A lo mejor el Holocausto no vuelve a ocurrir en Alemania, espero que no. Pero con el caso de Ayotzinapa pareciera que seguimos igual. Y podría fácilmente ocurrir de nuevo.

—Pienso lo mismo. Siguen estando vigentes las condiciones para que vuelva a ocurrir.

—Eso es lo más espantoso, según yo. Tal vez ahí está la respuesta a una de tus preguntas iniciales, de que si había pasado poco tiempo. No es tanto, yo creo, el tiempo, sino la situación. Estamos en ella aún. Tal vez por eso es más complejo contar estas historias y hacer entender a la gente o hacer que la gente conecte, porque todavía lo está viviendo.

—Algo muy presente en tu cine es la representación de las muchas dimensiones de las víctimas. En el caso de Ayotzinapa se ha mitificado la historia simplificando a sus protagonistas: narcotraficantes criminales o santos inocentes. Las víctimas son capaces de ser fuertes, de hacer el mal, incluso de reír y decir chistes tontos.

—Es el mismo principio que me hace humanizar a los monstruos. Para mí es una cuestión de verdad, de aproximarse a la realidad, no es para echarle un poquito de negatividad o de hacer complejidad a propósito. No es eso, es una cuestión muy práctica. A mí me interesa mucho aproximarme a la realidad. Pero en el cine no es tan sencillo. En el cine no puedes confiar en la realidad, tienes que crearla y forzarla, y para lograrlo es necesario darle a la gente la complejidad real que todos tenemos. Y más cuando somos jóvenes rebeldes y tenemos utopías. Nuestras cabezas, nuestras aproximaciones al mundo, están llenas de contradicciones, si las analizamos.

—¿Cómo habrías contado esta historia?

—No quería mostrarlos a ellos. En mi idea me iba a enfocar en el otro lado. No sé por qué, pero por alguna razón me interesaba adentrarnos en el mal, adentrarnos a lo que me parecía más oscuro para ver...

No le resulta fácil hablar de una película que pensó y que no se hizo. Son demasiadas las posibilidades y siguen todas abiertas.

—Creo que tal vez en otra película me habría interesado explorar esa escuela, explorar ese tipo de grupos, de sistema de jóvenes aquí en México, marginados, invisibilizados, pero muy conscientes, que están educándose, que están luchando y que hace más de cien años podrían haber sido parte de esa revolución que hubo y que podría tal vez haber en algún momento. Lo dudo mucho ya, por cómo está el mundo, pero ese sería un interés mío. Lo que tú dices, contar sus defectos, sus dimensiones, no es nada más mostrar a alguien en sus lados controversiales. Es humanizarlos, que es también una parte muy bonita e importante de la vida. Ya sea literatura, periodismo, cine o lo que sea, pues tiene mucho valor para hacer que alguien sea real y no solo una idea. Para que alguien no se vuelva número, como 43. Cada uno de los 43 era una persona y tenía su personalidad, sus ideas, sus fuerzas, sus debilidades, sus buenos lados, sus malos, que es lo que lo hacía estar ahí en ese momento también, en esos autobuses.

—Exacto.

—Todo eso. Entonces, sí, no sé. Pues así de complicada es la vida. Mi interés como cineasta es ver eso. También son víctimas los acusados, a los que torturaron para que confesaran, ¿no crees? El que tortura, el torturado, las consecuencias de eso... Todo eso me interesaba ahí explorar, que es como los dos lados de la moneda, que es muy contradictorio, supongo. Además son jóvenes que crecen en el mismo ambiente. Eso es muy remarcable para mí. Al final de cuentas los que cumplieron el acto violento son gente que podría haber estado en la escuela.

Los que ponen en juego el cuerpo, en realidad, son parte de la misma clase social, los soldados rasos, los Guerreros Unidos, los normalistas.

Hubiera sido potente ver una obra de Amat Escalante sobre Ayotzinapa.

—Estamos hablando de películas tuyas que no hiciste, pero podrían haber sido.

—Algún día, ojalá. Pero me gusta que yo vaya agarrando nuevas ideas, nuevas formas de comunicarme. Tal vez fue muy acertado no haberlo hecho aún. Y creo que puede estar bien cuando sí haga algo así, entrarle con más madurez de mi parte, con más fuerza. Ojalá en el futuro, puede estar interesante hacer algo, seguro. Antes de tomar eso, más adelante, te aviso.

MARCO ANTONIO
GÓMEZ MOLINA

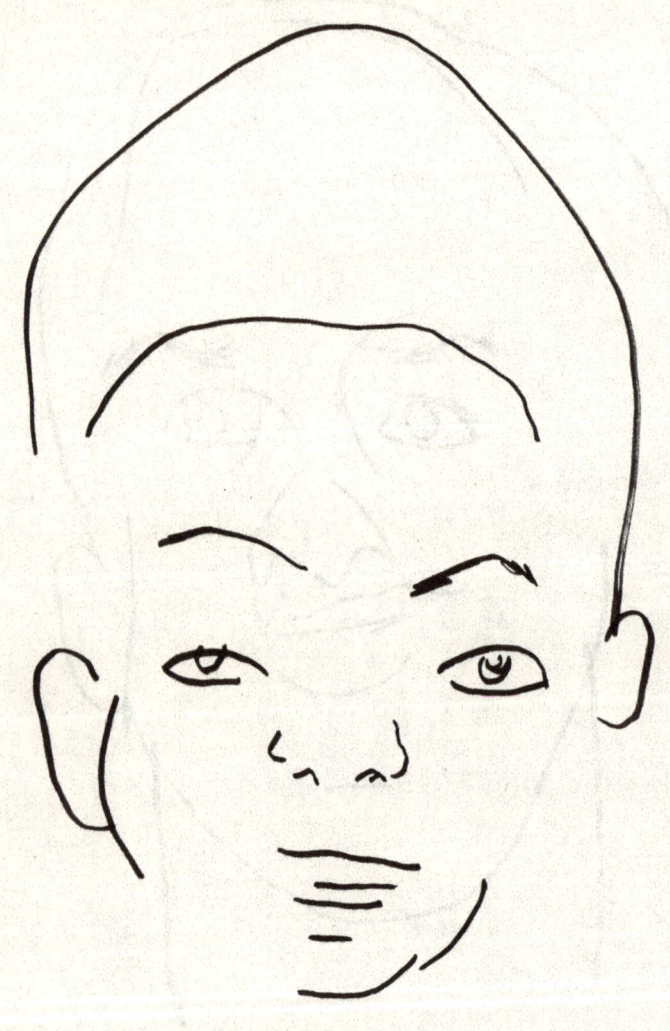

ABELARDO VÁZQUEZ PENITÉN

XXI

La resolución del misterio

Una tarde de inicios de septiembre de 2023 estoy cansado de leer libros, reportajes, relatos sobre desaparición forzada, informes del GIEI. Más que cansado, agotado. Se me hace muy difícil cumplir con mi sentido de responsabilidad ciudadana, política, profesional. La verdad es que es un tema tan doloroso que quisiera no ocuparme de ello. Lo sé desde 2010, cuando empecé a investigar los primeros casos de desaparición forzada.

Imagino también la dificultad para seguir de los lectores de este libro. Intento pensar en la forma de no ser tedioso, aburrido, cansado. Porque creo que lo que escribo es útil, creo que es importante reflexionar sobre estos temas como ciudadanos. Pero también sé que el ser humano busca la alegría, rehúye el sufrimiento, sobre todo en una época tan hedonista y narcisista como la nuestra.

Decido descansar un poco la mente y vuelvo a los grandes del periodismo, que me hacen recuperar la confianza en la humanidad. En este caso escogí un reportaje de Joseph Mitchell de 1952. Se titula *En el viejo hotel*, y es parte de la recopilación *El fondo del puerto*, recién publicada en español por la editorial Anagrama.

Es la historia de un restaurante que ya no existe, pero que fue icónico en la vida de Nueva York, el Sloppy Louie's, que estaba ubicado en el 92 de South Street, en Fulton, en la punta meridional de Manhattan, a pocos metros del puente de Brooklyn.

Joseph Mitchell, uno de los más grandes periodistas estadounidenses del siglo XX, describe los muelles de Fulton Street en los años cuarenta y principio de los cincuenta, y reconstruye la historia del Sloppy Louie's a través de la voz de su dueño, un inmigrante italiano de Recco, Louie Morino.

La historia parece plana: un hombre que se fue muy joven de su pequeño pueblo de pescadores en Italia en 1905, una vida de trabajo como mesero en decenas de restaurantes de Nueva York, un matrimonio feliz, dos hijas, la oportunidad de abrir su propio negocio que se vuelve una referencia para los trabajadores del puerto, los pescadores mismos, y poco a poco para los empleados y banqueros del distrito financiero de la cercana Wall Street. Pero en cierto punto aparece un misterio.

Louie le confiesa a su amigo periodista que, a pesar de rentar todo el edificio de cinco plantas, durante más de 20 años nunca ha subido más allá del primer piso, el que está justo arriba del restaurante, que usa como almacén. Tiene miedo de los demás pisos vacíos, oscuros, abandonados, las habitaciones del viejo hotel del que formaba parte su restaurante y a los cuales solo se puede acceder en un elevador antiguo e inseguro.

La narración da un giro inesperado y el periodista acaba decidiendo subir al segundo piso con el viejo Louie para investigar el misterio que le atañe desde hace 22 años. El dueño del restaurante quisiera encontrar documentos, archivos desconocidos, para completar una historia trunca que conoce solo en parte.

Los dos se arman de coraje y suben al segundo piso, un lugar lleno de polvo, de moho, de ratas y cucarachas, abandonado a la oscuridad y al olvido.

Después de un examen de todo el piso, de todas las salas, las habitaciones, las cajoneras y los armarios, en la oscuridad casi total, iluminados solo por unas linternas, Joseph Mitchell propone subir a los pisos de arriba y seguir la pesquisa.

Louie abrió la puerta y pasamos a un corredor que conducía a una serie de habitaciones individuales. Eran seis en total y sus puertas lucían unas placas ovaladas con números esmaltados que iban del 12 al 17. Asomamos la cabeza a la habitación número 12: dos perchas de madera tiradas por el suelo. La 13 estaba completamente vacía. El último inquilino de la 14 había sido alguien muy devoto, al parecer. El mobiliario se reducía a un viejo catre metálico al que le faltaba el *somier*. Encima de la cabecera, clavado a la pared con chinchetas, había uno de esos carteles que suelen repartir los evangelistas. "La paga del pecado es muerte, mas la dádiva de Dios es vida eterna en Jesucristo nuestro Señor", decía. Sujeto a la pared contigua había otro mensaje pío: "Cristo es el cabeza de familia de esta casa, el huésped invisible de cada comida, el interlocutor silencioso de cada conversación". Nos quedamos mirando aquellos letreros un momento. Entonces Louie dio media vuelta y se dirigió hacia el pasillo.

—Louie —lo llamé, yendo tras él—, ¿adónde vas?

—Abajo —dijo—. Vámonos de aquí.

—Pensaba que íbamos a echar una ojeada a los pisos de arriba —dije—. Subamos al tercero, al menos. Podemos turnarnos para tirar de la cuerda.

—Allá arriba no encontraremos nada de nada —dijo—. No quiero pasar aquí ni un minuto más. Venga, vámonos.

Lo seguí hasta el ascensor.

—Ya tiro yo de la cuerda para bajar —dije.

Louie no respondió. Me volví hacia él. Estaba apoyado contra el bastidor, con los hombros caídos y la mirada ausente.

—Pues no he averiguado mucho que no supiera, la verdad —dijo.

—Ahora sabes que la paga del pecado es muerte —bromeé para levantarle los ánimos.

—Eso ya lo sabía —dijo Louie, el rostro contraído en una mueca de asco—. ¡La paga del pecado! —exclamó—. Pecado, muerte, polvo, viejas habitaciones vacías, viejas botellas vacías, viejos cajones vacíos. ¡Va, tira de la cuerda! ¡Más rápido! Salgamos de este trasto de una vez.

★★★

Después de la noche de Iguala se van conformando dos grandes narrativas, que poco a poco se vuelven mitologías. Por un lado, está la narración del Estado, que intenta en un principio reproducir la discursividad del "narco" que se había ido construyendo a partir del gobierno de Felipe Calderón y que en 2014 estaba todavía completamente vigente y operante en la gran parte de los medios de comunicación, en las series de televisión, en el cine y en las grandes producciones culturales. Se intentó construir la narración de los hechos a partir de la discursividad del narco desde las primeras horas, en los grandes medios periodísticos y en la lectura inmediata de los comentaristas: se trataba de jóvenes que pertenecían al narco, fue un asunto entre ellos. Esto fue lo primero que se intentó, y tenía sentido, dado que, en los años anteriores, frente a cualquier desaparición, la primera respuesta narrativa había sido criminalizar a la víctima, colocando la desaparición en el ámbito de la pugna entre "cárteles" del "narco", en un espacio semántico y simbólico en el cual cualquier acto delictivo y violento se explicaba bajo el principio del "arreglo de cuentas", en una especie de pacto criminal que justifica cualquier barbaridad.

Sin embargo, ya desde los primeros días fue bastante claro que la narrativa del narco no se iba a sostener. Desde el primer momento se tuvo que enfrentar con la otra narrativa de los pobres estudiantes campesinos, víctimas inocentes de una brutalidad injustificada.

En esta segunda narrativa se sumaron poco a poco organizaciones de derechos humanos, periodistas comprometidos y militantes, intelectuales, académicos y cada vez más pedazos de la opinión pública.

Estas dos grandes narrativas se fueron articulando de forma antitética, y poco a poco fueron tomando cuerpo a lo largo de los primeros meses, paralelamente a las investigaciones para esclarecer los hechos.

La primera narrativa llevó a la versión de la entonces Procuraduría General de la República, encabezada por Jesús Murillo Karam, hoy detenido, que se hizo famosa como "verdad histórica", a partir de una declaración del mismo procurador, pronunciada el día 7 de noviembre de 2014.

La segunda narrativa es la que permitió que se generara un apoyo nacional e internacional, que funcionara como soporte político, moral e incluso económico para las familias de los 43 estudiantes desaparecidos, generando una imagen potente de jóvenes aspirantes a maestros rurales a la merced de la violencia de las fuerzas de seguridad del Estado mexicano.

En ambos casos, la narrativa se fue transformando en mito. Y el mito tiene la característica de fagocitar la realidad de los hechos, en una operación de simplificación, polarización y despolitización.

Es esta reflexión, que está en la base de todo este trabajo, sobre la cual he ido razonando a lo largo de los años y que se ha vuelto el centro de las entrevistas y los reportajes que conforman este libro.

La mitificación de Ayotzinapa es el centro de la conversación que tuve a distancia, a través de una pantalla, con Oswaldo Zavala.

Oswaldo Zavala ha sido un punto de referencia importante para el entendimiento de la realidad que me ha tocado documentar en estos años. Más que sus trabajos, lo que aprecio de Oswaldo es la lucidez y precisión de su pensamiento, junto con una rigurosa honestidad intelectual y un gran sentido del humor. Llevamos años discutiendo, confrontándonos, peleándonos sobre los grandes temas que nos apasionan: el periodismo, las narraciones, las producciones culturales de masas.

Lo interpelo una vez más porque quiero que razone conmigo sobre esta historia. Nos conectamos por videollamada porque vive en Nueva York, donde es profesor de literaturas comparadas en la City University of New York (CUNY).

Llevo años razonando con Oswaldo sobre los temas de la representación, de las narrativas, de las mitologías del presente. Le expongo mi largo razonamiento. Con paciencia me escucha. Cuando acabo se detiene un momento. Luego dice:

—Lo primero que me interesa de todo lo que me has dicho es ver cómo, para echar a andar la mitología de un lado o del otro, es decir, la del Estado represor, asesino o la idea de los chavos puros, lo que ocurre simultáneamente, y en esto se parecen las dos estructuras mitologizantes, es que tiene que haber un borramiento de las complejidades tanto del Estado como de los estudiantes.

—¿Cómo interpretas el evento de Iguala en la mitología reciente mexicana?

—Lo que ocurre en Iguala en parte es un eco de una zona de conflicto y de una experiencia de conflicto que está entre diferentes tiempos discursivos, entre diferentes zonas de la historia mitológica del país. Las dos grandes narrativas entre las que se inscribe la noche de Iguala es la Guerra Fría por un lado y por otro la guerra contra el narco. Para hablar de la pureza de los estudiantes generalmente se limita o se omite o se obvia la parte marxista, ideológica, demodé, que está como atrapada en el tiempo. Es como un mosquito atrapado en el ámbar. Para ellos se quedó la discursividad de la Guerra Fría como un vehículo de reflexión y de entendimiento del mundo operante, cuando ya no lo ha sido por décadas para el resto de Occidente. Está la idea del Estado represor, asesino, que proviene de esa época, pero que ha ido manteniendo su simpleza como relato. Parte del ejercicio que hay que hacer para comprender de un modo más crítico todo esto, por un lado, es entender qué es lo que está siendo borrado de estas discursividades, pero también entender la lógica de los borramientos. Es decir, por qué se agota la narrativa de la Guerra Fría para la gente de izquierda liberal que está tratando de entender desde la perspectiva de las víctimas y por qué no es suficiente, por qué molesta, por qué incomoda. Por otro lado, la narrativa del Estado asesino, represor, también tiene otras complejidades que no son solamente las del ejército corrupto o que comete crímenes de lesa humanidad, sino que se enmarca en la globalidad de la militarización, de las acciones estatales, de una geopolítica en la que se enmarca casi toda actividad militar.

Es lo que en 2007 afirmaba Carlos Montemayor en su ensayo *La guerrilla recurrente*, en el cual describe con precisión profética la importancia que los ejércitos latinoamericanos adquirirían en las décadas siguientes, en línea con el cambio de las estrategias geopolíticas de los Estados Unidos.

> Desde la primera reunión de ejércitos de las Américas en 1992, el general Barry McCaffrey, a la cabeza del Comando Sur, describió los planes militares de Estados Unidos para el siglo XXI como una proyección hemisférica. Más tarde se convirtió en el zar antinarcóticos, durante la administración Clinton, y dio más luz sobre lo que debíamos entender por la seguridad del hemisferio.

Aparentemente, Estados Unidos fomentaría la coordinación de los ejércitos de América Latina en función de una lucha antinarcóticos, a través de acuerdos como el Plan Colombia o la Iniciativa Mérida.

Se fue delineando una estrategia regional en la cual los ejércitos del continente se encargarían, cada vez más, de la lucha al narcotráfico, pero el ejército de Estados Unidos no. Escribe Montemayor:

¿Por qué al zar antidrogas estadounidense sí le parecía natural que nuestros ejércitos se expusieran al inmenso poder de corrupción del narcotráfico y el suyo no?

Las razones del general McCaffrey ya eran explícitas en sus declaraciones del 24 de julio de 1995 en la Reunión Ministerial de Defensa de las Américas, cuando se desempeñaba como Comandante en Jefe del Comando Sur. Expuso en esa ocasión que el fin de la Guerra Fría había llevado a Estados Unidos a cambiar significativamente la orientación y naturaleza de sus fuerzas armadas y afirmó que, como un "apéndice del Norte", también "nuestros colegas uniformados de toda América Latina están atravesando por un proceso militar de análisis, transformación y orientación"; después avanzó que los posibles roles y misiones de los ejércitos latinoamericanos para el siglo XXI "serían operaciones de apoyo doméstico, protección del medio ambiente, administración colectiva de las fronteras, operaciones humanitarias, operaciones convencionales de los intereses de soberanía y operaciones regionales contra el narcotráfico".

Es decir, desde su punto de vista de "seguridad hemisférica", durante el siglo XXI los ejércitos latinoamericanos tendrían que realizar tareas distintas a las del ejército de Estados Unidos. Esta encomienda revelaba otro tipo de globalización. Al sometimiento financiero, industrial, diplomático, sobrevenía ahora en nuestros países el sometimiento a las nuevas estrategias militares. A la apertura comercial de los mercados correspondía un nuevo ajuste de fronteras desde la perspectiva de la teoría de seguridad continental. Ahora se trataba de convertir a los ejércitos latinoamericanos en una especie de fuerzas de complemento capaces de coordinarse con el que sería en el futuro el único cuerpo propiamente militar del continente: el ejército estadounidense. El imperio no quería ya invadir: quería la docilidad de fuerzas complementarias o de apoyo.

El primer proyecto real con esta orientación fue el Plan Colombia. Se propuso incorporar a los ejércitos latinoamericanos en una lucha coordinada contra el narcotráfico; es decir, exponerlos a los riesgos de la corrupción y obligarlos a desarrollar tareas policiacas que no formaban parte de sus misiones. Deseaba someterlos a una lucha desigual que, desde las fronteras de Estados Unidos, solo se enfocaba al control de la oferta externa de narcóticos y no a la demanda y la oferta internas; es decir, se le quería utilizar, según proponía McCaffrey en 1995, como un instrumento regional de control externo en una lucha que más parecía dirigirse a consolidar el control norteamericano de los narcóticos dentro y fuera de Estados Unidos que a combatirlo, con igual decisión, dentro y fuera de sus fronteras.[10]

—Regresando a cómo cambia la construcción de las narrativas, pienso en el libro *Crítica de la víctima*, de Daniele Giglioli, en el que se despolitiza completamente la lucha para que las víctimas sean puras, por lo menos en su representación. Y eso porque estamos viviendo una época en la que se ha vuelto deseable colocarse en el lugar de las víctimas, porque una víctima es por definición incuestionable. En este sentido se operan los borramientos que mencionas. ¿Por qué se dan estos borramientos?

—La primera respuesta para esto es: porque cambia la política de seguridad, porque hay una forma global de hacer ver a los estudiantes no como marxistas salidos de los años sesenta, de las marchas y de los de los mítines, sino como adalides de la libertad, de una libertad difusa y sencilla de narrar. Esto es un pensamiento crítico que en realidad no tiene demasiadas complejidades. Si tú te atienes a la manera en que se entiende a los estudiantes de Ayotzinapa fuera de México, pero incluso fuera de Guerrero, la mayoría de la gente no sabe bien qué cosa hace esa escuela, más allá de algunos ecos distantes de Lucio Cabañas. Para poder aparecer en el presente, los estudiantes de Ayotzinapa no solo son mitologizados, sino que son también despolitizados. Necesariamente se tiene que despolitizar su actividad política, su organización política, su ideología, los

---

[10] Carlos Montemayor, *La guerrilla recurrente*, Debate, 2007, pp. 100-103.

principios ideológicos que los mueven, sobre todo los íconos y lecturas que los guían: Lenin, Che Guevara, Marx, Lucio Cabañas. Todo eso es importantísimo que aparezca en un segundo plano o que no aparezca de plano para poder realmente ser narrados como víctimas de un estado opresor, represor. Porque incluso para las mentes liberales del *New York Times* o del *Washington Post* es muy incómodo hablar de la desaparición forzada de estudiantes que son simpatizantes del Che Guevara. Ese proceso de despolitización es importante.

—¿Por qué ocurre?

—Porque la agenda de seguridad se movió. Dejó de operar en el sentido de la Guerra Fría y necesita otro eje rector que la explique. Por eso ahora prácticamente todo el consenso de gente que está pensando desde la izquierda o desde el liberalismo gringo los piensa como víctimas de la guerra contra el narcotráfico del Estado, ya no solo estrictamente represor, sino del Estado represor pero al servicio del crimen organizado. Lo que estamos viendo es el tránsito de un mito agotado hacia otro y seguimos sin entender a los estudiantes propiamente o sin siquiera hacer el esfuerzo por comprender de dónde realmente vienen, qué significaban sus protestas. Lo que se busca, como tú lo dijiste muy bien, es una cierta pureza de la víctima y la pureza carece de contradicciones, la pureza carece de complejidad y es un relato mucho más fácil de transmitir y de comprender y aceptar y celebrar. Los estudiantes están en ese tránsito y parte del mejor periodismo que queda pendiente es precisamente avanzar contra pelo del mito y de las simplificaciones y las reducciones de cómo se narra desde cualquiera de las dos agendas y ver lo problemático que puede resultar para las mentes bien pensantes que haya estudiantes comunistas, simpatizantes del Che Guevara y todos los demás, que están además robando autobuses para ir a una protesta, además con jerarquías profundamente desiguales, bueno toda jerarquía es desigual, pero desigual en el sentido de que no tiene coherencia para un beneficio comunitario. Hay múltiples preguntas que hacer sobre la ética de la propia escuela que los puso en una situación muy vulnerable en un estado violento y donde además hubo varias matanzas de otros estudiantes, que ni siquiera se habla casi de ellos.

Es un tema que vuelve una y otra vez, está presente en las narraciones de algunos de los padres y de las madres. La escuela Normal es una opción, claramente, para ofrecer a sus hijos más posibilidades, pero hay un elemento político, de militancia, de organización de las escuelas, que no es automáticamente aceptado por las familias.

—Hay múltiples complejidades que están borradas en función de un mito o del otro y que, al hacerlas ingresar en el espacio público del debate, arrojan preguntas sobre la función del Estado y qué exactamente significa la desaparición forzada con un ejército que además está colaborando con el extractivismo transnacional y que está entrenado por Estados Unidos, que está intervenido por las agencias estadounidenses. Por otra parte, estudiantes que están también atravesando la delgada línea entre lo legal y lo ilegal, entre un discurso político de clandestinidad que los vulnera, que los expone y que incluso los pone en un orden sacrificial, que los arroja casi a un estadio de sacrificio, tanto que pareciera un fatalismo inculcado en el entrenamiento que los expone. Se asume la alta probabilidad de su sacrificio, y es inquietante. Esto desde luego no los vuelve responsables de su propia muerte, sino que explica el contexto en el que están ocurriendo estos combates entre una escuela altamente ideologizada y un Estado que ha construido una máquina para matar también en función de narrativas transnacionales. Entonces habría que pensar bien todas esas complejidades, hacerlas ingresar en la discusión y aceptar la impureza del relato. Esa impureza nos hace ver instituciones defectuosas, instituciones insuficientes, no solo las oficiales, sino también las educativas como la propia escuela Isidro Burgos.

Es la estructura semimilitar de estas escuelas la que prevé una clara separación entre primero, segundo, tercero, cuarto año, en términos de funciones. En el primer año los estudiantes son el equivalente del soldado raso, que tiene que ser adoctrinado, que tiene que hacer ciertas cosas: limpiar, hacer las guardias, y también ir a hacer este tipo de acciones, de boteo, de tomas de autobuses, etc. Quizá nadie se esperaba que la represión del Estado llegara a tanto, que fuera tan brutal. Sí sabían que habían matado antes a sus compañeros, como en el caso de Jorge Alexis Herrera Pino y Gabriel Echeverría de Jesús y, de hecho, dentro de la escuela están los murales de los mártires. Yo le hice una pregunta directa a Malilla, frente al mural gigante de los diez estudiantes que fueron asesinados en los años anteriores: ¿Tienes claro que tú puedes acabar así? Y él me contestó: Sí, espero que no pase, pero si tiene que pasar, pues también hay que defender.

Pensé mucho en Malilla y sus compañeros, meses después, cuando vi *Heroico*, película impresionante de David Zonana. En ella se recorren los pasos de un cadete del Heroico Colegio Militar en su ingreso a la vida castrense. Es una película dura, que relata los maltratos, la deshumanización y la aniquilación de la voluntad individual de los cadetes en su ingreso al ejército. Obviamente Zonana tenía que confrontarse con un gran clásico del género: *Full Metal Jacket*. Lo hizo con inteligencia, dialogando con el clásico de Stanley Kubrick sin perder la originalidad de una época y un contexto diferente.

David Zonana logra sumergirse en las prácticas brutales de los militares que van moldeando la obediencia de los soldados después de un proceso de aniquilación basado en violencia física y psicológica. Mientras veía la película se iban formulando en mi mente varias preguntas: ¿cuál es el objetivo que tienen los ejércitos? ¿Cuál es el objetivo que tienen las instituciones totales que se parecen al ejército? Y no podía dejar de pensar en Malilla y sus compañeros de Ayotzinapa, porque me parecía evidente el parecido entre el relato de *Heroico* y la forma de entrenar a los estudiantes de la Normal Isidro Burgos. Rapar a los de primer año, tratarlos como si fueran casi esclavos de los mayores, humillarlos, doblegar su voluntad, llevar al extremo su resistencia física y psicológica. Los paralelismos me resultaron asombrosos y quiero entender su función, en lugar de juzgar. ¿Cuáles son las condiciones de posibilidad?

Lo que me desconcierta es llegar a la conclusión de que, sencillamente, se dan ciertas prácticas porque funcionan. Y funcionan porque es indispensable anular la individualidad a favor de una estructura, que en el caso de la película de Zonana es la estructura militar, en la cual fundamentalmente los soldados tienen que acostumbrarse a obedecer a sus superiores. Tienen que hacerlo para estar en condición de cumplir con algo muy específico: matar a otra gente y, en dado caso, ser matados. Y matar a otra gente que no conocen, de la cual muy probablemente no tienen ninguna información y no tienen ninguna razón lógica para matarla.

Cualquier ejército tiene la tarea de entrenar jóvenes hombres, casi todos hombres, a la obediencia ciega, anulando su individualidad, fortaleciendo sus características más brutales, para que sobrevivan en situaciones extremas, para que no se escapen a la hora de los balazos, frente a una muerte violenta e inminente, para que sean capaces y estén en condición de realizar algo que la gente normal no hace, que es matar a los demás por trabajo e interiorizar la idea de ser matados, como parte del juego. Sin una justificación sensata, que no sea, en la mayor parte de las veces, la ideología de la defensa de la patria, de la nación o la lucha al terrorismo.

Pero eso, en sí, no es suficiente para llegar con otra persona igual a ti, muy probablemente un proletario como tú, y matarlo a tiros simplemente porque alguien te lo está ordenando. Ahora, para lograr esto, es imprescindible anular la voluntad individual y reeducar a los soldados, construir una mentalidad nueva basada en la vejación del otro, sentimientos que están presentes en el ánimo humano y que se mantienen a raya a través de la socialización de los individuos en todas las culturas. Lo que es brutal y obsceno, pero que también es parte de las mismas sociedades. Aunque no nos guste estar del lado de la brutalidad, a menudo el bienestar de un grupo social, de una comunidad, a lo largo de la historia de la humanidad, se debió a que alguien en la sociedad se hizo cargo del ejercicio de la brutalidad y de la violencia, a que alguien fue despojado de su individualidad, de su voluntad, de su albedrío, para proteger a los miembros de esa sociedad o para conquistar mayores beneficios a través de la aniquilación de los enemigos.

Entiendo que pensar en todo esto no nos gusta porque nos hace sentir sucios. Y preferimos sentirnos limpios y pensar que somos mejores, que somos los buenos. Me parece importante la película de David Zonana porque estimula la reflexión sobre cómo se quiebra la individualidad y la identidad y sobre qué requiere ese proceso: brutalidad, reiteración de la humillación, castigos corporales, violencia psicológica, acompañada por la construcción de una idea de salvación, que lleva al único camino posible: la gimnasia de la obediencia. Por eso es muy acertado el personaje del sargento Sierra, interpretado por Fernando Cuautle, que le dice al recluta Luis (Santiago Sandoval), porque le recuerda cómo era él al principio y, sobre todo, prevé lo que va a pasar: Te vas a volver lo que soy yo. Pocas escenas después el cadete Luis regresa a casa con su mamá enferma (interpretada por Mónica Del Carmen) y encuentra un sobrinito que le dice que quiere ser soldado, y Luis empieza a poner en práctica con el niño los golpes y los tratos brutales que le dedican a él y a sus compañeros cadetes en el colegio militar.

Se intuye que el cadete Luis poco a poco se va transformando en su verdugo. Se entiende que estas estructuras en su naturaleza conllevan la necesidad de hacer algo aberrante que nadie haría en condiciones normales, si no se quebrara su identidad, su individualidad y su voluntad a la fuerza, y por eso parece irrelevante que los reclutas tomen clases de derechos humanos, como se ve en una escena de la película. Los soldados están obligados a ir a matar gente y hacerse matar, sin ninguna razón que no sea el que un superior se los ordene. ¿Y quién, en su sano juicio, puede hacer algo parecido si no está previamente quebrado, educado y sometido a la práctica de ejecutar órdenes? Quizá la cuestión sería si es justo y éticamente aceptable que existan instituciones totales como el ejército.

Esto me lleva a otro razonamiento. Estas instituciones existen porque la humanidad se confronta también a través del conflicto violento y la guerra y son diversas las instituciones con características parecidas al ejército y las dinámicas de obediencia se dan en contextos no estrictamente militares que se parecen al ejército, como lo son grupos organizados de vario tipo con estructura militar o cuasimilitar.

Es muy profunda la mirada que construye Zonana en *Heroico*, no aplasta las dimensiones del razonamiento en la banalización de declararse a favor o en contra de ciertas prácticas. Por supuesto, cualquier persona en principio está en contra de tales violencias. Pero ¿qué hace un ejército "bueno"? En la historia reciente la Armada Roja liberó Europa de los nazifascistas, fue la Armada Roja quien derrotó a la Wehrmacht. Ahora, ¿nos ponemos el problema de si los soldados de la Armada Roja de 1945 tenían una concepción de derechos humanos y no maltrataban a sus cadetes? Me parece verosímil que los soviéticos del 45 fueran sustancialmente crueles y brutales con sus reclutas, más que cualquier sargento del Ejército mexicano de hoy. Sin embargo, la Armada Roja liberó a Europa. Y quizás, de no haber sido así, no habrían podido derrotar a la Wehrmacht, que, dicho sea de paso, también tenía una formación brutal.

Son muchas las preguntas que se asoman y no encuentran respuestas claras. Quizás el diálogo con Oswaldo Zavala me ayude a despejar el horizonte de algunas nubes.

—Existen muchos Méxicos, y por eso se construyen narraciones diferentes —Oswaldo escucha con atención mi razonamiento—. Se construye la narración de la pureza de los pobres jóvenes estudiantes, víctimas puras, para que pueda cierta izquierda internacional, burguesa, iluminada, urbana, *trendy*, ponerse de su lado. Pero la realidad es que los que estudian en Ayotzinapa viven en un mundo diferente al de la burguesía progresista urbana o internacional. Un mundo de opresión de clase, rural, de conflicto, de prevaricación, en el cual es indispensable poner en juego el cuerpo, la vida misma. Y es muy real.

—Sí, es un proceso de mitificación que es simultáneamente un proceso de legibilidad, de volver legible lo que ocurre en esa escuela, pero en realidad legible no para explicarlo, sino para hacerlo aceptable, palpable, para que a la izquierda bienpensante le resulte favorable como víctima, como escuela víctima, porque si se confronta con todo eso, no es fácil aceptarlo como víctima.

Pero ese es el punto. Si yo me pongo por un momento fuera de mi papel de periodista y me imagino como militante de izquierda, pienso en la película *Feos, sucios y malos*, de Ettore Scola, en la cual se narran las miserias de una enorme familia del lumpen proletariado urbano de Roma de los años setenta, sus dolores, sus noblezas, su mezquindad, sin idealizar al pobre oprimido. Mi maestro, el periodista Gianni Minà, me contó varias veces que esa película era muy amada por el subcomandante Marcos, y que el mismo Marcos le pidió que le consiguiera una copia en vhs. Gianni logró conseguirla y llevársela.

Si se quiere verdaderamente aceptar y entrar en la lucha, que es una lucha profunda, que es una lucha que tiene que ver con los cuerpos y las vidas de la gente, entonces hay que entender que también las víctimas pueden ser, y son, feas, sucias y malas. La mirada burguesa moralizante impone que el oprimido sea bonito y bueno y puro para que esté en condiciones de recibir apoyo por parte de la sociedad civil en su lucha. No puede ser feo, sucio y malo. Hace un siglo los movimientos obreros y campesinos no escondían su rudeza, al contrario, era un signo de orgullo y era también su fuerza, la fuerza necesaria para resistir a los abusos del capital. La discursividad presente, al contrario, exige narraciones de pureza de las víctimas para que sean aceptables por la burguesía urbana, para que esa burguesía decida movilizarse. Pero esta exigencia despolitiza profundamente los movimientos y los obliga a cambiar su agenda, a moverla hacia las necesidades de la progresía.

—Entonces se vuelve un cuestionamiento político: ¿en qué realmente quiere creer la izquierda hoy, la izquierda burguesa?

—Totalmente. Pero además no es una izquierda solamente mexicana, es una izquierda que se está pensando también hacia el exterior, que en realidad se acerca más al liberalismo, digamos, antiderecha. Más que una izquierda es "no estar en la derecha", pero "no estar en la derecha" generalmente coincide con la hegemonía europea y estadounidense.

Hace una pausa escénica, Oswaldo. Crea pequeños momentos de tensión para aumentar la curiosidad. Está acostumbrado a mantener despierta la atención de auditorios de estudiantes y se ve.

—Imagínate que estuviéramos hablando de esta escuela que en vez de que estuviera localizada en México, estuviera localizada, yo qué sé, en Dakota del Norte, o en Texas, donde hubiera un enclave comunista leninista. Serían probablemente considerados como un grupo paramilitar terrorista. Además de que el Partido Comunista es ilegal en Estados Unidos. Entonces, literalmente serían agentes de la clandestinidad. A mí lo que me parece interesantísimo de las reacciones de los gringos bien pensantes que hablan del Estado represor mexicano es que la escuela Isidro Burgos sería intolerable en Estados Unidos, ni siquiera podría realmente existir. No solo los desaparecerían, ¡sino que meterían a toda la escuela a la cárcel! Y serían probablemente considerados como enemigos porque hay una categoría legal que se llama *foreign agent*. Por eso cuando se habla de la escuela en los medios de comunicación gringos, casi siempre ves *43 students from a teacher's school*, es decir, es una escuela normalista y nada más. Se omite todo el contenido ideológico de la escuela. Bueno, estaban protestando, *social injustice*, pero no te cuentan que son simpatizantes de Lenin y Che Guevara. Es una traducción deliberadamente mal hecha, o lo que se llama en inglés un *deliberate misreading*, o sea, una mala lectura deliberada, porque de otro modo es inaceptable lo que está pasando.

—He notado que las madres, los padres, los familiares, han interiorizado y adoptado esta narración, despolitizando el discurso. Ellos viven en ese mundo, son huarachudos, indígenas campesinos.

Gente que vive ese mundo, esa solidaridad, esa vida comunitaria. Pero aprendieron rápidamente cuáles son las palabras clave, qué es lo que tienen que decir y lo que no van a decir públicamente. Entonces hablan de estudiantes que querían ser maestros, querían una vida mejor. No es una mentira. Pero no es el todo, es la parte aceptable para suscitar la solidaridad.

—Está rebajado el trago para que no sea muy fuerte el contenido ideológico. Hay que echarle un poquito de agua para que el trago pase. Hablando en serio, es una razón de guerra, la de la escuela comunista. Y es una razón de guerra que solamente ellos libran, en que solamente ellos participan. Hay unas cuantas comunidades y los grupos trasnochados de izquierda comunista que quedan. Entonces, hay una soledad de esa guerra. Y el resto del país, pues, *moved on* y está atrapado en una falsa izquierda que en realidad es un neoliberalismo suave. El gobierno de López Obrador más bien es una socialdemocracia, pero con muchas salidas neoliberales y con pactos ideológicos que son inaceptables para un grupo comunista como el de la escuela Isidro Burgos. Finalmente hay una enorme soledad de vivir un momento de guerra trasnochado, pero además es un momento de guerra en el que ellos saben que están construyendo para perder. Es decir, no hay manera de que esa resistencia florezca o tenga ningún asidero real, en el resto del país. Pelear ya es una forma de resistencia local que se sabe de entrada que es sacrificial. Finalmente aceptan que eso es una probabilidad, que van a terminar en prisión, golpeados o, en el peor de los casos, asesinados.

—Es una guerra ganada en la medida en la que puedan mantener en sus comunidades una alternativa real al capitalismo extractivista. La revolución es mantenerse vivos y que se siga manteniendo viva su realidad. En ese sentido es posible incluso ganar. La victoria no es la revolución mexicana, la victoria es sobrevivir.

—La victoria es que no los maten.

—Y luego hay otro tema que te quería comentar, mientras tú hablabas, en un cierto punto dices, la izquierda liberal los piensa como víctimas de la violencia del narco. La izquierda progresista liberal, que habla de ellos como víctimas de violación de derechos humanos, en realidad está viendo los derechos humanos como un fin que se tiene que alcanzar. Pero hablando con Héctor Cerezo, del Comité Cerezo, queda claro que ellos ven los derechos humanos como uno de los medios de lucha. La violación de derechos humanos en sí es parte de esta guerra y entonces apelar a la violación de derechos humanos es una herramienta para seguir combatiendo. No es el objetivo final poder realizar los derechos humanos, porque ni siquiera es lo que está planteado, porque los derechos humanos bajo esa perspectiva son, a su vez, una expresión del neoliberalismo.

—Sí, porque finalmente los derechos humanos son un bienestar muy básico y elemental: no me matas, no me torturas, no me encarcelas injustamente, pero no me das justicia social, no me das un salario mínimo, no me das derecho a la tierra realmente, no me das una vida digna. Los derechos humanos, como lo entiende el mundo neoliberal, son una herramienta de la precariedad mínima. Es decir, un límite último de la vida humana, que por supuesto no es poca cosa, pero que no es el objetivo teleológico de un movimiento revolucionario. El movimiento revolucionario lo que quiere es transformar el orden social, transformar el acceso a los bienes de producción, acabar con oligarquías, acabar con la explotación laboral, planetaria y sobre todo local, y tener acceso a una vida digna. Entonces, claro, exponerse al atropello de sus derechos humanos, pues es casi una consecuencia lógica de una lucha posterior, que queda todavía pendiente. Que les restituyan los derechos humanos es restituirlos al punto de partida, no es resolver el problema. Y eso es parte de la razón por la cual no se habla de contenido ideológico de la lucha, porque si se hablara, cualquier persona, leyendo la noticia o entendiendo el evento, entendería que, bueno, obviamente hay que cuidar sus derechos humanos, pero lo que ellos están protegiendo o lo que ellos están procurando es una justicia redistributiva, una justicia social de amplio rango. No es solamente no los mates y no los encarceles, sino: vamos a tratar de reconstituir el tejido social, el orden social de explotación y de violencia sistémica en todo el país, pero sobre todo en las comunidades más precarias. Es como, por ejemplo, el asesinato de los activistas ambientalistas, entendido como un atropello a los derechos humanos mismos. Sí, pero si se le restituyera la vida, la lucha no terminaría y la lucha está empezando en el momento de la resistencia. Lo que ellos quieren que termine es el saqueo de recursos naturales, que termine la explotación, que terminen las oligarquías, los oligopolios, pues sí, la violencia transnacional, el militarismo, etcétera.

—En este sentido, es como si los estudiantes de Ayotzinapa fueran la vanguardia, en realidad, de todo este movimiento. Lo que está realmente detrás son las comunidades, es el estilo de vida de las comunidades, es la población menos visible, que son los adultos, los campesinos, los indígenas. Es casi como si los estudiantes fueran el centro de formación política organizado y a la vez el brazo operativo de ciertas acciones, que son, entre otras, la toma de autobuses o las marchas. Ellos son los primeros que se movilizan cuando pasa algo. Si hay un evento catastrófico de cualquier tipo, ellos, como militares, agarran y van. Tienen cerdos, vacas, gallinas, y los llevan a la población. Cosas muy básicas, pero muy operativas. Entonces, es también no entender cuál es realmente la función de estas escuelas.

—Que los hayan atacado en la protesta es el síntoma de un enorme malestar social, lo que dice Carlos Montemayor. La cuestión es que el atropello de sus derechos humanos, la desaparición forzada, ocurre en respuesta a un movimiento social mayor que queda borrado y que queda solamente enfocado en las víctimas inmediatas de la violencia estatal. Por eso, si el Estado no cometiera estos atropellamientos, no está resuelto nada, no está resuelto ningún problema, simplemente no hablamos de lo que realmente está detrás de todo esto, que es, pues, unas comunidades históricamente vejadas, abandonadas, completamente precarizadas, y que se organizan de este modo, precisamente partiendo de principios de desesperación y de hacinamiento. Y que además están organizándose desde un contenido ideológico que problematiza la viabilidad incluso del propio Estado moderno mexicano. Es precisamente por eso que es inaceptable, para mucha de la izquierda bien pensante en la Ciudad de México, o en Nueva York, o en Europa, incorporar todo ese contenido ideológico a la conversación. Y en cambio es mucho más digerible para todos los que observan esta noticia quedarse en el momento de la represión y en el momento del sacrificio de los estudiantes, y no lo que representa ese momento de violencia y la disrupción de la que ellos están hablando con toda esta vida precaria de las comunidades.

—Han pasado diez años. Yo veo algunos ejes narrativos de esta historia. Hay uno que es: vamos a hacer el relato final, final, final, final de lo que realmente, realmente, realmente pasó. Se van sumando relatos como si esto en sí no fuera contradictorio. Parece el libro de Raymond Queneau.

Oswaldo se ríe porque conoce el libro.

Hay un libro de 1947 del escritor francés Raymond Queneau, se llama *Ejercicios de estilo*, en el cual se cuenta una pequeña historia, sencilla, de un hombre que está en un autobús y pierde un botón. La historia es muy breve y la voy a compartir aquí:

> En el S, a una hora de tráfico. Un tipo de unos 26 años, sombrero de fieltro con cordón en lugar de cinta, cuello muy largo como si se lo hubiesen estirado. La gente baja. El tipo en cuestión se enfada con un vecino. Le reprocha que lo empuje cada vez que pasa alguien. Tono llorón que se las da de duro. Al ver un sitio libre, se precipita sobre él.
>
> Dos horas más tarde, lo encuentro en la plaza de Roma, delante de la estación de Saint-Lazare. Está con un compañero que le dice: "Deberías hacerte poner un botón más en el abrigo". Le indica dónde (en el escote) y por qué.

A partir de este pequeño cuento, Queneau escribe otros 98 que son, como se entenderá del título de la obra, ejercicios de estilo.

En esto pienso. Es una misma historia contada de infinitas formas diferentes, como si fueran ejercicios de estilo. Pero luego, al final, esto se reduce a lo que me dijo a mí Malilla, en la escuela de Ayotzinapa. Me dijo: Es muy simple, nosotros solo queremos saber dónde están.

Por un lado, todas las versiones, pero esto, pero los testimonios, pero acá, pero fue torturado, no fue torturado. Y, por otro lado, bueno, pero en el fondo, la única información que queremos es: ¿dónde chingados están? Esto también es parte de lo que ha pasado en estos años, el florecer de tantos cruces narrativos. ¿Qué son? ¿Por qué se dio así?

—Lo que esto me hace pensar a mí es que ha habido un proceso de incorporación de toda esta narrativa a un paradigma securitario. El paradigma securitario lo que ha hecho es operar en diferentes fases. No creo que sea tampoco un paradigma que opera de un modo unívoco, sino que se inserta en formas de hegemonía de pensamiento, de cómo se estructura ahora la seguridad, cómo piensa la seguridad el Estado mexicano, cómo lo piensan los medios de comunicación, dentro y fuera de México. Lo que generalmente ocurre con las narrativas securitarias es que los relatos se simplifican muchísimo y se convierte en una visión maniquea. Y este securitarismo inscribía tanto los conflictos durante la Guerra Fría como los de ahora en la era posterior. Por esto decía: los chavos de la escuela de Ayotzinapa, y de todas las comunidades, están atrapados entre estos dos órdenes securitarios. Por un lado, durante la Guerra Fría eran enemigos, eran agitadores, eran agentes soviéticos, eran infiltrados y había que erradicarlos... Hasta mediados de los ochenta, el paradigma securitario que prevaleció fue el de la Guerra Fría. Y ellos claramente estaban enmarcados como enemigos domésticos y transnacionales. Y es por eso que se les considera los ecos del 68 del Estado represor, pero desde el orden de la Guerra Fría se les consideraba como agentes infiltrados o grupos infiltrados por agentes soviéticos que buscaban no realmente una revolución legítima, sino agitadores sociales, terroristas. En ese orden la escuela era inaceptable, el discurso marxista era inaceptable. Y no tanto porque el marxismo fuera inaceptable, sino porque no se les consideraba realmente como marxistas, sino como guerrilleros terroristas, un poco como la Liga 23 de septiembre. Lo que cuenta Montemayor, por ejemplo, cuando la guerra sucia, una parte importante de la estrategia de combate de guerrilleros era deslegitimar el contenido ideológico, era hacerlos aparecer como delincuentes comunes. Lo que es paradójico es que ahora en la guerra contra el narco, posterior a la Guerra Fría, no es tanto que preocupe de un modo muy grave, muy directo el marxismo, sino que es tan inaceptable que ni siquiera tiene lugar. Está desfasado, está borrado, y está borrado tanto por la derecha como por la izquierda. Está completamente externo al relato de seguridad. Lo que no es sorprendente es que incluso los propios estudiantes reduzcan, como te dijo Malilla, que dice que él solo quiere que los hallen, a que lo que representa Iguala es simplemente un acto de violación de derechos humanos, de injusticia, de desaparición forzada, que se va a resolver cuando aparezcan los cuerpos o cuando se determine qué fue lo que realmente pasó. El éxito del securitarismo es que el final de esta narrativa sea la restitución del agravio de la atrocidad, o por lo menos la respuesta final de qué ocurrió con los cadáveres.

—La resolución del misterio.

—Sí, la resolución del misterio, casi como si fuera un *crime fiction*. En parte, esa siempre ha sido mi gran objeción con los *crime fictions*, que convierten el fin del *who done it?*, el ¿quién lo hizo?, como si fuera la solución. Aquí esa no es la solución. La solución es que hay un enorme agravio histórico en contra de comunidades indígenas y pobres, campesinas, que han sido constantemente objeto de desposesión territorial, de injusticia social, de agravio estatal, de desaparición forzada, de abandono incluso del proyecto estatal, de racismo y de xenofobia. Lo extraordinario es que el securitarismo lo que hace es construir un fin muy inmediato, una historia de agresores y agredidos, de víctimas y de victimarios. Y entonces lo que hacía que los estudiantes fueran delincuentes durante la Guerra Fría, ahora los convierte en víctimas. Y los delincuentes son otros, los delincuentes son los traficantes, el Estado corrupto. Lo que hace la narrativa securitaria es constantemente ir desplazando el rostro del enemigo, el rostro de lo que es inaceptable. Ahora ser comunista en Estados Unidos y en México está tan demodé que ni siquiera es un tema, está completamente borrado. Lo que dijimos hace un rato, que ser comunista es, digamos explícitamente, echar a andar el discurso comunista y de resistencia armada y de revolución y de un colectivo antineoliberal verdaderamente organizado casi como un tipo de programa militar, pues eso es ilegal en Estados Unidos y en México es muy incómodo. Los propios estudiantes, me parece, en el decurso de este proceso, han aprendido a hablar de sí mismos de un modo despolitizado para poder no solo hacerse entender, sino incluso para reconciliarse con lo único que les queda. Lo que les queda es saber dónde están los cadáveres. No les queda nunca el horizonte de verdadera justicia social. Ellos mismos saben que la única esperanza es saber quién los mató y dónde quedaron los despojos.

—Y ni eso van a obtener.

—Y ni eso van a obtener. Y ese es el fin de la seguridad. Lo que hace la seguridad, el discurso securitario, es reducir esto a un agresor y a un agredido, determinar quién hizo qué. Es la función mínima de la seguridad. Pero la epistemología securitaria es siempre la superficie de la violencia. La epistemología securitaria no tiene que ver nunca con justicia social. Es más bien la reducción de la justicia social. Y lo que se enfoca en hacer ver el securitarismo son los agentes de violencia y su culpabilidad o su momento de agravio y finalmente su neutralización. La epistemología securitaria es muy compatible, como dijiste, con los *crime fiction*, con las series de televisión de terroristas y de delincuentes. Lo que es extraordinario es ver cómo en el paradigma de seguridad los estudiantes históricamente han atravesado de ser representados como enemigos y *foreign agents*, como los había visto, por ejemplo, el discurso mediático estadounidense en los años sesenta. Si esto hubiera ocurrido en los años sesenta, el *New York Times* habría dicho: el gobierno mexicano combatió con delincuentes de izquierda comunista, enemigos de la democracia, etc. Y ahora los hace aparecer como víctimas, porque el relato de seguridad los lleva a otra parte. Pero en ningún momento es aceptable la verdadera lucha ideológica de la escuela, ni los fines últimos que están proponiendo. Tal vez lo que es más terrible de todo esto es que los propios estudiantes lo internalicen y que esto se vuelva un discurso sobre dos cosas: "fue el Estado", que es una de las consignas más fáciles de compatibilizar con el neoliberalismo; y dos, "vivos se los llevaron y vivos los queremos" o queremos ver dónde están. Y ya, no hay más. No se puede decir nada más. No queremos ya la revolución, no queremos la lucha.

—Pero sí la quieren, lo que pasa es que ya...

—No se expresa. Ya no se expresa públicamente tanto.

—¿Qué es lo que dijiste ahora de la consigna de "fue el Estado"? La mencionaste nada más para decir que es lo más compatible con...

—Ah, sí, con... Creo que decir "fue el Estado" en tiempos de la narrativa securitaria entre México y Estados Unidos es muy compatible con los diferentes órdenes de la era neoliberal, pero también con los discursos de seguridad que actualmente imperan entre México y Estados Unidos. Es decir, parte de lo que ha movilizado la militarización, la represión estatal, los crímenes cometidos por las fuerzas armadas, paradójicamente dependen de una denuncia del Estado criminal. Y de hacer esa denuncia lo más vaga y general posible. Cuando decimos "fue el Estado"... ¿qué es el Estado? Ese es un debate sociológico, de ciencia política. El Estado no es un monolito, el Estado son muchas cosas. Si le preguntas a Gramsci, el Estado también es la sociedad civil. Entonces, decir fue el Estado no es decir realmente gran cosa, pero para el relato securitario es muy útil porque puede decir lo que tú quieras que diga. Decir "fue el Estado", en el contexto de Ayotzinapa, por ejemplo, generalmente lo que la gente entiende, tanto en México como en Estados Unidos es que es el Estado corrupto, entregado al narcotráfico, penetrado por el crimen organizado, por soldados que hacen negocio y que están al servicio de delincuentes. Entonces, decir "fue el Estado", paradójicamente, es el tipo de señalamiento discursivo que termina por afianzar la militarización, la necesidad de un mayor Estado policial y de un mayor desacato de los derechos humanos. Porque si se supone que el Estado está corrompido y penetrado por el crimen organizado y que eso los ha llevado a desaparecer y matar a 43 estudiantes porque se los dieron a los Guerreros Unidos, porque están completamente nadando en dinero ilícito, etc., la única respuesta que sigue es más Estado policial, más militarización, hacer funcionar mejor al aparato militar, al aparato de seguridad. Es muy paradójico y es muy lamentable, pero decir "fue el Estado" entiendo que tiene una función política importante para voltear a ver al Estado como agresor. Pero al final, por lo menos en este proceso de diez años de significación de lo que ocurrió en Iguala, pareciera que decir "fue el Estado" quiere decir fue el Estado debilitado, el Estado corrompido, el Estado al borde del colapso, donde el crimen organizado ocupa territorios, y donde la única respuesta es agrandar el aparato de seguridad, reforzar al Estado, sanearlo securitariamente. Entonces, yo no creo que es una salida a largo plazo insistir en que fue el Estado, sino más bien comprender, primero la manera en que opera el Estado de seguridad, más allá de estas narrativas del narcotráfico; y dos, comprender que las violaciones a los derechos humanos, los crímenes de lesa humanidad, desde luego que deben de investigarse y sancionar a los perpetradores, pero tenemos que entender el contexto social en el que se están dando las protestas de comunidades como las de Ayotzinapa, donde tenemos una lucha histórica de décadas de injusticia social, de precariedad, de despojo, y que no van a terminar solamente porque metamos a la cárcel a los militares que participaron en la desaparición, o que entendamos dónde quedaron los cadáveres. No podemos reducir esto, otra vez, a la narrativa del Estado agresor y las víctimas estudiantiles, sino más bien reinsertarlo en todo su contexto histórico complicado, donde también tendremos que observar que la lucha radical de una escuela como la Isidro Burgos a veces resulta incluso incompatible para la izquierda presente moderna, y para incluso los movimientos liberales del país, como el Movimiento Regeneración Nacional.

—Y de hecho son incompatibles.

—Yo creo que la lección terrible que dejan diez años de tratar de comprender el evento siniestro y brutal de la desaparición de los estudiantes en Iguala es que seguimos atrapados en una cámara discursiva de securitarismo. Y que es tan difícil de franquear que termina incluso inscribiendo o reinscribiendo los horizontes de lucha, de esperanza, de teleología, de objetivos a largo plazo, incluso de las propias comunidades victimadas, que aprenden a hablar en esa clave.

—Estuve tomando apuntes mientras tú hablabas. Tomé este que dice: "Nos enfocamos diez años buscando a los responsables y manteniendo las condiciones sociales de explotación. Nos hemos concentrado en este rompecabezas, pero las condiciones sociales son lo que no ha cambiado ni una coma".

—Es por eso que es tan brillante lo que decía Slavoj Žižek: nos enfocamos en la violencia subjetiva, pero no en la sistémica. Nos enfocamos en quién le hizo daño a quién, pero no queremos entender el contexto a largo plazo histórico en el que se inscribe todo esto, y que incomoda de un lado y de otro. De nuevo, no es solamente entender la precariedad de las comunidades, sino la lógica de guerra de esas comunidades, que asustaría cual más. O sea, a ver, ¿cuántos padres de familias de la izquierda liberal urbana mexicana estarían dispuestos a enviar a sus hijos a la escuela Isidro Burgos? Yo no.

—En el campo, en Guerrero, en las comunidades rurales hay un montón de gente que quiere, y sí, hay una selección brutal…

—Pero de esas comunidades. ¿Cuántos de la burguesía capitalina, que creen que apoyan al movimiento, quisieran mandar a sus hijos allá para que los manden a robarse un camión y se den de tiros con la policía? Y ¿cuántos de los periodistas bien pensantes extranjeros, que han hecho obra de todo esto, realmente aceptan los contenidos ideológicos de esas personas? Creo que un buen trabajo periodístico tiene que confrontar la naturaleza ideológica de todo esto y someterla a exámenes.

—Si volvemos a leer a Carlos Montemayor, él describe el operativo de Ayotzinapa siete años antes. ¿Por qué? Porque es la aplicación de los manuales de la represión militar en México, en las mismas zonas, además. Quiero decir que, para mí, si no entendemos esta violencia sistémica, citando a Žižek, no vamos a entender las condiciones de posibilidad de la noche de Iguala. La noche de Iguala para mí tiene sentido solamente entendiendo todo esto.

—Claro, y por eso los gringos no quieren entenderla, porque si la entienden, se tienen que conformar con su propia colaboración en esa historia. A los normalistas los desaparecen por continuar una lucha que ha sido totalmente deslegitimada tanto por México como por Estados Unidos, pero siguiendo el orden histórico de la Guerra Fría. Y está tan deslegitimada que, aun cuando simpatizan con el movimiento, es preferible borrarlo para que no entren en discusión. Me hiciste acordar mucho de la película *Amores Perros*, ¿te acuerdas? Una de las tres historias es la de un exguerrillero que deja a su familia para irse a un movimiento armado en los setenta y termina en la cárcel. Lo meten a la cárcel y cuando sale se convierte en matón de la Policía Federal. El comandante que lo contrató es el mismo comandante que lo detuvo 15 años antes y ahora lo usa como matón. En la película el drama de él es tratar de volver a encontrar a su hija y la familia que abandonó cuando se volvió guerrillero. Es casi como la culpa de haber querido ser guerrillero y de haber sido ingenuo. Porque, según te dice la película, la verdadera naturaleza del guerrillero es ser un matón. Es interesante porque, ya para los noventa, ser guerrillero es ser absurdo, es estar atrapado en un sinsentido y finalmente es querer ser como un tipo de mercenario asesino. A lo que quiero llegar es a que ya el consenso neoliberal de finales de los noventa deslegitima completamente la figura del guerrillero, lo vuelve como un asesino. Por eso es tan inaceptable. Porque, para la gente bienpensante, ser guerrillero ya no representa lucha para justicia social, sino ser asesino.

—Pero hay una excepción, que es el zapatismo.

—Pero el zapatismo tiene dos cosas. Primero, su raigambre como marxista-leninista está muy suavizado y está conectado a un movimiento indígena de autonomía. Y las autonomías indígenas son sagradas y son *woke*. Es decir, es el otro, el otro radical que quiere un espacio y es indiscutible. Aunque hay un contenido ideológico, si te fijas, los comunicados del subcomandante Marcos son extremadamente poéticos, no hablan de la revolución de ese modo: nuestros muertos, los pájaros y las aves...

—Es verdad, él se dirigía conscientemente a un público europeo de izquierda para insertarse en ese imaginario postmoderno que pudiera reconocerlo y pudiera además darle legitimidad y darle apoyo al zapatismo. Lo que pasa aquí es que los agentes de esta traducción no son ni tan finos, ni tienen una...

—... ni hábiles...

—... ni tienen una estrategia, que sí estuvo clarísima en el zapatismo, a lo grande, sino una reacción a un evento. Aquí lo que pasa no es la construcción ideológica de un imaginario adaptable a la lectura postmoderna de la izquierda europea, como lo hizo el zapatismo. Aquí lo que hay es un evento traumático que te obliga y que te empuja a aplicar esta traducción al evento para obtener un apoyo, pero no es parte de la estrategia general del movimiento de las Escuelas Normales. Es un acontecimiento. Debe ser por eso que en la gran parte de los comunicados, incluso de las organizaciones sociales, se habla de los 43, pero no se mencionan las demás víctimas del mismo evento, los que no formaban parte de la Normal.

—Porque rompe la pureza narrativa. *The missing students*. ¿Dónde están? Y mientras no lo resolvamos no habrá justicia y es un Estado represor asesino. Y nada más que decir. Eso mantiene la discusión sobre cómo aparece México, sobre todo ante Estados Unidos y Europa. Como un país indómito, corrupto, asesino, que sacrifica a sus estudiantes. Lo demás entorpece esa visión. Ahora, no es una visión cien por ciento errada, simplemente que los borramientos que opera incluyen también, por ejemplo, la larga historia de hostilidad inducida por el propio Estados Unidos. Quiere decir que esto es un eco directo, indirecto, de largo plazo del hostigamiento que se hizo a las juventudes en México en los años sesenta y setenta. Y a los movimientos estudiantiles y campesinos justamente de escuelas como la Isidro Burgos. Lo que es increíble es que Estados Unidos ahora se vuelva censor de esta violencia estatal cuya historia original ellos contribuyeron a construir.

—Exacto. Y eso Montemayor lo explica claramente en *La guerrilla recurrente*, que es un libro extraordinario, sobre todo por la capacidad que tiene de previsión del futuro. Hay un capítulo donde él habla de las relaciones de los ejércitos en términos de estrategias regionales. Pero se eliminan de la ecuación el capitalismo, el sistema económico, las implicaciones sociales que tiene este sistema. Si se elimina todo esto, solo queda el Estado represor, violento, corrupto y que debe de ser enderezado. Es más, los Estados Unidos ahora van a decir cómo enderezarlo con mayor eficacia y con mayor dureza. De la *crime story* yo salvaría el elemento de la investigación. Me meto en una investigación que parece de *crime story* y lo que voy entendiendo es que del cuadro hay algo que no suena, algo que no está en su lugar. Y lo que no está en su lugar es que no se están tomando en cuenta todas las dimensiones.

—Yo creo que, conforme escribas este libro, tienes que ir haciéndote repetidamente estas preguntas, tienes que ir confrontando las preguntas, porque eso es justo lo que no se hace. Sería bien interesante recordar no solo la genealogía de resistencias de la escuela Isidro Burgos, sino también la genealogía en la que se construye históricamente la resistencia comunista frente al capitalismo de los sesenta y setenta, y la respuesta estadounidense que produjo tantas atrocidades en toda Latinoamérica, ni siquiera solo en México. Eso es lo increíble, que los estudiantes hace unas décadas habían sido los enemigos jurados de la razón democrática estadounidense, y ahora quieren hacerlos aparecer como víctimas, en función, otra vez, de los intereses estadounidenses en la región. Se niega, se prefiere omitir. Lo que es muy trágico es la soledad de estas comunidades, que son ilegibles para todos. En esta ilegibilidad, es importante entender el papel que juegan los medios de comunicación, que en su afán de construir un apoyo para los familiares de los 43, dibujándolos como unas víctimas puras, lo que hacen es volverse facilitadores de la narrativa securitaria militarista. Es decir, cada vez que intentan hacer legible esta historia, participan del mismo sistema que sustenta la opresión y que sustenta el borramiento. Hay una pregunta que me encantaría hacer a los periodistas militantes: ¿tú sabes que esta escuela sería ilegal en Estados Unidos y que todos estos muchachos serían probablemente condenados como terroristas y terminarían en la cárcel, si no es que asesinados? Lo que hacen es solamente observar que hubo un momento, la grave destrucción de los derechos humanos en México por parte de las Fuerzas Armadas, pero no es lo único que se está expresando. Lo que se está expresando es una historia violenta en contra de una denuncia larga, histórica en contra del capitalismo, de la explotación y que la política exterior de los Estados Unidos comenzó en buena medida. Hay que contar la historia completa.

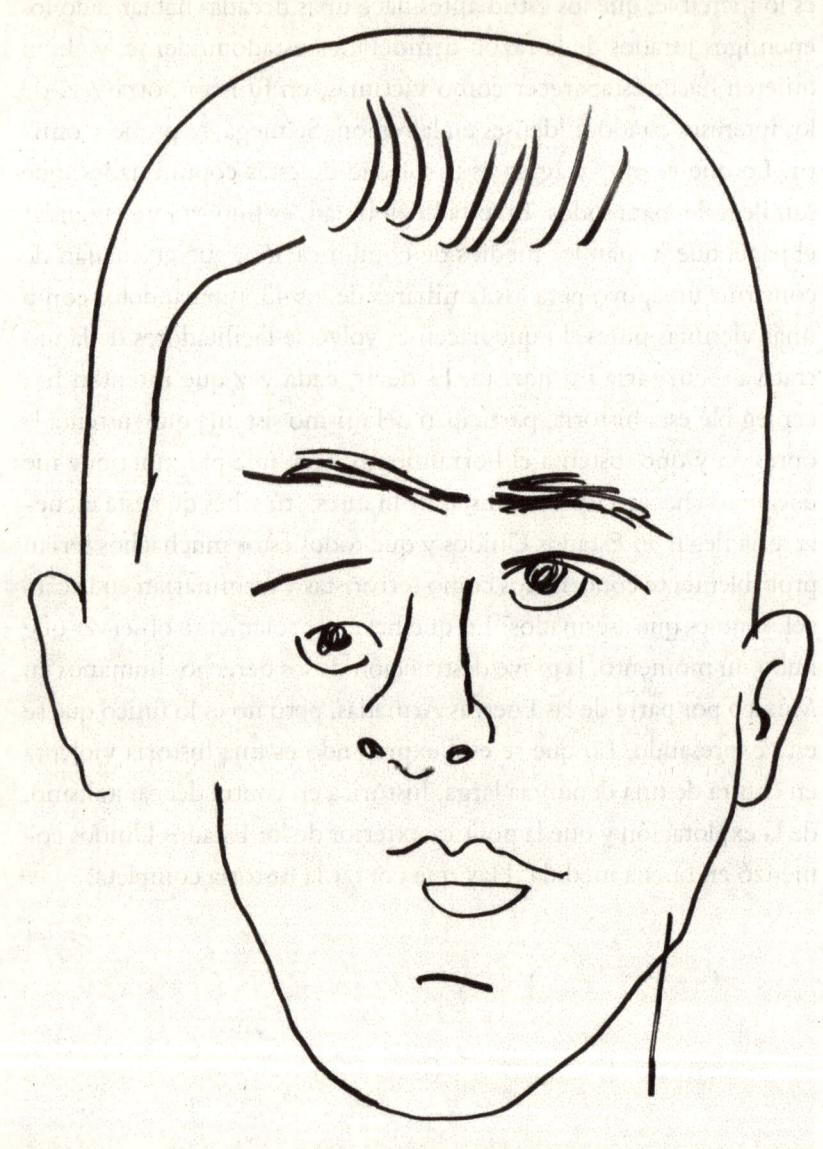

JORGE ANTONIO
TIZADA
LEGIDEÑO

XXII

La barba del conde

La historia completa.
    La escena es de gran impacto visual y simbólico. La escena es la siguiente: un grupo de jóvenes encapuchados, con el rostro cubierto por pañuelos, por mascarillas, vistiendo sudaderas negras con capucha, pantalones de mezclilla, tenis, irrumpen en el espacio público, el espacio simbólico del poder.
    Es el miércoles 6 de marzo de 2024. Dentro de tres meses habrá elecciones presidenciales, el mandato de Andrés Manuel López Obrador está a punto de acabar y todavía no hay respuestas para el caso Ayotzinapa, o por lo menos las respuestas no son suficientes para los padres, madres, compañeros de los 43 estudiantes desaparecidos.
    Un grupo de jóvenes, después identificados como estudiantes de la normal de Ayotzinapa, rompen los vidrios de una camioneta pick-up de la Comisión Federal de Electricidad (CFE) estacionada en la calle Moneda. Usan la parte trasera del vehículo como un ariete y derriban la puerta de madera del Palacio Nacional, mientras el

presidente López Obrador está dando una conferencia de prensa en su interior.

El ataque al poder dura pocos minutos. Inmediatamente son rechazados por los agentes al interior del Palacio Nacional. Pero el hecho es sin precedentes y su potencia simbólica es enorme.

Las reacciones son diversas, pero todas se inscriben en las dos mitologías relatadas aquí: por un lado, están aquellos —periodistas, intelectuales, comentaristas, políticos, académicos— que condenan el acto, tomándolo como ejemplo de la brutalidad y de la naturaleza criminal de los normalistas de Ayotzinapa.

Por otra parte, están aquellos —periodistas, intelectuales, comentaristas, políticos, académicos, defensores de derechos humanos— que se apuran en condenar el acto, su radicalidad, porque nosotros condenamos cualquier acto radical ("Lamentamos que la protesta de algunos jóvenes haya escalado a acciones que no compartimos" se lee en un texto publicado en redes sociales por el Centro Prodh). Incluso algunos afirman con certeza que no se trata de normalistas, no puede tratarse de normalistas, porque ellos son incapaces de llevar a cabo actos tan violentos y radicales, seguramente se trata de provocadores infiltrados por la derecha para desacreditar a los estudiantes y a la vez poner en dificultad al presidente de México.

En ambas narraciones míticas no cabe la posibilidad de que los normalistas sean capaces de acciones violentas, que sean parte de su lucha, que tengan agencia política y revolucionaria.

El segundo acontecimiento se da un día después. Es el 7 de marzo de 2024. Tres estudiantes viajaban en una camioneta pick-up hacia la Escuela Normal Rural Isidro Burgos de Ayotzinapa. Eran Yanqui Kothan Gómez Peralta y otros dos compañeros. La camioneta fue detenida en el libramiento Tixtla-Chilpancingo, a una decena de kilómetros de la Normal, por unos policías del Grupo de Reacción Inmediata Centauro de la policía estatal del Estado de Guerrero. Los policías les apuntaron con sus armas, después de haber reconocido que se trataba de normalistas. Al intentar escaparse los agentes abrieron fuego e hirieron a Yanqui Kothan, que murió poco después. Tenía 23 años y el día anterior había participado en el asalto al Palacio Nacional.

La brutalidad de la acción de los agentes de la policía estatal es un ejemplo más de la normalidad de la represión armada por parte de las fuerzas del Estado en contra de los normalistas de Ayotzinapa y se inscribe en una larga tradición decenal.

El tercer acontecimiento sucede dos días después. Es el 9 de marzo de 2024. A la altura del monumento a Vicente Guerrero, situado en la salida de Tixtla, sobre la carretera que lleva a Chilapa, en la región de la montaña, poco después de las 19:00, un centenar de normalistas de Ayotzinapa interceptan a dos patrullas de la Guardia Nacional que circulaban en la carretera Tixtla-Chilapa, bajan a los agentes y prenden fuego a las camionetas. Los agentes serán después liberados en la Escuela Normal Rural Raúl Isidro Burgos.

La historia completa.

Es la historia de una escuela que forma estudiantes entrenados para ser luchadores sociales, con una estructura casi militar, con una ideología marxista-leninista, en la cual los estudiantes son adoctrinados desde el primer año para poder enfrentar el trabajo de maestros rurales, en condiciones extremadamente difíciles y precarias. Pero también para ser parte de movimientos sociales que buscan un cambio radical, después de décadas de despojos, injusticias, violencias, abusos por parte de las mismas élites que han despojado siempre al país.

Para lograr la fuerza necesaria para enfrentar la lucha, se justifican prácticas discutibles, como la disciplina brutal de las Normales, llevada a cabo por los estudiantes más viejos, y que obliga a los más jóvenes a ser los peones que tienen que obedecer y encargarse de tareas durísimas y a veces ilegales y muy peligrosas, como por ejemplo el secuestro de autobuses para el transporte de los compañeros en diferentes eventos políticos, como la marcha para conmemorar a las víctimas de la masacre del 2 de octubre de 1968.

No hay juicios de valor. Hay la necesidad de expresar claramente las dimensiones del problema, la complejidad de la que habla Oswaldo Zavala.

Son los elementos de la lucha. Porque se trata de una lucha por la supervivencia.

Esto es lo que ven las instituciones políticas y de seguridad, una amenaza para el sistema en sí, que es la misma amenaza que representan, para el sistema capitalista neoliberal, los movimientos sociales de base en México. Es así que leo la violencia con la que las fuerzas de seguridad, en contubernio con otros sujetos no estatales como los miembros de grupos criminales y de empresas, en un esquema de macrocriminalidad política, enfrentan y reprimen a los estudiantes de las Escuelas Normales. Eso explica la brutalidad que se les permitió o se incitó en los participantes de las agresiones a los normalistas. Son las condiciones de posibilidad de una violencia tan enorme que no pueden reducirse a violaciones a los derechos humanos, sino que tienen que entenderse en su marco, el marco de una violencia política que lleva décadas reprimiendo a todo movimiento que plantee una transformación radical del sistema socioeconómico y político de México.

Eliminar los aspectos problemáticos y radicales de los movimientos sociales campesinos, indígenas, estudiantiles, ignorando voluntariamente la cifra de violencia, ilegalidad, peligrosidad que representan, no le hace un servicio a la lucha social, porque contribuye a la despolitización de los movimientos mismos.

El secuestro de un autobús se vuelve eufemísticamente la "toma" de un autobús, sin considerar que, aunque sea una práctica común, es una práctica violenta, que involucra a los pasajeros, al chofer, no solo en una lucha, sino en situaciones que los pueden poner en riesgo a la hora de una confrontación como la que ocurrió el 26 de septiembre de 2014. Decir las cosas con su nombre no invalida la lucha y las razones de la lucha, al contrario, reconoce la desesperación en la que viven comunidades enteras, aplastadas hace décadas por los mismos actores políticos, militares y empresariales, que hacen negocios ilícitos, despojan a la población y al territorio.

El rol de las instituciones como agentes de mediación de la violencia es central. Cometer el horror a nivel individual es muy difícil, pero si la acción está mediada por la necesidad que requiere una institución impersonal (el Ejército, la policía, el Estado, la nación) entonces se reduce la resistencia individual que tendríamos.

Ayotzinapa es un Acontecimiento. Dice Slavoj Žižek: "En un acontecimiento, no solo las cosas cambian: lo que cambia es el propio parámetro por el que medimos los hechos de cambio, es decir, un punto de inflexión cambia el campo entero dentro del cual aparecen los hechos".

Roland Barthes, en su *Mitologías*, escribía: "De la misma manera que la ideología burguesa se define por la defección del nombre *burgués*, el mito está constituido por la pérdida de la cualidad histórica de las cosas: las cosas pierden en él el recuerdo de su construcción".

La construcción mítica de "Ayotzinapa", tanto la positiva como la negativa, se encamina a la "dispersión de la cualidad histórica de las cosas". Por un lado, se elimina la historia para colocar el Acontecimiento en una ahistórica y apolítica guerra de narcos; por el otro, se elimina la historia para definir a los protagonistas ausentes como inocentes y puros. En ambos casos se va desdibujando la historia de conflicto social, político, de clases, que caracteriza el pasado y el presente de Guerrero.

Las conversaciones y los razonamientos de este libro representan un proceso de desmitificación para recuperar la contundencia política y para entender las coordenadas dentro de las cuales se dio el Acontecimiento. Solo así es posible decodificarlo y desmitificarlo.

Los ayotzinapos están fuera del mito, son vidas en revuelta constante, alaban a Lenin, al Che Guevara, a Marx, a Lucio Cabañas. Alaban la fuerza, la lucha, son campesinos huarachudos, con los callos en las manos. Sus madres trabajan la tierra, cocinan, bordan, sus padres zapan, crían cerdos, a duras penas saben leer.

Los ayotzinapos saben usar las armas, saben construir bombas molotov, son disciplinados, marchan, saben ser los antagonistas encapuchados, saben luchar, saben sobrevivir, saben ejecutar las órdenes sin cuestionarlas. Tienen respeto para los ancianos, para los superiores, para las jerarquías. Son soldados de una guerra de clase.

Habrá que hablar algún día de la clase. No quisiera hacerlo yo, no me siento el más preparado, pero es necesario para entender esta historia.

Porque la desaparición forzada en México es una cuestión de clase. Y es la única categoría que casi no se toma en consideración. No se desaparece a cualquier persona, no todos están en riesgo de la misma forma. Son muchos más los hombres desaparecidos que las mujeres, son muchos más los pobres que los ricos. La desaparición forzada es una herramienta de disciplinamiento social y de represión de clase.

Esto es lo real.

No caben en el mito del santo, en el mito de los niños buenos, de estudiantes pobres que quieren volverse maestros. El mito toma solo una parte de la realidad, la que funciona. El bien.

El otro mito, al contrario, los coloca en el espacio del crimen, del tráfico de droga, de la degradación. Es una parte deformada de la realidad. Funciona. El mal.

Al construir mitos se elimina la historia, la historia de Guerrero, la historia de la Normal rural de Ayotzinapa, la historia de los guerrilleros, la historia de la lucha de clases en México y en el mundo, la historia de la opresión, la historia del extractivismo de recursos naturales por parte de empresas transnacionales que sobornan a funcionarios públicos para obtener concesiones, la historia de una clase política rapaz, asesina, genocida, la historia del cultivo de amapola, la historia del control del territorio por parte del Ejército mexicano durante décadas, la historia de los abusos, la historia de la aniquilación de la protesta, la historia de la organización social, la historia de la fuerza del proletariado, la historia de la resistencia, la historia de la insubordinación, la historia de la represión.

Cuando se habla de Ayotzinapa, se pone el foco en el bien y en el mal, en las pruebas, en los testimonios, se opera una judicialización de la realidad. El Acontecimiento se vuelve una cuestión técnica, una reconstrucción de los hechos, mientras, a partir de los hechos, habría que subir de nivel para ir a construir la historia. Porque la historia no existe por sí sola, la historia se construye.

Un juego de prestidigitación no es perfecto cuando los espectadores no son capaces de decir lo que está haciendo el ilusionista, sino cuando están completamente inconscientes de que ha hecho algo.

Lo que es importante para un ilusionista es mantener la ilusión. Solo así la verdad nunca será revelada.

Es frecuente en el cine y en la literatura un cierre redondo, en el cual después de la experiencia traumática, después del viaje del héroe, después de la tempestad, llega por fin la calma, la paz, la quietud. Porque llegó la caballería a salvarnos. Las películas de terror nos enseñan que después de las peripecias absurdas de los protagonistas se vuelve a la quietud, llega la serenidad.

Es la lógica de la resolución del misterio de las novelas policiacas: después de haber resuelto el misterio, finalmente los protagonistas podrán descansar. La realidad no funciona así. No hay cierre, no hay paz.

En esta historia los hechos se enredan en una espiral y se encartan en la que parece ser una trama burocrática kafkiana, en la cual nada tiene sentido salvo la burocracia misma con sus reglas absurdas.

En cambio, el sentido no se puede encontrar en lo burocrático, en la infinidad de versiones, de detalles, de interpretaciones. De ahí no va a salir el sentido. Hay que buscarlo en lo político. Disfrazada de defensa de las instituciones, la represión ha sido siempre una forma de mantener privilegios de clase, de casta, una forma de ejercer prepotencia y explotación. Nada más sencillo que esto.

Detrás de la máscara de la burocracia, del "fue el Estado", hay personas, caras escondidas, pero que tienen nombres, apellidos, historias. "Fue el Estado" es un eslogan que esconde. Esconde prácticas habituales, esconde la costumbre de aniquilar la protesta. Esconde las decisiones tomadas. "Fue el Estado" implica que las cosas no pueden ser de otra forma, y quizás en parte es así, pero es la condena de una sociedad entera que no puede hacer más que repetir las mismas violencias, las mismas injusticias, las mismas represiones.

Esta vez no es así.

Entonces ¿cuál es el misterio que hay que resolver en esta historia? La única cosa que no es un misterio es lo que pasó y quién fue y por qué. Eso estaba muy claro desde el principio. Claro en un sentido político, no fáctico.

El hecho de que hayan sido necesarios diez años para que hasta los medios más deshonestos lo aceptaran, no significa que no fuera evidente.

Es tan así que sin las pruebas del GIEI, de los antropólogos forenses argentinos, ya sabíamos todo, todo lo fundamental. Porque la verdad es autoevidente. Porque cuando asistimos a un truco de ilusionistas, aunque sea muy diestro, siempre el espectador puede parar de dejarse engañar, porque sabe que, aunque no lo vea, hay un truco, es una ilusión.

Entonces, una vez más, ¿cuál es el misterio? Si lo sabíamos todo, ¿cuál es el misterio por resolver?

El misterio es qué va a hacer la sociedad mexicana con esta verdad. ¿Qué se puede hacer cuando se sabe que los vértices de las instituciones de un país están conformados por personas despiadadas sin escrúpulos? ¿Qué se hace cuando la misma sociedad está conformada por ciudadanos que no solo permiten, sino llevan a cabo, participan, apoyan, sostienen, callan, esconden, encubren 112 mil desapariciones de personas?

¿Con qué fuerza se sigue adelante? Y también, ¿cómo y por qué, a pesar de todo, se sigue luchando?

Después de la guerra, después de los campos de concentración, después de la liberación, llega la vida cotidiana, con las penas de los hombres, las desgracias de la vida, el dolor universal. La vida en medio de los escombros no es un cierre redondo. No hay resolución del misterio que pueda activar una serenidad de cuento.

Pero me gustaría cerrar este largo relato con una historia que le contaba siempre a mi hijo cuando era niño y que es parte de la tradición oral de los cuentos italianos. La conocí porque forma parte de una antología de cuentos tradicionales italianos recopilada durante años por Italo Calvino. Se llama *La barba del conde*.

Se las voy a contar.

Pocapaglia[11] era una aldea tan alta, en la cima de una colina con laderas tan abruptas, que sus habitantes, para no perder los huevos, que apenas puestos podían precipitarse en las profundidades del bosque, sujetaban una bolsita a la cola de las gallinas.

Eso significa que los pocapalleses no eran tan tontos como se decía, y que el proverbio

"Se sabe que en Pocapaglia
El burro manda y el patrón rebuzna"

era una malevolencia de las aldeas vecinas, que la tenían tomada con los pocapalleses solo porque estos eran gente tranquila que no quería tener problemas con nadie.

—Sí, sí —era todo lo que respondían los pocapalleses—. Esperen a que vuelva Masino y veremos quién rebuzna más, si ustedes o nosotros.

Masino era el más despierto de los pocapalleses y el más querido en toda la región. No era más robusto que los demás; en

---

[11] "La barba del conde" es uno de los cuentos contenidos en el libro *Cuentos populares italianos (vol. I)*, de Italo Calvino.

realidad, al verlo nadie hubiera dado un centavo, pero era astuto de nacimiento. Apenas nació, su madre, al verlo tan pequeñito, le había dado un baño de vino caliente para que siguiera con vida y se fortaleciera un poco. Su padre, para calentar el vino, había echado adentro una herradura al rojo vivo. Así Masino había absorbido la astucia que hay en el vino y la resistencia que hay en el hierro. Después de este baño, para refrescarlo, su madre lo había acunado en una cáscara de castaña todavía verde que, al ser amarga, da inteligencia.

En esos tiempos, mientras los pocapalleses esperaban el regreso de Masino, que hacía mucho había partido como soldado y acaso estaba en alguna parte del África, hechos extraños comenzaron a suceder en Pocapaglia. Cada noche, los bueyes y las vacas que volvían de pacer en la llanura eran robados por la Masca Micillina.[12]

La Masca Micillina se ocultaba en los bosques que había al pie de la aldea y le bastaba un soplo para quitarle la vida a un buey. Los campesinos, al sentirla crujir entre las matas después del crepúsculo, castañeteaban los dientes y se caían desmayados, al tiempo que se decía:

"La Masca Micillina
Roba el buey de la alquería,
Te mira con su ojo tuerto
Y te deja como muerto".

Los campesinos se habituaron a encender grandes hogueras por la noche para que la Masca Micillina no se atreviese a salir de entre las matas. Pero la Masca se acercaba sigilosamente al campesino que estaba de guardia junto a la hoguera, lo desmayaba de un soplo y, cuando este se despertaba por la mañana, no encontraba ni vacas ni bueyes, y sus compañeros lo oían llorar desconsolado, mientras se daba puñetazos en la cabeza. Entonces todos se ponían a batir los bosques para buscar huellas de las bestias, pero solo encontraban

---

[12] Masca significa "bruja".

mechones de pelo, horquillas y huellas de zapatos dejadas cada tanto por la Masca Micillina.

Así siguieron las cosas durante meses, y las vacas, encerradas siempre en los establos, enflaquecieron tanto que para limpiarlas no hacía falta la escobilla, sino un rastrillo que pasaba entre una costilla y otra. Ya nadie osaba llevar las bestias a pastar, nadie osaba entrar en el bosque, y los hongos del bosque, como nadie los recogía, se abultaron tanto que parecían sombrillas.

La Masca Micillina no iba a robar a otras regiones, porque sabía que gente tranquila y enemiga de las riñas como en Pocapaglia no la había en ningún sitio, y todas las noches esos pobres campesinos encendían una hoguera en la plaza de la aldea, las mujeres y los niños se encerraban en las casas, y los hombres se congregaban alrededor del fuego para rascarse la cabeza y lamentarse. Rasca que te rasca, lamenta que te lamenta, los campesinos decidieron que había que ir a ver al conde para pedirle ayuda.

El conde vivía en lo más alto de la región, en una gran alquería redonda cercada por un murallón erizado de trozos de vidrio. Y un domingo por la mañana, llegaron todos juntos con el sombrero en la mano, llamaron, les abrieron, entraron al patio que había ante la casa redonda del conde, llena de verjas y de ventanas con tranca. En el patio estaban sentados los soldados del conde, que se alisaban los bigotes con aceite para darles lustre y miraban a los campesinos con mala cara. Y en el fondo del patio, en una silla de terciopelo, estaba el conde, con una larga barba negra que cuatro soldados con cuatro peines peinaban de arriba abajo.

El campesino más viejo se armó de valor y dijo:

—Señor conde, nos atrevimos a venir a verlo para contarle nuestra desgracia, porque todos los animales que van al bosque nos los roba la Masca Micillina.

Y así, entre suspiros y lamentos, mientras los otros campesinos no cesaban de hacer señas afirmativas, le contó todos sus temores.

El conde no decía nada.

—Y hemos venido —dijo el viejo—, para atrevernos a pedir un consejo a Su Señoría.

El conde no decía nada.

—Y hemos venido —añadió—, para atrevernos a pedir a Su Señoría la gracia de ayudarnos, porque si nos concede una escolta de soldados podremos llevar a pastar las bestias de nuevo.

El conde movió la cabeza.

—Si concedo los soldados —dijo—, también debo conceder el capitán...

Los campesinos escuchaban esperanzados.

—Pero si me falta el capitán —prosiguió el conde—, ¿con quién juego a la lotería?

Los campesinos se arrodillaron:

—Ayúdenos, señor conde, ¡por piedad!

Los soldados bostezaban y se untaban los bigotes.

El conde sacudió la cabeza y dijo:

—Yo soy el Conde y valgo por tres.
Y si a la Máscara nunca vi,
Pues esa historia cierta no es.

Ante esas palabras, los soldados, sin dejar de bostezar, agarraron los fusiles y lentamente empujaron a los campesinos con la bayoneta calada, hasta que despejaron el patio.

Al volver a la plaza, desalentados, los campesinos no sabían qué hacer. Pero el más viejo, el que había hablado con el conde, dijo:

—¡Lo que hace falta es llamar a Masino!

Así fue como se pusieron a escribirle una carta a Masino y se la enviaron a África. Y una noche, mientras estaban reunidos alrededor de la hoguera de la plaza como de costumbre, Masino regresó. ¡Imagínense las efusiones, los abrazos, las marmitas de vino caliente con especias! Y los "¿Dónde estuviste?", y los "¿Qué viste?", y los "¡Si supieras nuestras desgracias!".

Masino primero los dejó hablar a ellos, después les contó:

—En África vi caníbales que si no podían comer hombres comían cigarras, en el desierto vi a un loco que se había dejado unas uñas de doce metros de largo para poder excavar en busca de agua, en el mar vi un pez con un zapato y una pantufla que quería ser rey de los otros peces porque ningún otro pez tenía zapatos ni pantuflas, en Sicilia vi una mujer que tenía 70 hijos y una sola olla, en Nápoles vi gente que caminaba sin mover los pies, porque los otros hablaban tanto que los empujaban con el murmullo; vi a quien le gusta negra, vi a quien le gusta blanca, a quien pesaba un quintal y al que es flaco como una escama, vi a muchos que tenían miedo, pero no como en Pocapaglia.

Los campesinos agacharon la cabeza, llenos de vergüenza, porque Masino, al acusarlos de miedosos, los había tocado en su punto débil. Pero Masino no quería tomarla con sus paisanos. Mandó que le contaran todos los detalles de la historia de la Masca y al fin dijo:

—Ahora les hago tres preguntas. Después de medianoche, voy a buscar a la Masca y se la traigo.

—¡Pregunta! ¡Pregunta! —dijeron todos.

—La primera pregunta es para el barbero. ¿Cuántos han venido a verte este mes?

Y el barbero respondió:

—Barbas cortas, barbas anchas,
Barbas hirsutas y blandas,
Pelos suaves, pelos duros,
Y los corté uno por uno.

—Y ahora tú, zapatero, ¿cuántos te han traído las sandalias para ajustar en este mes?

—Ah —suspiró el zapatero,
Hacía sandalias de cuero y madera,
Bien ajustadas por dentro y por fuera;
Hacía zapatos de seda labrada,
Pero como no hay dinero ya no me traen nada.

—La tercera pregunta es para ti, cordelero: ¿cuántas cuerdas has vendido este mes?

Y dijo el cordelero:

—Cuerdas torcidas, cuerdas hiladas,
Cuerdas de paja y cuerdas trenzadas,
Cuerdas de pozo, cordeles delgados,
Unos muy gruesos y otros aguzados,
Duros como el hierro, blandos como el lodo,
En este mes lo vendí todo.

—Está bien —dijo Masino, y se acurrucó junto al fuego—. Ahora dormiré dos horas, porque estoy cansado. Despiértenme a medianoche e iré a buscar a la Masca.

Se cubrió la cara con el sombrero y se durmió.

Los campesinos guardaron silencio hasta medianoche, casi conteniendo la respiración por temor a despertarlo. A medianoche Masino se incorporó, bostezó, tomó una taza de vino caliente, escupió tres veces en el fuego, se levantó sin mirar a ninguno de los que había alrededor y se encaminó hacia el bosque.

Los campesinos se quedaron esperando, mirando el fuego que se hacía brasas, las brasas que se hacían ceniza, la ceniza que se ponía negra, hasta que regresó Masino. ¿Y a quién traía Masino, arrastrándolo de la barba? Al conde, al conde que lloraba, daba puntapiés, pedía piedad.

—¡Aquí tienen a la Masca! —gritó Masino, y en seguida—: ¿dónde pusieron el vino caliente?

El conde, ante los ojos desencajados de todos los aldeanos, trató de volverse lo más chiquitito que pudo, sentándose en el suelo, encogido como una mosca friolera.

—No podía ser uno de ustedes —explicó Masino—, porque todos fueron a casa del barbero y no tienen pelo para perder entre los arbustos; además, había huellas de zapatones pesados, y todos ustedes van descalzos. Y no podía ser un espíritu porque en ese caso no habría tenido necesidad de comprar tantas cuerdas para sujetar las bestias robadas y llevárselas. ¿Pero dónde está ese vino caliente?

El conde, muy tembloroso, trataba de esconderse detrás de la barba que Masino le había enredado y destrozado para sacarlo de entre las matas.

—¿Y cómo lo hacía para desmayarnos con la mirada? —preguntó un campesino.

—Les daba un golpe en la cabeza con un palo envuelto en trapos, de manera que solo escuchaban un soplo en el aire, no les quedaba la marca, y se despertaban con la cabeza dolorida.

—¿Y las horquillas que perdía? —preguntó otro.

—Le servían para sujetarse la barba a la cabeza, como el pelo de las mujeres.

Los campesinos habían escuchado en silencio, pero cuando Masino les preguntó qué querían hacer, estalló una tempestad de gritos:

—¡Lo quemamos! ¡Lo despellejamos! ¡Lo atamos a un palo de espantapájaros! ¡Lo encerramos en un tonel y lo echamos a rodar! ¡Lo encerramos en una bolsa con seis gatos y seis perros!

—¡Piedad! —decía el conde con un hilo de voz.

—Háganlo así —dijo Masino—: que les restituya las bestias y les limpie los establos. Y ya que tanto le gusta andar por los bosques cuando oscurece, que sea condenado a recorrerlos todas las noches, trabajando para ustedes. Y díganle a los chicos que nunca recojan las horquillas que encuentren en el suelo, porque son de la Masca Micillina, que jamás volverá a tener arreglados el pelo y la barba.

Y así se hizo. Luego Masino partió a recorrer mundo, y en sus correrías hizo una guerra tras otra, todas tan largas que de ahí vino el proverbio:

Oh, soldadito de guerra,
Comes mal, duermes en tierra,
Pones la pólvora en el cañón,
¡Bim-Bom!

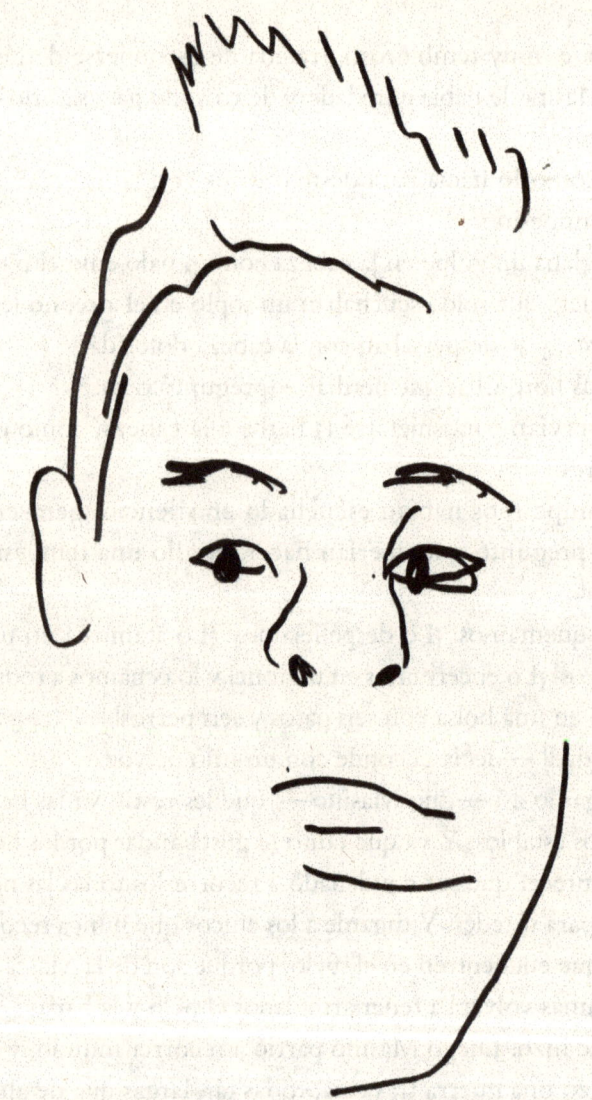

Miguel Ángel Mendoza Zacarías

XXIII

Le dicen *Tres Cuartos*

—¿Malilla te lo pusiste tú o te lo pusieron los compañeros?

—No, te lo ponen. Cuando entras escoges un nombre revolucionario, pero los demás te ponen un apodo. El mío es Malilla. Mi nombre revolucionario era… es… ya ni me acuerdo cuál escogí. El apodo te lo ponen. Es como un medio de —hace una pausa, busca la palabra— de seguridad. Por cualquier cosa, represión. Pues normalmente no vas a dar tu nombre real. Por seguridad.

—¿Por qué te pusieron Malilla?

—Tengo un hermano aquí. Un hermano que está en segundo año. Y a él le pusieron Malilla. Entonces yo llego aquí, y no me parezco a él, pero obviamente hay algunos que te conocen, que son tus paisanos de aquí de Tixtla, y dicen ah, no, pues tu hermano es Malilla, vas a ser Malilla también. Entonces, por ser mi hermano me pusieron igual que a él.

—Oye, Malilla, leí que hay un campeón paralímpico de acá. ¿Cómo se llama? El que no tiene brazo…

—No sé el nombre, pero le dicen *Tres Cuartos*.
—Jajajaja. ¡No seas cabrón! ¡Qué poca madre!
—Jajaja. Aquí a nadie se le conoce con su nombre…

Es un domingo de octubre en Ayotzinapa, la escuela está poco poblada. Me dijo Malilla que muchos de los compañeros están fuera.
—Están en la actividad en Panotla.
—¿Panotla? ¿Dónde está? ¿En Aguascalientes?
—Tlaxcala. Tlaxcala. Allí es una Normal de mujeres. Hace un año sufrieron una represión ellas. Allí cayó una compañera. Le cayó una granada en la cabeza y tuvo muerte cerebral. Entonces fueron nuevamente ahorita los compañeros de marcha, de protesta. Se llevaron los autobuses.
—Y los choferes ya lo saben, ¿no?
—Sí, ya lo saben. Sí, algunos se cooperan de manera buena. Otros medio molestos, pero pues tienen que hacerlo. Pero la mayoría ahorita responde bien.
—¿Qué les dicen los choferes a ustedes?
—Nada más se ponen muy serios. Y hay unos sí que hasta platican contigo.
—Pero ¿cómo funciona? O sea, ¿ustedes llegan a un lugar y ya saben qué autobuses van a querer tomar o los que vayan pasando?
—Cuando se organiza, por ejemplo, ahorita que pasó lo del 26 de septiembre, que se le conoce como la jornada de lucha, el comité de lucha se prepara. Entonces se envía un acuerdo. Se hace un acuerdo con la gerencia de los autobuses de la Estrella de Oro. Hasta ellos ya saben que año con año es eso. Entonces, ¿sabes qué? Necesito que me prestes unos diez, 15 autobuses, porque voy a tener ciertas actividades. Nosotros te cuidamos la unidad, nosotros vemos eso, choferes. Y ya. Y eso es todo. Y ya van los autobuses junto con los choferes.
—¿Y en 2014 no había pasado así?

—Desde 2014 pues ya igualmente se hacía esa actividad. Entonces, los chavos pues iban a hacer toma de los autobuses para el 2 de octubre ir a la marcha.

—Pero eso que dice el GIEI, ¿no? Que el autobús que llevaba droga, ¿esto es cierto o no?

Interviene Kau, seguro.

—Para nada. Hay cosas que dice el GIEI, como que trató de seguir la misma narrativa de la verdad histórica. Porque nadie ha dicho la parte social del contexto.

Malilla no se expone demasiado.

—Hay muchas cosas que no sé… Por qué… Eso es medio raro: ¿por qué? Todavía no se sabe por qué. ¿Dónde están los chavos?

—Esta es la gran pregunta.

—Dicen, agarramos a tal culpable. Sí, está bien, pero queremos saber dónde están. Eso es lo que quieren principalmente los papás. ¿Dónde están? ¿Dónde los dejaron?

No tengo respuesta. Nos miramos. Han llegado otros dos muchachos rapados. Son los que estaban en la entrada cuando Kau y yo llegamos, hace un par de horas, o hace 50 años. Ahora sonríen, a uno le dicen *Pulga*. Me pregunta si sé hablar italiano, me pregunta cómo se dice pulga en italiano, se dice *pulce*. Que se pronuncia *pulche*. Cuando se lo digo, se ríe fuerte. También se ríe el otro, que no dice su nombre ni su apodo. Se hacen bromas, se burlan el uno del otro. Quieren reír.

Hablamos de la vida con Malilla, Pulga, el otro y Kau, de ser hijos, de ser padres, de lo que soñábamos nosotros a su edad, de lo que sueñan ellos de sus vidas. Se me había olvidado preguntarle a Malilla su edad, me dice que tiene 24 años.

—Tú te tardaste en entrar aquí —le digo sabiendo que ya podemos hacer bromas—. ¿Qué hacías antes?

—Antes me puse a trabajar. Trabajé en la herrería. Soy mecánico yo.

—¿Ah, sí?

—Ajá, mecánico de motos. Pero pues no quiero quedarme toda mi vida ahí. Entonces mejor dije, pues, me quedé a estudiar.

—Haces bien.

Brilla ironía en sus ojos. Ojos gentiles, que preguntan, que saben observar, que saben de esperanza y de perdón.

—Cuando entras aquí, pues te dicen... esto es para, no es porque queríamos castrar, son filtros por personas que a veces vienen, pues, de mala manera aquí a la escuela —los filtros son esas semanas de pruebas duras, de exigencias, de órdenes y obediencia, de hambre, de falta de sueño, de tareas que llevar a cabo—. Pasando eso, ya te vuelves ahora sí estudiante, tienes tu matrícula y puedes vivir los beneficios de la escuela, pues ahorita todo tranquilo.

Mira a su alrededor, esboza un gesto con el brazo, como si quisiera indicar toda la escuela.

—Hace dos meses no estaba así. Hace dos meses todos, todos andaban corriendo.

—¿Sí?

—Sí, ahorita los chavos están tranquilos con sus teléfonos.

Ya nos vamos. No sabemos bien qué decir para despedirnos. No lo sé yo. Me mira Malilla y suelta una pregunta.

—¿Qué hacemos?

—Pues no sé, la revolución.

Se ríe. Se ríe también Kau. Quizá les da risa que esta frase salga de la boca de un periodista italiano. Me río también. Kau reenvida.

—Tomar las armas. Pero como no tenemos armas, lo único que podemos tomar es un mezcal.

Ahora Malilla se ríe a carcajadas. Luego se pone serio. Espera mi respuesta.

—Yo no creo que se puede ganar esta lucha, pero sí creo que es imprescindible resistir.

—¿Crees que toda la vida ha sido así?

—Sí.
—¿Siempre?
—Sí. ¿Pero qué haces? ¿No luchas? ¿Te dejas?
—No.

Sonríe. Sabe que está a punto de decir algo memorable porque es una frase de Emiliano Zapata. Lo dice con una sonrisa socarrona.

—Si quieres ser águila, vuela. Si quieres ser gusano, arrastra. Nomás no grites tanto cuando te pisen.

CUTBERTO ORTIZ RAMOS

Agradecimientos

Este trabajo no habría sido posible sin el razonamiento, el testimonio, la disponibilidad, la generosidad y el compromiso de muchas personas.

Agradezco a todos los entrevistados que aparecen en el libro: Malilla, Ileana Diéguez, Jorge Herrera Suárez, Kau Sirenio, Manuel Vázquez Arellano, Santiago Aguirre, María Luisa Aguilar, Blanche Petrich, El hombre enmascarado, Héctor Cerezo, Nadin Reyes, Nicanora García, María de Jesús Tlatempa Bello, Cristina Bustamante, Everardo González, Amat Escalante, Oswaldo Zavala.

También quiero extender mi agradecimiento a personas que entrevisté y por diferentes razones (ninguna de las cuales tiene que ver con ellos o con lo que han dicho) no incluí en el texto final, pero que fueron importantísimas para que yo entendiera muchos aspectos de la historia: Jennifer Clement, Guadalupe Correa-Cabrera, Témoris Grecko, Violeta Vázquez-Rojas.

En los meses que han sido necesarios para la redacción de este libro he platicado, he discutido, me he confrontado, he discrepado y he llegado a conclusiones reveladoras con personas que a diferente título han sido parte del camino y que quiero agradecer por su paciencia y su franqueza: Iazua Larios, que ha acompañado con amor cada paso de esta empresa; mi padre Paolo Mastrogiovanni, quien ha mantenido una discusión constante conmigo a lo largo de una vida; José Ramón Calvo y Marina Taibo, por su amistad y apoyo constante; Laura Alicino y Ricardo López Cordero, por su lectura atenta y rapidísima y por sus comentarios puntuales; Moisés Coca Sánchez, por sus frecuentes consultorías profesionales.

Agradezco a mi hermano Daniele Catalli por su arte y su generosidad.

Finalmente quiero agradecer a mi editor, Enrique Calderón, por la confianza, la profesionalidad y la tenacidad con la que ha apoyado este proyecto.

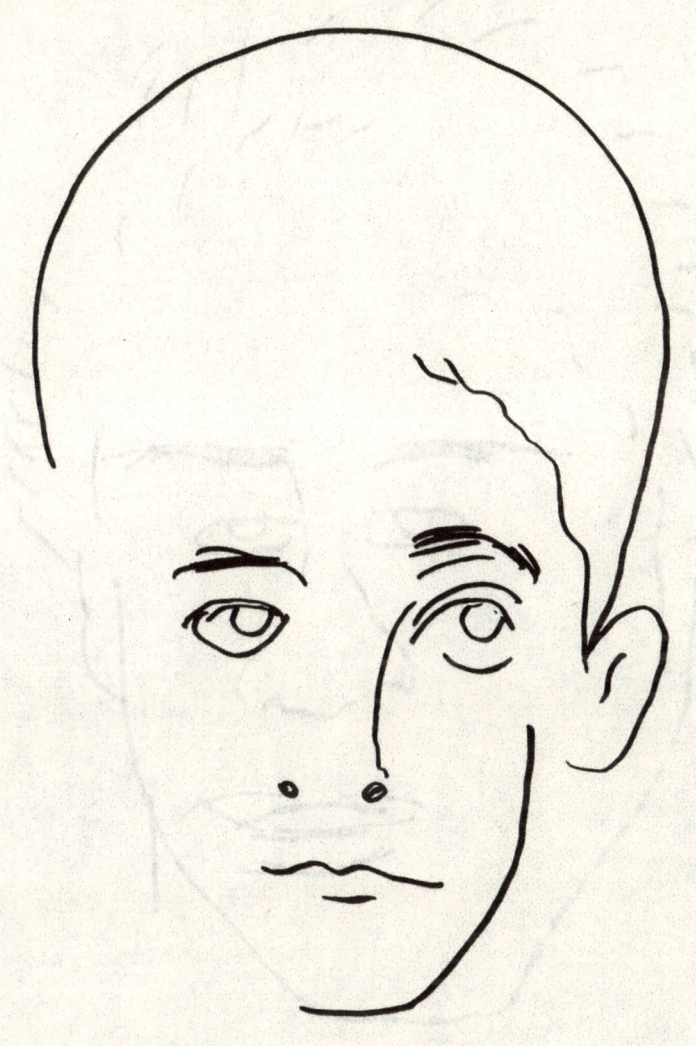

Jorge Álvarez Nava

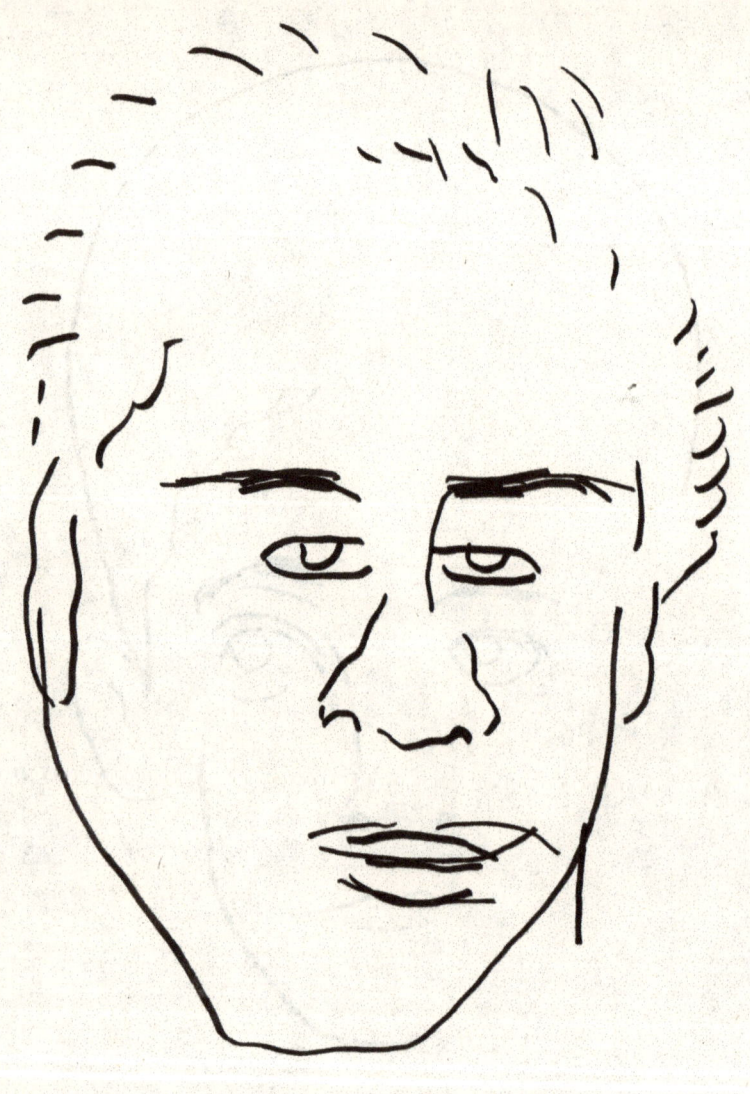

JORGE ANÍBAL
CRUZ MENDOZA

Esta obra se terminó de imprimir
en el mes de agosto de 2024,
en los talleres de Litográfica Ingramex S.A. de C.V.,
Ciudad de México.